Hans Günther Senger / Beurteilung der Vertriebskosten

NÜRNBERGER ABHANDLUNGEN
ZU DEN WIRTSCHAFTS- UND SOZIALWISSENSCHAFTEN

Herausgegeben von Prof. Dr. Hermann Eichler, Prof. Dr. Hanns Linhardt,
Prof. Dr. Theodor Scharmann, Prof. Dr. Dr. Walter Weddigen

Verantwortlicher Herausgeber: H. Linhardt

Heft 20

Beurteilung der Vertriebskosten

Von

Dr. Hans Günther Senger

DUNCKER & HUMBLOT / BERLIN

Gedruckt 1963 bei Berliner Buchdruckerei Union GmbH., Berlin 61
Printed in Germany
n 2

Vorwort

Das Vertriebskostenproblem steht seit langem im Brennpunkt der Diskussion absatzwirtschaftlicher Fragen. Die Vertriebskosten stellen eine differenzierte Rechengröße dar. Sie sind aber vielfach auch eine quantitativ beachtenswerte Größe. In der fachlichen Diskussion, in der praktischen Handhabung und in der Kritik der öffentlichen Meinung werden die Vertriebskosten jedoch sehr unterschiedlich beurteilt. Die mannigfachen Gegensätze der Beurteilung der Vertriebskosten haben der Diskussion über dieses Problem immer neue Impulse gegeben. In jüngster Zeit hat sich das Interesse an diesen Kosten mit den Bemühungen um Rationalisierung des Absatzes verstärkt.

In der vorliegenden Arbeit wird versucht, an Stelle der gegensätzlichen Vielfalt der Beurteilung der Vertriebskosten die Grundlagen einer im Hinblick auf den jeweiligen Beurteilungszweck zutreffenden Bewertung des Problems herauszuarbeiten. Die Teilprobleme können jedoch nur in großen Zügen aufgezeigt werden. Das sehr weitgespannte Thema setzt der Darstellung von Einzelheiten vielfach gewisse Grenzen. Aus diesem Grund wird auch das angeführte Zahlenmaterial nicht kritisch ausgewertet. Es soll lediglich zur besseren Veranschaulichung der einzelnen Probleme dienen. Der Übersichtlichkeit wegen wurden die Zahlen in einem Anhang zusammengefaßt.

Es ist nicht Aufgabe dieser Arbeit, die gefundenen Beurteilungsmaßstäbe der Vertriebskosten im einzelnen in ihrer praktischen Anwendung aufzuzeigen. Es sind lediglich die Grundlagen der Beurteilung der Vertriebskosten, nicht aber die sich daraus ergebenden praktischen Folgerungen, beispielsweise für das Rechnungswesen, darzustellen.

Die Untersuchungen werden im übrigen für die Absatzwirtschaft als Ganzes bzw. für die einzelnen Absatzstufen durchgeführt. Sie werden also nicht zweigwirtschaftlich, d. h. branchenbezogen ausgerichtet.

Die Problemstellung der vorliegenden Arbeit erfordert mehrfach die Beurteilung von Fragen, die in der Literatur noch nicht abgehandelt bzw. dargestellt worden sind. In derartigen Fällen versucht der Verfasser, auf Grund seiner in mehrjähriger praktischer Tätigkeit in Handel und Industrie erworbenen Erfahrung, zu einer zutreffenden Beurteilung der jeweils anstehenden Probleme zu gelangen.

Die vorliegende Arbeit wurde an der früheren Hochschule für Wirtschafts- und Sozialwissenschaften Nürnberg, der jetzigen Wirtschafts-

und Sozialwissenschaftlichen Fakultät der Universität Erlangen-Nürnberg, als Dissertation eingereicht.

Meinem hochverehrten Lehrer, Herrn Professor Dr. Ing. Dr. rer. pol. *M. R. Lehmann*, der diese Arbeit angeregt hat, möchte ich für die mir gegebenen Hinweise und die gewährten Aussprachen meinen besonderen Dank aussprechen.

Mein besonderer Dank gilt auch Herrn Professor Dr. Dr. h. c. *E. Schäfer* für sein warmes Interesse, daß er meiner Arbeit entgegengebracht hat, und dafür, daß er deren Veröffentlichung in der Schriftenreihe „Nürnberger Abhandlungen" vorgeschlagen hat.

Ebenso danke ich Herrn Professor Dr. *H. Linhardt*, auf dessen Initiative hin der Druck meiner Dissertation in der genannten Schriftenreihe ermöglicht worden ist, vielmals.

Den Mitherausgebern der „Nürnberger Abhandlungen", Herrn Professor Dr. *H. Eichler*, Herrn Professor Dr. *Th. Scharmann* und Herrn Professor Dr. Dr. *W. Weddigen*, danke ich dafür, daß sie der Veröffentlichung meiner Dissertation in dieser Schriftenreihe zugestimmt haben.

Nürnberg, im Januar 1963

Hans Günther Senger

Inhaltsverzeichnis

Tabellenverzeichnis

Abkürzungsverzeichnis

BFuP.	= Betriebswirtschaftliche Forschung und Praxis
BR.	= Betriebswirtschaftliche Rundschau
DB.	= Der Betrieb
FAZ.	= Frankfurter Allgemeine Zeitung
FfH.	= Forschungsstelle für den Handel
IK.	= Industriekurier
KRP.	= Kostenrechnungspraxis
TuW.	= Technik und Wirtschaft
WAZ.	= Westdeutsche Allgemeine Zeitung
WPfg.	= Die Wirtschaftsprüfung
RGH.	= Rationalisierungsgemeinschaft für den Handel
ZfB.	= Zeitschrift für Betriebswirtschaft
ZfhF. (NF.)	= Zeitschrift für handelswissenschaftliche Forschung (Neue Folge)
ZfHuH.	= Zeitschrift für Handelswissenschaft und Handelspraxis

I. Der Begriff der Vertriebskosten

Für die Vertriebskosten werden in Theorie und Praxis der Kostenrechnung und in der Diskussion immer wieder sowohl verschiedenartige Begriffe als auch unterschiedliche Abgrenzungen des Begriffsinhalts verwendet. Der Versuch, die Probleme der Beurteilung der Vertriebskosten systematisierend darzustellen, setzt die Kenntnis dieser verschiedenen Begriffsbildungen und Begriffsbestimmungen der Vertriebskosten voraus. Es ist keineswegs zweckmäßig, sich auf eine bestimmte Erläuterung der Vertriebskosten festzulegen, bevor die Problemauffassung der vorliegenden Arbeit dargelegt ist. Deshalb liegt zunächst die Frage nahe, wie die Vertriebskosten in der Literatur erläutert werden. Nachfolgend soll versucht werden, die in der Literatur gebräuchlichen Varianten der Vertriebskosten sowohl in ihren Begriffsbildungen als auch in der inhaltlichen Abgrenzung dieser Begriffe aufzuzeigen. Für die vorliegende Arbeit, die die Grundlagen einer Beurteilung der Vertriebskosten darzustellen hat, ergibt sich weiterhin die Aufgabe, die Vielfalt dieser Begriffe und ihre unterschiedlichen inhaltlichen Abgrenzungen durch eine Erläuterung der Vertriebskosten zu ersetzen, die als Ausgangspunkt einer derartigen Untersuchung verwendet werden kann.

1. Verschiedene Auffassungen der Vertriebskosten in der Literatur

In der Literatur findet sich eine Fülle von Wortbildungen der Vertriebskosten. Man verwendet Begriffe wie Absatzkosten, Verkaufskosten, Verteilungskosten, Umsatzkosten, Handelskosten, ebenso, wie man, statt von der Tätigkeit des Vertriebs, von Handel, Verkauf, Absatz, Verteilung usw. spricht. Dabei ist die stark voneinander abweichende inhaltliche Abgrenzung eines der auffallendsten Merkmale der Begriffsbildung des Problems der Vertriebskosten.

Als *Vertriebskosten* im engeren Sinne bezeichnet *Schnutenhaus* die Kosten, die „von der Versandbereitschaft der Ware bis zur Übergabe an den Kunden“ entstehen. Vertriebskosten im weiteren Sinne seien die Kosten der Ware „vom Eingang in das Fertiglager bis zum Geldeingang des Kunden“[1]. Auch *Herches* versteht unter Vertriebskosten — gemeint sind, wie bei Schnutenhaus, die Vertriebskosten der Indu-

---

[1] *Schnutenhaus*, O. R.: Die Analyse der Vertriebskosten, in: TuW., 22. Jg. 1929, S. 326.

strie — die Kosten, die „vom Wareneingang in das Fertiglager bis zum Eingang des Verkaufserlöses“ anfallen[2].

Ähnlich wie bei den von Schnutenhaus sogenannten Vertriebskosten im engeren Sinne ist die Definition von *Heckert, Miner:* „Distribution costs are the costs of all business activities, necessary to effect transfers in the ownership of tangible goods and to provide for their physical distribution[3].“

Sehr genau umreißt *M. R. Lehmann* den Begriff der Vertriebskosten in der Industrie durch seine Darstellung des industriellen Umsatzprozesses. Er umgrenzt den Vertriebsbereich vom Ausbringen der Ertragsgüter aus dem Fertigungsprozeß bis zum Geldeingang[4].

Ähnlich definiert auch *Küspert,* der alle Aufwendungen, die „vom Augenblick der Fertigstellung des Erzeugnisses an in irgendeiner Weise durch den Absatz bedingt sind“, zu den Vertriebskosten zählt[5].

Liegt der Akzent bei den bisher genannten Autoren auf der Erläuterung der Industrie-Vertriebskosten, so gehen *Tiburtius* und *Schmidt* einen Schritt weiter und beziehen auch die gesamten Kosten des Groß- und Einzelhandels in ihre Definition ein[6], also auch deren Beschaffungs-, Manipulations- und Verwaltungskosten.

Nach *Hirsch* schließt der Begriff der Vertriebskosten neben den Gesamtkosten des Handels und den Vertriebskosten der Warenhersteller und Verarbeiter die Beschaffungskosten der letzteren ein[7].

Am weitesten geht jedoch *Prieß,* wenn er ausführt, „die Vertriebskosten ... umfassen also den gesamten Vertriebsaufwand von Produktion, Groß- und Einzelhandel einschließlich des mit der Erfüllung der Vertriebsleistung verbundenen Gewinnes“[8].

An Stelle des Begriffes „Vertriebskosten“ spricht *Gutenberg*[9] von *Absatzkosten* mit dem gleichen begrifflichen Inhalt, die diesen von M. R. Lehmann, Küspert u. a. gegeben werden. Auch *Schnutenhaus* bedient

---

[2] *Herches,* H.: Vertriebsrechnung, in: ZfB., 8. Jg. 1931, S. 688.

[3] *Heckert,* J. B. und *Miner,* R. B.: Distribution Costs, 2. Aufl., New York 1953, S. 3.

[4] *Lehmann,* M. R.: Industriekalkulation, 4. Aufl., Stuttgart 1951, S. 8 und 22.

[5] *Küspert,* E.: Die kalkulatorische Behandlung der industriellen Vertriebskosten, in: RKW-Nachrichten, 12. Jg. 1938, S. 67; ders.: Industrielle Vertriebskosten-Bedingungen, Abrechnung und Kalkulation, Stuttgart 1938, S. 3; vgl. auch *Seyffert,* R.: Wege und Kosten der Distribution der Hausratwaren im Lande Nordrhein-Westfalen, Köln und Opladen 1955, S. 24.

[6] *Tiburtius,* J. und *Schmidt,* P.: Die Kosten des deutschen Einzelhandels von 1930 bis 1935, Stuttgart 1937, S. 16.

[7] *Hirsch,* J.: Die Vertriebskosten der Industrie, in: FfH-Mitteilungen, 2. Jg. 1932, S. 59.

[8] *Prieß,* F.: Die Vertriebskosten als Problem des Handels, in: ZfhF. NF. 5. Jg. 1953, S. 534 f.

[9] *Gutenberg,* E.: Grundlagen der Betriebswirtschaftslehre. Zweiter Band: Der Absatz, Berlin-Göttingen-Heidelberg 1955, S. 74.

sich dieser Bezeichnung, und zwar in einer Auffassung, wie sie dessen „Vertriebskosten im engeren Sinne" zugrunde liegt[10].

Verkaufskosten nennt *Schmaltz* die gesamten Kosten des Handels einschließlich der Beschaffungskosten, die er auch als *Handlungs-* oder *Handelskosten* bezeichnet. Als Verkaufskosten der Industrie bezeichnet er lediglich die reinen Vertriebskosten[11].

Der Begriff der Handlungskosten wird nur für den Handel verwendet. *Kosiol* umfaßt mit diesem Terminus außer den Kosten der Lagerung und des Verkaufs auch die der Warenbeschaffung[12]. *Buddeberg* dagegen schließt die Warenbezugskosten bei seiner Definition aus[13].

Als weitere Variante des allgemeinen Vertriebskostenbegriffs sei der Begriff der *Handelsspanne* genannt als Differenz zwischen Ein- und Verkaufspreis einer Ware im Handel[14, 15] oder ganz allgemein als Verteilungskostenanteil einer Ware[16].

Neben den aufgezeigten einzelwirtschaftlich ausgerichteten Arten des Vertriebskostenbegriffes findet sich in der Literatur die vom volkswirtschaftlichen Begriff der Verteilung abgeleitete Bezeichnung *Verteilungskosten* bzw. *Distributionskosten*.

Schmaltz kennzeichnet durch diesen Terminus die Beschaffungs- und Vertriebskosten der Industrie[17]. *Hirsch* dehnt ihn darüber hinaus auf die gesamten Kosten des Handels aus, schließt aber die Aufwendungen des gewerblichen selbständigen Transportes aus[18]. *Gutenberg* und *Koch* bezeichnen die Vertriebskosten der Industrie und die Kosten des Groß- und Einzelhandels als Verteilungskosten[19]. *Hobart* und *Wood* rechnen zur Warenverteilung alle Kosten, die aufgewandt werden müssen, um ein fertiges Produkt in die Hände der Verbraucher zu bringen[20].

---

[10] *Schnutenhaus*, O. R.: Zur Theorie der industriellen Absatzkosten, in: BR., 5. Jg. 1928, S. 85.

[11] Schmaltz, K.: Ein Betriebsvergleich der Verkaufskosten in der Industrie, in: ZfHuH., 22. Jg. 1929, S. 158.

[12] *Kosiol*, E.: Warenkalkulation in Handel und Industrie, 2. Aufl., Stuttgart 1953, S. 14.

[13] *Buddeberg*, H.: Die Kosten als Leistungsmaßstab des Handels, in: ZfB., 20. Jg. 1950, S. 300.

[14] Vgl. *Seyffert*, R.: Die Problematik der Distribution, Köln und Opladen 1951, S. 13.

[15] Vgl. ders.: Wirtschaftslehre des Handels, Köln und Opladen 1951, S. 458.

[16] Vgl. ders.: S. 484.

[17] *Schmaltz*, K.: a. a. O., S. 158.

[18] *Hirsch*, J. und *Brandt*, K.: Die Handelsspanne, Berlin 1931, S. 16. *Hirsch*, J.: Kennzahlen zur Handelsforschung, Berlin 1935, S. 1.

[19] *Gutenberg*, E.: Zweiter Band, a. a. O., S. 75. *Koch*, W.: Grundlagen und Technik des Vertriebs, Berlin 1950, Bd. II, S. 494.

[20] *Hobart*, M. und *Wood*, J. P.: Verkaufsdynamik, Deutsche Ausgabe von C. Hundhausen, Essen 1955, S. 109.

Seyffert kennzeichnet die Verteilungskosten wie folgt: „In den Distributionskosten einer Ware sind die Vertriebskosten des Erzeugers und die Handelsspannen aller noch am Absatz beteiligten Handelsglieder einschließlich der gegebenenfalls zwischen den einzelnen Wirtschaftsgliedern entstehenden Transportkosten enthalten. Die Distributionskosten umfassen also alle Preisanteile, die für den Absatz einer Ware vom Fertigwarenlager des Produzenten entstehen, einschließlich des Gewinns der Handelsglieder, jedoch ohne den Gewinn des Erzeugers[21]."

Bei *Behrens* dagegen umschließen die Verteilungskosten neben den „Vertriebskosten und dem Gewinn der Produzenten die Kosten des Transports, der Lagerung und Versicherung, ferner Umsatzsteuer, Kosten und Gewinne mehrerer Handelsstufen[22]." Etwa den gleichen begrifflichen Inhalt gibt ihnen *Jefferys:* „The costs of Distribution are here considered as the total outlay and expenses involved, including profit, in the performance of the distributive function ... This concept includes, of course, the costs incurred by the manufacturers or importers in preparing for sale, selling and transporting the finished goods as well as the costs of wholesaling and retailing[23]."

Der vorstehende Katalog, der einen Überblick über die Vielfalt der in der Literatur verwendeten Begriffsbildungen der Vertriebskosten zu vermitteln versucht, zeigt zugleich die zum Teil großen Abgrenzungsunterschiede des Inhalts der zahlreichen Termini. Der Grund für die abweichenden Erläuterungen der mannigfachen Begriffe ist darin zu suchen, daß diese von den einzelnen Autoren zum Teil auf die Vertriebskosten des einzelnen Unternehmens, zum Teil aber auch auf die Kosten bzw. den Aufwand der absatzwirtschaftlichen Tätigkeit einer oder mehrerer Absatzstufen bezogen werden.

Sieht man von den unterschiedlichen Begriffsbildungen ab und übersieht man weiterhin die abweichende Beurteilung einzelner Erfolgsgrößen, wie Beschaffungskosten, Gewinn usw. hinsichtlich ihrer Zurechnung zu den Kosten bzw. zum Aufwand der Absatzwirtschaft, so verbleiben in der Literatur lediglich drei Grundauffassungen der Abgrenzung des begrifflichen Umfangs der Vertriebskosten. Sie unterscheiden die einzelwirtschaftlichen Vertriebskosten, die Kosten der absatzwirtschaftlichen Betätigung eines Unternehmens, d. h. Beschaffungs- und Vertriebskosten, und den gesamtwirtschaftlichen Verteilungsaufwand.

---

[21] *Seyffert,* R.: Wege und Kosten der Distribution der Hausratwaren im Lande Nordrhein-Westfalen, Köln und Opladen 1955, S. 7, vgl. auch S. 26.

[22] *Behrens,* K. C.: Senkung der Handelsspannen, in: ZfhF., NF., 1. Jg. 1949, S. 362.

[23] *Jefferys,* J. B.: The Distribution of Consumer Goods, Cambridge 1950, S. 61.

2. Versuch einer Erläuterung des Vertriebskostenbegriffs

Der vorstehende Überblick über die Begriffsbildung und Begriffsbestimmung der Vertriebskosten hat gezeigt, daß unbeschadet unterschiedlicher Termini von sehr engen Abgrenzungen des Begriffsinhalts bis zu einer weitgezogenen Erläuterung dieser Kosten zahlreiche inhaltliche Abstufungen des Begriffs verwendet werden. Für eine Darstellung der Grundlagen der Beurteilung der Vertriebskosten kann man sich daher nicht von vornherein auf eine dieser inhaltlichen Varianten der Vertriebskosten festlegen. Insbesondere kann der Versuch, den Vertriebskostenbegriff zu interpretieren, nicht auf eine Erläuterung der Vertriebskosten des einzelnen Unternehmens beschränkt werden. Es sind vielmehr die möglichen Varianten der Vertriebskosten in systematischer Darstellung aufzuzeigen.

In der fachlichen Diskussion, in der Literatur und in der wirtschaftlichen Praxis werden mit dem Terminus Vertriebskosten sowohl die Kosten des Vertriebsbereichs als auch die Kosten der absatzwirtschaftlichen Tätigkeit eines Unternehmens, d. h. Beschaffungs- und Vertriebskosten, und schließlich die gesamten Aufwendungen für die Warenverteilung bezeichnet. Der begriffliche Umfang dieser sogenannten Vertriebskosten ändert sich dementsprechend mit der Betrachtungsweise, die entweder auf den *Vertriebsbereich* des einzelnen Unternehmens, auf die *absatzwirtschaftliche Tätigkeit eines Unternehmens* oder aber auf die *gesamte Warenverteilung* ausgerichtet ist.

Die unterschiedliche Betrachtungsweise ist dabei bedingt durch divergierende Gesichtspunkte, die sich vor allem

a) vom Rechnungswesen,
b) von der absatzwirtschaftlichen Theorie oder
c) von gesamtwirtschaftlichen Überlegungen

ableiten bzw. von diesen beeinflußt sind.

Die Frage nach der inhaltlichen Abgrenzung der sich so ergebenden Vertriebskostengrößen ist also eng verbunden mit den vorstehend unterschiedenen Betrachtungsstandpunkten. Die Betrachtung des Rechnungswesens geht dabei vorwiegend auf die Kosten des Vertriebsbereichs eines Unternehmens, während die absatzwirtschaftliche Theorie ihre Betrachtung auf die Kosten der absatzwirtschaftlichen Tätigkeit, d. h. auf Vertriebs- und Beschaffungskosten eines Unternehmens richtet. Vom gesamtwirtschaftlichen Standpunkt aus schließlich sind Betrachtungsgegenstand die Kosten bzw. Aufwendungen der gesamten Warenverteilung.

Nachfolgend sind diese Varianten des allgemeinen Vertriebskostenbegriffs als Ergebnis einer unterschiedlichen Betrachtungsweise aufzuzeigen.

a) Betrachtung von der Seite des Rechnungswesens aus

Der Gesamtbereich des Rechnungswesens läßt sich entsprechend den einzelnen Leistungsbereichen eines Unternehmens in verschiedene Teilgebiete gliedern. So wird in der industriellen Betriebswirtschaft unterschieden nach Beschaffungskostenkalkulation, Herstellkostenkalkulation und Vertriebskostenkalkulation[24]. Im Handel trennt man die Rechnungsbereiche Beschaffung und Vertrieb, wozu häufig die der Fertigung ähnliche Bearbeitung bzw. Manipulation der Ware kommt.

Der Versuch, die für die Vertriebskostenrechnung maßgebende Kostengröße zu erläutern, kann sich demnach nur auf die im Vertriebsbereich eines Unternehmens anfallenden Kosten beziehen. Dazu ist es im einzelnen erforderlich, folgende Punkte zu untersuchen:

aa) die bereichsmäßige Abgrenzung der Vertriebskosten,
bb) die Abgrenzung der Vertriebskosten von den Erlösschmälerungen und
cc) die Abgrenzung von Vertriebskosten und Aufwand.

Erst nach Klärung dieser Fragen läßt sich

dd) der begriffliche Umfang der auf den Vertriebsbereich des einzelnen Unternehmens bezogenen Vertriebskosten

festlegen.

aa) Bereichsmäßige Abgrenzung der Vertriebskosten

Die gedankliche Abgrenzung der Vertriebskosten von den Fertigungskosten in der Industrie bzw. den Beschaffungskosten oder den Bearbeitungs- und Manipulationskosten im Handel bereitet im Grunde genommen keine Schwierigkeiten. In der Industrie kennzeichnet das Ausbringen der Ertragsgüter aus dem Produktionsprozeß eindeutig die Grenze zwischen Fertigung und Vertrieb[25]. Im Handel bestimmt der Eingang der Ware in das Verkaufslager die Grenze zwischen Beschaffung bzw. Bearbeitung und Vertrieb.

Es mag daher überraschen, wenn von Abgrenzungsschwierigkeiten zwischen Fertigungs- und Verwaltungskosten einerseits und Vertriebskosten andererseits gesprochen wird[26].

Die Überschneidungen zwischen Verwaltung und Vertrieb sind zu bekannt, um hier im einzelnen beschrieben zu werden. In der Schwierigkeit einer genauen Trennung ist der Grund zu suchen, für die in der Praxis der Kostenrechnung sehr häufig anzutreffende Übung, die Ko-

---

[24] Vgl. *Lehmann*, M. R.: a. a. O., S. 6 ff.

[25] Vgl. z. B. *Lehmann*, M. R.: a. a. O., S. 8.

[26] Vgl. z. B. *Gutenberg*, E.: Zweiter Band, a. a. O., S. 77. *Hobart*, D. M. und *Wood*, J. P.: a. a. O., S. 109. *Hirsch*, J.: Die Vertriebskosten der Industrie, a. a. O., S. 60.

sten beider Bereiche zum Verwaltungs- *und* Vertriebskostenzuschlag zusammenzufassen. Ganz allgemein entspringen derartige Abgrenzungsprobleme, in denen Kosten, wie z. B. die Gehälter der Geschäftsführung, Lagerkosten, Fuhrparkkosten, Kosten des Rechnungswesens u. a., auf mehrere Unternehmensbereiche verteilt werden müssen, weniger einer unterschiedlichen sachlichen Beurteilung des Problems. Sie sind vielmehr organisationsbedingt. Ähnlich hängt auch die Möglichkeit der Zuteilung bestimmter Kosten zu der Gruppe der Einzel- bzw. zu der der Gemeinkosten weitgehend vom Grad der Vollkommenheit der Organisation des Rechnungswesens ab.

Bei den sogenannten Abgrenzungsschwierigkeiten von Fertigungskosten und Vertriebskosten dagegen sind es sachlich bedingte Auffassungsunterschiede, die zu klären sind. So werden vielfach die Kosten der Verkaufsverpackung neben den Kosten der Versandverpackung zu den Vertriebskosten gerechnet[27, 28]. Auch die Montagekosten werden hier und da als Bestandteil der Vertriebskosten aufgefaßt[29]. Weiter sind die Kosten der Sortimentsgestaltung zu nennen, wie z. B. die Kosten für den Entwurf und Ankauf von Mustern usw., die den Vertriebskosten zugezählt werden. Letztere sind jedoch eindeutig als Sondereinzelkosten der Fertigung anzusehen[30]. Gegen die Zurechnung der Verkaufsverpackung zu den Vertriebskosten läßt sich einwenden, daß diese Verpackungskosten als Produktbestandteil in der Fertigungskostenkalkulation verrechnet werden[31]. Die Montagekosten schließlich sind lediglich dann als Vertriebskosten zu betrachten, wenn sie Aufwand für Kundendienst darstellen[30].

Damit sind zwar einige strittige Einzelfragen geklärt, nicht aber das angeschnittene Problem an sich. Wenn, wie oben angedeutet, die Kosten der Verkaufsverpackung, wenn weiter beispielsweise Kosten für den Entwurf von neu zu fertigenden Produkten, die in der Industriekalkulation als Bestandteil der Herstellkostenrechnung angesehen werden, von einzelnen Autoren zu den Vertriebskosten gerechnet werden, so wird die Grundsatzfrage aufgeworfen, ob Kosten dem verursachenden Bereich zuzurechnen sind, oder ob sie zu dem Unternehmensbereich gehören, in dem sie zur Auswirkung kommen.

Zweifellos kennzeichnet die Praxis der Kostenrechnung die Kosten nach ihren Entstehungsbereichen. Sie wird also beherrscht von dem Gedanken, die Kosten den Bereichen zuzuteilen, in denen sie sich leistungs- und kostenmäßig niederschlagen, nicht aber den verursachen-

---

27 Vgl. z. B. *Gutenberg*, E.: Zweiter Band, a. a. O., S. 76.
28 Vgl. z. B. *Hirsch*, J.: Die Vertriebskosten der Industrie, a. a. O., S. 65.
29 Vgl. z. B. *Sommer*, F.: Vertriebskosten, in: TuW., 22. Jg. 1929, S. 90.
30 Vgl. z. B. *Gutenberg*, E.: Zweiter Band, a. a. O., S. 76.
31 *Schnutenhaus*, O. R.: Die Analyse der Vertriebskosten, a. a. O., S. 326.

den Stellen. Aber schon die Behandlung der sogenannten Wiedereinsatzleistungen[32] zeigt, daß und wie dieses Prinzip durchbrochen wird. Die hin und wieder auftretende Meinung aber, man müsse die Kosten dem verursachenden Bereich belasten, so z. B. die Herstellungskosten von nicht verkäuflichen Waren, die auf Veranlassung des Vertriebs hergestellt wurden, dem letzteren, scheint die Richtigkeit der Zuteilung der Kosten nach ihrem Auswirkungsbereich grundlegend anzuzweifeln[33].

Eine Abkehr der Kostenrechnung vom *Auswirkungsprinzip* und ihre Ausrichtung nach dem *Verursachungsprinzip* würde die Konzeption der Kostenrechnung, wie sie heute in der Literatur dargestellt und in der Praxis gehandhabt wird, von Grund auf verändern.

Kosten der Vertriebslagerhaltung beispielsweise, die durch eine übermäßige Produktion zwecks günstiger Gestaltung von Beschäftigungs- und Losgrößendegression der Fertigungskosten entstehen, müßten dem Fertigungsbereich belastet werden. Das gleiche gilt von den Kosten, die bei der durch den Übergang zur Massenfertigung bedingten Ausweitung des Absatzes und des Absatzgebietes erforderlich sind. Umgekehrt müßten überdimensionierte Fertigungskosten, die auf Grund einer übergroßen Sortenzahl entstehen, dem Vertriebsbereich belastet werden.

So gesehen würde zweifellos eine Umschichtung der Kosten entstehen, deren Ausmaß kaum zu überblicken wäre. Aber bei einer derart kausalen Betrachtungsweise läßt sich im Einzelfall kaum entscheiden, welcher Unternehmensbereich als kostenverursachend anzusprechen ist. Noch schwieriger ist die Entscheidung, in welcher Höhe die aufzuteilenden Kosten den entsprechenden Bereichen zu belasten sind. Der Verwirklichung dieser theoretischen Gedankengänge steht also die Unzulänglichkeit der praktischen Gegebenheiten entgegen, ob bedingt durch die für diesen Zweck unzureichende Entwicklung der Organisation des Rechnungswesens oder aber durch die Problematik der Materie selbst, soll hier nicht entschieden werden.

Die im einzelnen durchzuführenden Untersuchungen würden durch die Ausweitung auf das Verursachungsprinzip der Kosten vor allem im Hinblick auf die bisherigen Ergebnisse quantitativer Vertriebskostenforschung nur unnötig erschwert. Als Vertriebskosten werden also hier nur die Kosten angesehen, die im Vertriebsbereich anfallen bzw. diesem im Wege der Kostenstellenumlage angelastet werden.

---

[32] Vgl. z. B. *Kosiol*, E.: Kalkulatorische Buchhaltung, Wiesbaden 1950, S. 326 ff.

[33] Vgl. z. B. *Gutenberg*, E.: Zweiter Band, a. a. O., S. 77. Siehe auch: *Hirsch*, J.: Die Vertriebskosten der Industrie, a. a. O., S. 60.

bb) *Abgrenzung der Vertriebskosten von den Erlösschmälerungen*

Die Abgrenzung der Vertriebskosten von den Erlösschmälerungen ist ein weiteres Problem, dessen Klärung für eine Erläuterung der auf das Rechnungswesen ausgerichteten Vertriebskosten erforderlich ist[34].

Unter Erlösschmälerungen „im engeren und ursprünglichen Sinne"[35] werden im allgemeinen *nachträgliche Abzüge von den Verkaufserlösen im Verhältnis zwischen Käufer und Verkäufer,* wie z. B. Rabatte, Preisnachlässe, Retouren, Skonti u. a., verstanden[35, 36]. Die Erlösschmälerungen umfassen im weiteren Sinne aber auch die *Sondereinzelkosten des Vertriebs,* wie beispielsweise Verkaufsfrachten, Verkaufsprovisionen, Umsatzsteuer, Gewährleistungswagnisse, Delkredere usw.[34, 35].

Eine Analyse der Erlösschmälerungen zeigt, daß diese

1. teilweise *durch einkalkulierte Kosten gedeckt* sind (Gewährleistungswagnisse, Umsatzsteuer, Frachten, Provisionen, Skonti, Delkredereprovisionen, Gebühren für Verkaufslizenzen u. a.),
2. zum Teil aber auch *nachträglich zu Lasten des Erfolgs gehen* (Wettbewerbsrabatte, wie Treurabatte, Kampfrabatte, Saisonrabatte, Einführungsrabatte u. ä., Kulanznachlässe, nicht einkalkulierte Gewährleistungswagnisse, Skonti, Verkaufslizenzen, Provisionen usw.).

Die Erlösschmälerungen

3. in Form von Mengen- oder Auftragsgrößenrabatten und Funktionsrabatten schließlich finden ihre *Deckung in Kostensenkungen* in Fertigung bzw. Vertrieb durch günstigere Auftragsgestaltung, Abwälzen von Vertriebsfunktionen usw.
4. Retouren dagegen sind in Höhe der Einstandswerte keine Erlösschmälerungen, da sie insoweit durch die Rückgabe der Ware erfolgsmäßig neutralisiert werden.

In der buchhalterischen Erfolgsrechnung werden alle nachträglichen Abzüge von den Verkaufserlösen als Erlösschmälerungen bezeichnet, unbeschadet ob sie Kosten, Aufwendungen oder aber lediglich erfolgsneutrale Erlöskorrekturen darstellen. Für eine Vertriebskostenrechnung ist es daher erforderlich, die Erlösschmälerungen daraufhin zu untersuchen, inwieweit sie als Vertriebskosten anzusprechen sind[37].

Zu 1.: Die in der Buchhaltung als Aufwand verrechneten Erlösschmälerungen, wie *Frachten, Umsatzprovisionen, Lizenzen, Debitorenausfälle,*

---

[34] Vgl. z. B. *Gutenberg,* E.: Zweiter Band, a. a. O., S. 77.

[35] *Lehmann,* M. R.: Industriekalkulation, a. a. O., S. 79.

[36] Vgl. z. B. *Tiburtius,* J., *Ziegler,* F. und *Zippel,* W.: Fragen der Aufwandrechnung im Handel, ohne Ort und Jahr, S. 13 f.

[37] Vgl. hierzu auch *Lehmann,* M. R.: Betriebswirtschaftliche Bearbeitung des Problems der industriellen Ballung und Dezentralisation, Nürnberg, ohne Jahr, S. 11 f.; ferner *Tiburtius,* J., *Ziegler,* F. und *Zippel,* W.: a. a. O., S. 13 f.

Kulanznachlässe, Aufwendungen für Garantieverpflichtungen u. ä., sind in der Regel durch entsprechende Kostenarten in der Kalkulation gedeckt, so z. B. durch Wagniskosten für Garantieverpflichtungen, Kulanznachlässe und Debitorenausfälle, durch Provisionen usw. Eintretende Erlösschmälerungen stellen in diesem Falle keine Vertriebskosten, sondern lediglich buchhalterischen *Aufwand* dar[38].

Die Praxis der Betriebsbuchhaltung absorbiert derartige, durch kalkulatorische Werte berücksichtigte Aufwendungen folgerichtig auch in der Kontenklasse 2.

Die in der Kostenrechnung und somit in der kurzfristigen Betriebserfolgsrechnung eingesetzten kalkulatorischen Werte für Provisionen, Garantieverpflichtungen usw. stellen vielfach jedoch nicht den tatsächlich angefallenen Aufwand dar. Sie werden vielmehr entsprechend der isolierten Betrachtung der Betriebsleistung mit kalkulatorischen Werten auf den Umsatz des Abrechnungszeitraumes bezogen. Übersteigen nun die kalkulierten Kosten den angefallenen Aufwand für Provisionen usw., so stellt der auf die Dauer nicht in Anspruch genommene Teil keinen Vertriebskosten- sondern Erfolgsbestandteil dar. Reichen die einkalkulierten Kosten jedoch nicht aus, den sich einstellenden Aufwand zu decken, so sind die Mehraufwendungen nicht als Erlösschmälerungen mit Aufwandcharakter, sondern als Vertriebskosten zu betrachten.

Die einkalkulierten *Skonti* stellen ebenfalls Erlösschmälerungen mit *Aufwand*-Charakter dar, wenn die Zahlungsziele von den Abnehmern nicht beansprucht werden, wenn die Käufer also durch sofortige Zahlung Skonto beanspruchen.

Vollkommen anders verhält es sich dagegen mit den echten Skonti, d. h. der Skonti ausschließlich etwaiger Rabattanteile[39], soweit diese einkalkuliert und durch äußerste Ausnützung der Zahlungsziele von den Abnehmern nicht beansprucht werden. In diesem Falle stellen die Skonti eindeutig *Kosten* oder nach *Bise* „das Entgelt des Abnehmers für den in der vertraglich bestimmten Zeit zur Verfügung gestellten Warenkredit" dar[40, 41]. Das gilt sinngemäß für den Fall, daß keine Skonti ein-

---

[38] *Fischer-Hess-Seebauer:* Buchführung und Kostenrechnung, 2. Aufl., Leipzig 1940, S. 336.

[39] Geht man z. B. von folgenden Zahlungsbedingungen aus: 3 % Skonto bei sofortiger Barzahlung oder 4 Wochen Zahlungsziel ohne Skontoabzug, so enthält der Skontobetrag bei einem Marktzinsfuß von 6 % p. a. einen Zinsanteil von 1/2 % und einen Rabattanteil von 2 1/2 %. Vielfach wird in diesem Zusammenhang auch von „Barzahlungsrabatt" gesprochen.

[40] *Bise,* W.: Rabatt und Skonto als Mittel der Marktpolitik der Unternehmung, Dissertation, Mannheim 1951, S. 14. Vgl. auch *Funke,* H. und *Wosnitza:* Skonto und Diskont in der Kostenrechnung, in: BFuP, Heft 7/8 1951, S. 424 ff.

[41] Vgl. hierzu auch *Lehmann,* M. R.: Industriekalkulation, a. a. O., S. 6 ff. und 41 ff. und: Grundfragen und Sachgebiete der industriellen Betriebsstatistik, Essen 1953, S. 60 ff., der für die Industriekalkulation den Kostencharakter

kalkuliert werden. Die Ausnützung der Zahlungsziele bedingt hier ebenso Kosten[42], die nachträglich zu Lasten der Erfolgsspanne gehen.

Zu 2.: Die in der Buchhaltung als Aufwand verrechneten Erlösschmälerungen, die nachträglich zu Lasten des Ertrages gehen, stellen insoweit *Kosten* dar, als ihnen das Moment der Vertriebsleistung gegenübersteht. Das gilt insbesondere von Aufwendungen für *Debitorenausfälle, Frachten, Umsatzprovisionen, Verkaufslizenzen,* aber auch von Aufwendungen für *Garantieverpflichtungen* und *Kulanznachlässe,* die den Vertrieb und nicht die Fertigung betreffen, soweit sie nicht durch einkalkulierte Kosten gedeckt sind. Eintretende Aufwendungen sind dann in jedem Falle Vertriebskosten.

Bei den sogenannten *Wettbewerbsrabatten* dagegen, die als Prototyp der nicht einkalkulierten und somit nachträglich vom Ertrag zu dekkenden Erlösschmälerungen anzusprechen sind, vertreten *Tiburtius, Ziegler* und *Zippel* die Auffassung, daß sie ein wesentlicher Bestandteil der Werbebemühungen eines Unternehmens und somit auch der Werbekosten darstellen[43]. Das Pendant einer Vertriebsleistung für die Wettbewerbsrabatte läßt sich aber praktisch nicht nachweisen. Vielmehr stellen sie reine Preiskorrekturen und somit Erlösschmälerungen mit *Aufwand*-Charakter, aber keine Vertriebskosten dar.

Auch die nachträglich vom Erlös zu deckenden, also nicht einkalkulierten *Skonti* müssen als Erlösschmälerungen mit dem Charakter von Aufwendungen angesehen werden.

Zu 3.: Erlösschmälerungen in Form von *Aufwand* sind weiterhin, wenn man nicht eine Nettoverbuchung der Erlöse überhaupt vorzieht[44], die durch Kostensenkungen in Fertigung und Vertrieb gedeckten Schmälerungen der Verkaufserlöse, insbesondere also die sogenannten *Mengen- und Auftragsgrößenrabatte.* Das gilt auch für den Fall, daß diese Rabatte die zugrunde liegenden Kostensenkungen übersteigen.

Ähnlich den Mengen- und Auftragsgrößenrabatten sind auch die *Funktionsrabatte,* die an nachfolgende Absatzstufen für die Übernahme von Absatzfunktionen, wie Werbung, Lagerung, Transport usw., gewährt werden, Erlösschmälerungen mit Aufwandcharakter, wenn ihnen Kosteneinsparungen zugrunde liegen, wie beispielsweise Einsparung von Lagerkosten durch Verkauf an den lagerhaltenden Großhandel usw.

---

der Skonti verneint und diese als Finanzaufwand aus der Betriebsrechnung aussondert. Für eine Vertriebskalkulation bzw. für absatzwirtschaftliche Überlegungen kann eine derartige Abgrenzung jedoch nicht vorgenommen werden, wenn man die Absatzfinanzierung als Bestandteil der absatzwirtschaftlichen Leistung auffaßt.

[42] Es handelt sich hier jedoch nicht um Skonti im Sinne des Wortes, sondern um Zinsen für Absatzfinanzierung.

[43] Vgl. *Tiburtius,* J., *Ziegler,* F. und *Zippel,* W.: a. a. O., S. 13 f.

[44] Vgl. *Fischer-Hess-Seebauer:* a. a. O., S. 336.

Das gilt im übrigen in gleicher Weise, wenn das Äquivalent der Kostensenkung im Vertrieb fehlt.

Fischer-Heß-Seebauer dagegen vertreten die Auffassung, die Funktionsrabatte seien weder Kosten noch Erlösschmälerungen und befürworten dementsprechend eine Nettoverbuchung der Erlöse[44].

Zu 4.: Die *Retouren* sind lediglich in Höhe des Unterschieds zwischen Einstandswert bzw. Herstellkosten einerseits und dem Erlös andererseits als Erlösschmälerungen anzusehen. Sie stellen insoweit buchhalterischen *Aufwand* dar, als sie zum Ausgleich einkalkulierter Kosten führen.

In Höhe der Einstandswerte selbst sind die Retouren erfolgsneutrale Erlösberichtigungen.

Zusammenfassend kann festgehalten werden, daß der Begriff der Erlösschmälerungen weniger eine Erläuterung über den Inhalt einer Erfolgsgröße geben soll, sondern lediglich einen ‚terminus technicus' für die rechnungstechnische Handhabung bestimmter Erfolgsvorgänge, nämlich der nachträglichen Schmälerung der Verkaufserlöse darstellt. Sachlich gesehen verkörpern diese ‚Erlösschmälerungen', wie aufgezeigt, echte Vertriebskosten, ausschließlich buchhalterische Aufwendungen, oder aber erfolgsneutrale Erlösberichtigungen.

In der nachfolgenden Übersicht 1 sind die einzelnen vorstehend herausgearbeiteten Gruppen der Erlösschmälerungen zusammenfassend dargestellt.

Übersicht 1

<table>
<tr><th colspan="5">sog. Erlösschmälerungen</th></tr>
<tr><th>mit Kosten-charakter (Vertriebs-kosten)</th><th colspan="3">mit ausschließlich Aufwandcharakter</th><th>mit dem Charakter von Erlösberichtigungen</th></tr>
<tr><td rowspan="2">z. B. nicht kalkulierte Gewährleistungswagnisse
Umsatzsteuer
Fracht
Provisionen
Delkredere
Verkaufslizenzgebühren usw.</td><td>Erfolgskorrekturen</td><td>Ausgleich von Kostensenkungen bzw. nicht beanspruchten kalkulierten Kosten</td><td>Ausgleich von kalkulierten Kosten</td><td rowspan="2">Retouren (stellen in Höhe des Wareneinstandes keine Erlösschmälerungen dar)</td></tr>
<tr><td>Wettbewerbsrabatte
Skontiaufwendungen (soweit nicht kalkuliert)</td><td>Funktions-, Mengen- und Auftragsgrößenrabatte
Skontiaufwendungen soweit kalkuliert)</td><td>kalkulierte Sondereinzelkosten des Vertriebs (siehe äußerste linke Spalte)</td></tr>
</table>

cc) *Abgrenzung von Vertriebskosten und Aufwand*

Der Kostenbegriff ist im Grunde genommen so eindeutig fixiert, daß er keiner Erläuterung bedarf. Wenn an dieser Stelle dennoch das Problem der Abgrenzung von Kosten und Aufwand angeschnitten wird, so hat das einen besonderen Grund. Das Zahlenmaterial, das als Grundlage der Kalkulation der Vertriebskosten, der Kritik und wissenschaftlicher Untersuchungen des Vertriebs Verwendung findet, stellt vielfach keinen bewerteten Kostengüterverzehr dar. Es fehlt, um mit M. R. *Lehmann*[45] zu interpretieren, das entscheidende Kriterium, das die Kosten als vollständigen, ordentlichen Betriebsaufwand, berechnet unter Berücksichtigung der für die Kalkulation maßgebenden Bewertungsgrundsätze, auffaßt.

Die als Vertriebskosten dargebotenen Zahlenangaben sind vielfach Ausfluß bilanz- und steuerpolitischer Bewertungsmanipulationen. Es sei erinnert an die unterschiedliche Handhabung von Aufwendungen für geringwertige Wirtschaftsgüter, den sogenannten Erhaltungsaufwand für Anlagegüter und Aufwendungen für Großreparaturen, die Regelung der steuerlichen Abzugsfähigkeit von Spenden, Reisekostenpauschalen, Aufwendungen für Bewirtungen, Repräsentation und sonstiger „Spesen", um nur einige Beispiele zu nennen, ferner an die unterschiedlichen Abschreibungssätze in der Handelsbilanz bzw. der Steuerbilanz einerseits und in der Kostenrechnung andererseits.

Zweifellos ist die Masse des Zahlenmaterials, das als Diskussionsgrundlage für die Beurteilung der Vertriebskosten und für Zwecke der Kostenrechnung Verwendung findet, durch bilanztaktische und vor allem steuerpolitische Überlegungen in starkem Maße verfälscht. Es muß daher mit allem Nachdruck darauf aufmerksam gemacht werden, daß das zu Zwecken der Bilanz, d. h. der Errechnung des buchhalterischen bzw. steuerlichen Aufwandes ermittelte Zahlenmaterial völlig ungeeignet ist als Ausgangspunkt einer Beurteilung der Vertriebskosten.

In der vorliegenden Arbeit wird also der Kostenbegriff im Sinne der Kostenlehre bzw. der Kalkulation als vollständiger, ordentlicher, kalkulatorisch bewerteter Betriebsaufwand aufgefaßt. Auf eine weitergehende Erläuterung des Kostenbegriffs, insbesondere auch im Hinblick auf die sogenannten kalkulatorischen Aufwendungen oder Zusatzkosten, kann hier jedoch verzichtet werden[46].

dd) *Begrifflicher Umfang der Vertriebskosten*

Die vorstehend skizzierten Abgrenzungsprobleme stellen den Versuch dar, den begrifflichen Umfang der *Vertriebskosten* aus der Sicht des

---

[45] Vgl. *Lehmann*, M. R.: Industriekalkulation, a. a. O., S. 40 ff.
[46] Vgl. hierzu ders.: a. a. O., S. 40 ff.

Vertriebsbereichs des einzelnen Unternehmens und damit vom Standpunkt des Rechnungswesens aus zu umreißen. Bei dieser Betrachtungsweise umfassen die Vertriebskosten in der Industrie die gesamte Kostenbelastung einer Ware nach Beendigung des Fertigungsprozesses[47] und im Handel die sogenannten Verkaufskosten. Die Kosten der Warenbeschaffung, der Warenbearbeitung und -manipulation des Handels (z. B. Kaffeerösten, Schrottaufbereiten usw.) sind kein Bestandteil der einzelwirtschaftlichen Vertriebskosten. Sie finden ihre Parallele in den Beschaffungs- bzw. Fertigungskosten der Industrie. Lagerkosten im Handel, die für die Ware im Zustand der Verkaufsbereitschaft entstehen, sind Vertriebskosten. Lagerkosten, die im Vorratslager anfallen dagegen, sind mit den Kosten der Rohstofflagerung vor Beginn des Fertigungsprozesses in der Industrie zu vergleichen. Die Kosten für die Verkaufsläger des Handels jedoch entsprechen denen der industriellen Fertigwarenläger[48].

b) Betrachtung von der Seite der absatzwirtschaftlichen Theorie aus

Es wurde bereits angedeutet, daß der Vertriebskostenbegriff in der Literatur und in der fachlichen Diskussion nicht als streng auf den Vertriebsbereich des einzelnen Unternehmens bezogene Größe aufgefaßt wird. Die Betrachtung richtet sich vielfach auch auf die gesamten Kosten eines Unternehmens, die für absatzwirtschaftliche Aufgaben aufgewandt werden. Zu denken ist hier insbesondere an die Gesamtkosten, d. h. die Kostenspanne eines Handelsunternehmens, die die eigentlichen Warenkosten[49] ausschließt.

Eine derartige inhaltliche Abgrenzung des Vertriebskostenbegriffs hat ihren Ursprung in der absatzwirtschaftlichen Theorie, die *Beschaffung* und *Vertrieb* als absatzwirtschaftliche Teilfunktionen ansieht.

Die absatzwirtschaftliche Tätigkeit eines Unternehmens umfaßt nicht nur den Vertriebsbereich, sondern auch dessen Beschaffungsseite. Diese spezifisch absatzwirtschaftliche Betrachtungsweise läßt sich wohl am besten mit der von *Schäfer* gebrauchten Formulierung erklären, wenn er von der „organisatorischen Austauschbarkeit“[50] der Vertriebstätigkeit eines Unternehmens und der Beschaffungsfunktion des nachgelagerten Unternehmens spricht. Die sich auf zwei Leistungsstufen im Rei-

[47] Vgl. z. B. *Lehmann, M. R.*: a. a. O., S. 8 und 22.

[48] Vielfach lassen sich im Handel, insbesondere im Großhandel, Vorrats- und Vorkaufs-Lagerhaltung jedoch nicht trennen.

[49] Unter Warenkosten ist der Netto-Einstandspreis der bezogenen Waren zu verstehen. Vgl. *Kosiol, E.*: Warenkalkulation in Handel und Industrie, a. a. O., S. 14 ff.

[50] *Schäfer, E.*: Die Aufgabe der Absatzwirtschaft, Köln und Opladen 1950. S. 13.

feprozeß eines Bedarfsgutes verteilenden Funktionen von Vertrieb und Beschaffung faßt er volkswirtschaftlich gesehen im Grunde als ein und dieselbe Aufgabe auf. Deshalb, so führt *Schäfer* weiter aus, „erscheint die Bezeichnung dieser gesamten Aufgabe als einer absatzwirtschaftlichen doch berechtigt“[50].

Beschaffungs- und Vertriebskosten eines Unternehmens sind dementsprechend Kosten der absatzwirtschaftlichen Tätigkeit eines Unternehmens, allerdings aus zwei selbständigen absatzwirtschaftlichen Aufgabestellungen. Eine derartige Auffassung ist insbesondere für den Handel auf Grund der engen Verflechtung und des komplexhaften Charakters seiner Funktionen nicht nur zweckmäßig, sondern auch notwendig[51].

Eine kritische Untersuchung der Kosten des Handels zeigt zudem, daß dort zum Teil beträchtliche Kosten aufgewandt werden für Aufgaben, die man auch als zur Produktionssphäre gehörend betrachten kann[52], so z. B. das Bearbeiten und Veredeln von Rohmaterial, Montagearbeiten, das Abändern von Kleidungsstücken, Reparaturen aus Garantieverpflichtungen usw. Eine Aussonderung der anteiligen Kosten ist jedoch wegen der engen leistungswirtschaftlichen Verflechtung der Teilaufgaben der einzelnen Unternehmen schwierig und unzweckmäßig. Sie sollen daher als zum Absatzbereich gehörend aufgefaßt werden.

Die für absatzwirtschaftliche Aufgaben aufgewandten Kosten eines Unternehmens — sie werden hier als *Absatzkosten* bezeichnet — umfassen demnach in der Industrie die Beschaffungs- und Vertriebskosten, im Handel dagegen die gesamte Kostenspanne. Zu den Beschaffungskosten selbst gehören nicht nur die reinen Warenbezugskosten[53], sondern auch die Kosten der Warenlagerung usw., in der Industrie alle Kosten, die bis zum Einsatz in den Fertigungsprozeß anfallen[54].

c) Betrachtung vom gesamtwirtschaftlichen Standpunkt aus

In der Literatur findet sich bisweilen, meist im Zusammenhang mit der Frage der Berechtigung der Höhe der Vertriebskosten, der Hinweis auf die Notwendigkeit der ‚ganzheitlichen‘ Betrachtung der Vertriebsvorgänge und ihrer Kosten[55]. Bei der Darstellung der in der Literatur gebräuchlichen Varianten der Vertriebskosten wurde die dieser Auffassung entsprechende inhaltliche Abgrenzung der Vertriebskosten auch bereits beispielhaft aufgezeigt.

---

[51] Vgl. auch *Schäfer, E.*: a. a. O., S. 100.

[52] Vgl. *Hobart,* D. M. und *Wood,* J. P.: a. a. O., S. 109.

[53] Ihre Zurechnung zu den Wareninstandskosten in Kalkulation und Bilanz steht dieser begrifflichen Abgrenzung nicht entgegen.

[54] In der Industriekalkulation sind die Kosten der Warenlagerung vor dem Fertigungsprozeß jedoch Bestandteil der Herstellkostenkalkulation. Vgl. hierzu *Lehmann,* M. R.: Industriekalkulation, a. a. O., S. 6 ff., insb. S. 8.

Für die Erläuterung des Vertriebskostenbegriffs stellt sich demnach das Problem, diese gesamtwirtschaftlich ausgerichtete Begriffsauffassung, d. h. den begrifflichen Inhalt des hier sogenannten *Verteilungsaufwandes* darzustellen. Der Terminus ‚Verteilungs-Aufwand' wird dabei aus Gründen, die sich aus den nachfolgenden Ausführungen ergeben, bewußt dem einzelwirtschaftlichen Begriff der ‚Vertriebs-Kosten' gegenübergestellt.

Der Sprung von der einzel- zur gesamtwirtschaftlichen Betrachtungsweise kann nur dann gelingen, wenn man sich freimacht von der einzelwirtschaftlichen Vorstellung des Kostenbegriffs im allgemeinen und des Vertriebskostenbegriffs im besonderen. Ähnlich wie beim gesamtwirtschaftlichen Aspekt der Verteilung die einzelwirtschaftlichen Funktions- und Unternehmungsgrenzen zurücktreten, die Teilbereiche also zu einer Einheit verschmelzen, entfallen auch hier die einzelwirtschaftlichen Unterschiede von Beschaffungs- und Vertriebs-Kosten, aber auch von Kosten, Aufwand und Gewinn. Die gesamtwirtschaftliche Betrachtung stellt der Verteilungsleistung den Verteilungsaufwand, d. h. Beschaffungs- und Vertriebskosten sowie den anteiligen Erfolg gegenüber.

Die Notwendigkeit, die *Beschaffungskosten* in Industrie und Handel in den gesamtwirtschaftlichen Begriff des Verteilungsaufwandes einzubeziehen, ergibt sich, wie bereits dargelegt, aus der „organisatorischen Austauschbarkeit"[56] der Verkaufstätigkeit eines Unternehmens und der Einkaufstätigkeit des Abnehmers. Der weit vorstoßenden Verkaufsorganisation des Anbieters entspricht im allgemeinen ein unterentwickeltes Einkaufswesen der Nachfrager und umgekehrt[55]. *Schäfer* folgert daraus, „daß es sich im Grunde um ein und dieselbe Aufgabe handelt, die lediglich organisatorisch in verschiedener Weise gelöst wird, das eine Mal vorwiegend durch das Verkaufswesen des einen Betriebes, das andere Mal vor allem durch das Einkaufswesen der Betriebe der nächsten Stufe"[56]. Die Beschaffungskosten sind demnach neben den Vertriebskosten Bestandteil des Verteilungsaufwandes[57, 58].

Auch die zum Teil beträchtlichen Kosten des Handels, die für *Warenbearbeitung und Warenmanipulation* aufgewandt werden, sind, wie ebenfalls bereits aufgezeigt wurde, zweckmäßig als zum Verteilungsbereich gehörend aufzufassen. Im übrigen handelt es sich hier um eine Tendenz gegenseitiger Abwälzung von Aufgaben der Industrie auf den

[55] Vgl. z. B. *Hessemüller*, B.: Diskussion über die Handelsspanne, in: ZfB., 20. Jg. 1950, S. 762; *Tiburtius*, J. und *Schmidt*, P.: a. a. O., S. 16; *Frerichs*, G. D.: Hohe Absatzkosten verbilligen die Ware, in: Industriekurier vom 19. Mai 1956, S. 5.

[56] *Schäfer*, E.: Die Aufgabe der Absatzwirtschaft, a. a. O., S. 13.

[57] Vgl. z. B. *Hirsch*, J.: Die Vertriebskosten der Industrie, a. a. O., S. 59; *Hirsch*, J. und *Brandt*, K.: a. a. O., S. 16; *Schmaltz*, K.: a. a. O., S. 158 f.

[58] Vgl. z. B. *Hirsch*, J.: Kennzahlen zur Handelsforschung, a. a. O., S. 137.

Handel und umgekehrt, denn auch der Handel hat im Laufe der Jahre viele Absatzaufgaben, die er früher selbst durchführte, der Industrie überlassen[59, 60]. Zu denken ist beispielsweise an das Abpacken der Ware in Verkaufseinheiten mit werbewirksamer Verkaufsverpackung, vor allem aber an die Werbung selbst.

Die Leistungen der Transportunternehmen, Lagerhalter, Versicherer, Agenten usw. erscheinen als ‚Fremddienstkosten' unter den Beschaffungs- bzw. Vertriebskosten der Industrie und des Handels. Zu denken ist hierbei insbesondere an Beschaffungs- und Vertriebsfrachten, -rollgelder, Lagergelder, Gebühren für Umschlageinrichtungen, Versicherungsprämien, Ein- und Verkaufsprovisionen, Maklergebühren u. a. m. Sie gehören somit ebenfalls zum Verteilungsaufwand. Sie sind jedoch nicht als selbständiger Bestandteil dieser Aufwandgröße anzusehen, weil sie, wie bereits erwähnt, Bestandteil der einzelwirtschaftlichen Beschaffungs- bzw. Vertriebskosten sind[61].

In der Reihe der Überlegungen, die erforderlich sind, um den gesamtwirtschaftlichen Verteilungsaufwand in seinem vollen Umfange darzustellen, fehlen als letztes Glied die *Gewinne bzw. Verluste* des Handels aus der absatzwirtschaftlichen Tätigkeit und die anteiligen Erfolgsspannen der Absatztätigkeit der Industrie. Eine gesamtwirtschaftliche Betrachtung, die lediglich nach Kosten bzw. Aufwand der Erzeugung und Verteilung unterscheidet, kennt keine Neutralisierung des einzelwirtschaftlichen Erfolges, denn „vom Standpunkt der nachfolgenden Betriebe gesehen, sind die Ergebnisse der vorhergehenden gleichfalls Kostenbestandteile..., demgemäß hat der Endpreis einer Ware für den gewerblichen oder privaten Verbraucher in voller Höhe Kostencharakter"[62]. Für den anteiligen Absatzerfolg der Industrie haben diese Überlegungen allerdings nur theoretische Bedeutung, da eine echte Ergebnisspaltung praktisch nicht durchführbar ist[63].

Zusammenfassend kann somit festgehalten werden, daß der gesamtwirtschaftliche Verteilungsaufwand die Gesamtspannen des Handels, d. h. Beschaffungs-, Bearbeitungs-, Manipulations- und Vertriebskosten sowie die Erfolgsspanne, weiterhin die Beschaffungs- und Vertriebskosten sowie die anteilige Erfolgsspanne der Industrie umfaßt.

Die nachfolgende Übersicht 2 zeigt die inhaltliche Abgrenzung des Verteilungsaufwands und zugleich den Zusammenhang von Vertriebs-

---

[59] *Schäfer*, E.: Die Aufgabe der Absatzwirtschaft, a. a. O., S. 13.

[60] Vgl. z. B. *Hirsch*, J.: Die Vertriebskosten der Industrie, a. a. O., S. 59; *Hirsch*, J. und *Brandt*, K.: a. a. O., S. 16; *Schmaltz*, K.: a. a. O., S. 158 f.

[61] Vgl. z. B. *Hirsch*, J.: Kennzahlen zur Handelsforschung, a. a. O., S. 1.

[62] *Sundhoff*, E.: Die Handelsspanne, Köln und Opladen 1953, S. 6. Vgl. auch *Prieß*, F.: a. a. O., S. 534 f.; *Behrens*, K. C.: Senkung der Handelsspannen, a. a. O., S. 362.

[63] Vgl. z. B. *Schäfer*, E.: Die Unternehmung, Köln und Opladen 1956, S. 253 f.

kosten, Absatzkosten und Verteilungsaufwand noch einmal schematisch auf.

Übersicht 2

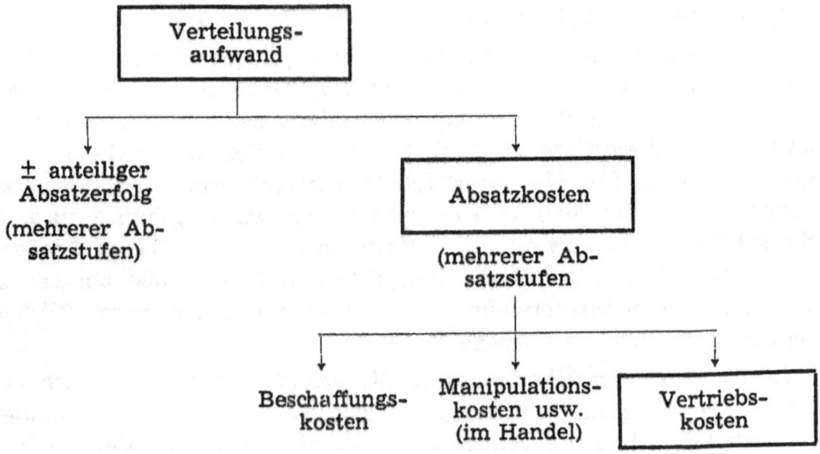

3. Drei Vertriebskostenbegriffe im Endergebnis

Die Darstellung der mannigfachen Begriffsbildungen der Kosten der Absatzwirtschaft hat gezeigt, daß es erforderlich ist, drei verschiedene Kosten- bzw. Aufwandbegriffe auseinanderzuhalten:

a) Die vom Rechnungswesen beeinflußte Betrachtungsweise rechnet zu den *Vertriebskosten,* wie oben ausgeführt, nur die im Vertriebsbereich einer Unternehmung anfallenden ‚Kosten', also nur die Vertriebskosten der Industrie und die Vertriebskosten des Handels.

b) Die *Absatzkosten* als Kostenbegriff der absatzwirtschaftlichen Theorie setzen sich aus den Vertriebskosten und den Beschaffungskosten eines Unternehmens zusammen. Im Handel umfassen sie die gesamte Kostenspanne des einzelnen Unternehmens, d. h. Beschaffungs-, Vertriebs- und Manipulationskosten usw.

c) Der *Verteilungsaufwand* schließlich umfaßt den gesamten volkswirtschaftlichen ‚Aufwand' der Warenverteilung, d. h. außer den Vertriebskosten die Beschaffungskosten, die Bearbeitungskosten im Handel, den Gewinn bzw. Verlust des Handels und die anteilige Erfolgsspanne der Industrie.

Inwieweit diese Begriffe Gegenstand einer Darstellung der Grundlagen der Beurteilung der Vertriebskosten sind, kann an dieser Stelle noch nicht entschieden werden. Dazu ist es vielmehr erforderlich, die sich aus der Aufgabenstellung der Beurteilung der Vertriebskosten ergebenden Problemkreise systematisierend darzustellen.

II. Einzelwirtschaftliche und gesamtwirtschaftliche Betrachtungsweise der Vertriebskosten

Die Vertriebskosten sind seit mehreren Jahrzehnten Gegenstand immer wieder auflebender Diskussionen. Seit in den zwanziger Jahren erstmals eine breite Kritik an den Vertriebskosten einsetzte, ist der Streit um dieses Problem praktisch niemals abgerissen. Im Gegenteil, die Diskussion hat immer weitere Kreise gezogen und an Heftigkeit zugenommen. Die Leidenschaftlichkeit, mit der auf der einen Seite auch heute noch die Diskussion über die Vertriebskosten geführt wird und die Gleichgültigkeit, mit der man andererseits diesen Kosten gegenübersteht, kennzeichnet nicht nur die Aktualität der mit den Vertriebskosten zusammenhängenden Fragen, sondern auch ihre bisher ungelöste Problematik[1].

Die Vertriebskosten werden in der Theorie der Kostenrechnung, in der Praxis des Rechnungswesens, in der fachlichen Diskussion und in der Kritik der öffentlichen Meinung sehr unterschiedlich beurteilt. Zum Teil geht es hierbei um die Beurteilung dieser Kosten als *Rechnungsgrößen des einzelnen Unternehmens,* vor allem also um ihre Bedeutung als Einflußgröße des Unternehmenserfolgs und als Bestandteil der Kostenrechnung. Die Kritik der öffentlichen Meinung und teilweise auch die fachliche Diskussion dagegen betrifft die Bedeutung der Vertriebskosten als *gesamtwirtschaftlichen Preisfaktor.*

Der Versuch, die Grundlagen der Beurteilung der Vertriebskosten darzustellen, kann daher nicht darauf beschränkt werden, nur deren einzelwirtschaftliche Bedeutung aufzuzeigen. Die Vertriebskosten müssen vielmehr im weitestmöglichen Rahmen, d. h. auch in ihrer Bedeutung als gesamtwirtschaftliches Problem, untersucht werden.

Diese äußere Grenze der möglichen Problemauffassung wurde bereits bei dem vorstehenden Versuch einer Erläuterung des Vertriebskosten-Begriffs angedeutet.

Als Aufgabenstellung ergibt sich demnach für die vorliegende Arbeit, die Grundlagen der Beurteilung der Vertriebskosten

1. als einzelwirtschaftliches Problem und
2. als gesamtwirtschaftliches Problem

darzustellen.

---

[1] Vgl. auch *Fratz,* F.: Die Kosten im Vertrieb, in: Ifo-Studien, 2. Jg. 1956, S. 81 f.

Zunächst sind jedoch die einzelwirtschaftlichen und die gesamtwirtschaftlichen Probleme der Vertriebskosten und die sich daraus ergebenden Wesensmerkmale einer Beurteilung dieser Kosten aufzuzeigen.

1. Einzelwirtschaftliche Probleme der Vertriebskosten

Bei der Erläuterung des Vertriebskostenbegriffs wurde dargelegt, daß die inhaltliche Abgrenzung dieser Kosten wesentlich durch die sich aus der jeweils zugrunde liegenden Betrachtungsweise ergebende Zielsetzung bzw. den Rechenzweck bestimmt wird. Ähnlich ergibt sich auch die Bedeutung der Vertriebskosten für das einzelne Unternehmen — abgesehen vom Umfang dieser Kosten u. ä. — vor allem aus dem jeweiligen Zweck, um dessentwillen gerechnet wird.

Die Anzahl der möglichen Rechnungszwecke im Bereich des einzelnen Unternehmens ist jedoch in der Regel sehr groß[2]. Das gilt auch, soweit die Vertriebskosten Gegenstand derartiger Rechnungen sind. Im einzelnen ist es daher nicht möglich und auch nicht erforderlich, die Vielzahl der Rechnungszwecke und die sich daraus ergebende Bedeutung der Vertriebskosten aufzuzeigen. Es genügt vielmehr, die Bedeutung dieser Kosten für die unternehmerische Erfolgsrechnung und für die Kalkulation bzw. Kostenrechnung aufzuzeigen.

Der Einfachheit wegen werden die Vertriebskosten dabei statt als Rechnungsgröße der Erfolgsrechnung als *Erfolgsgröße* und statt als Rechnungsgröße der Kalkulation bzw. Kostenrechnung als *Kalkulationsgröße* bezeichnet.

Zunächst erscheint es jedoch zweckmäßig, darzustellen, wie die Vertriebskosten als einzelwirtschaftliches Problem in Theorie und Praxis des Rechnungswesens beurteilt werden.

a) Bisherige Problembehandlung in Theorie und Praxis

Als *Kalkulationsgröße,* d. h. als Bestandteil der Kostenrechnung mißt man den Vertriebskosten in Theorie und Praxis, ganz im Gegensatz zu den Fertigungskosten, die sehr eingehend untersucht und analysiert werden, häufig nur eine untergeordnete Bedeutung bei.

Die theoretische Seite des Problems, d. h. der Zusammenhang von Kosteneinflußgrößen und Vertriebskosten ist trotz der weithin bekannten Vielgestaltigkeit der Absatzwirtschaft im allgemeinen und der Vertriebskosten im besonderen[3] in vieler Hinsicht nur unbefrie-

[2] Vgl. *Lehmann,* M. R.: Industriekalkulation, a. a. O., S. 11 ff., insbesondere S. 12.

[3] Vgl. z. B. *Schäfer,* E.: Die Aufgabe der Absatzwirtschaft, a. a. O., S. 24, 46 ff. und 100.

digend gelöst. Zwar wird in Veröffentlichungen, die sich im besonderen mit Fragen der Absatzwirtschaft und ihren Kostenproblemen befassen, bisweilen der Versuch unternommen, theoretische Grundlagen über Kostenabhängigkeiten im Absatzbereich aufzuzeigen. Doch den zum Teil zahlreich genannten Kostenbestimmungsgründen fehlt jede systematische Gliederung. Es wird vielmehr eine Vielzahl von Einflüssen als Kostenbestimmungsgründe aufgezählt, die die Vertriebskosten nicht unmittelbar, sondern über andere Faktoren beeinflussen. Im einzelnen wird lediglich das Theorem der Beeinflussung der Vertriebskosten durch die Auftragsgröße eingehend untersucht. Für die Gesamtkosten des Handels bezieht man ergänzend die Betriebsgröße und in branchenbezogenen Untersuchungen auch die Beschäftigung als quantitativ erfaßbare Kostenbestimmungsgründe in die Untersuchungen ein.

Die Vorschläge für die Praxis der Vertriebskostenrechnung sind vielfach auf die Bildung einer oder weniger Kostenstellen begrenzt. Sehr häufig werden die Vertriebskosten global zu den Fertigungs- oder Herstellkosten bzw. zum Umsatz in Beziehung gesetzt.

In Anlehnung an die Vorschläge der Literatur des Rechnungswesens verzichten Industrie und Handel häufig auf den Ausbau einer der Bedeutung der Vertriebskosten in etwa gerecht werdenden Vertriebskostenrechnung[4]. Insbesondere der Handel steht, bedingt durch das bei ihm vorherrschende Spannen-[5], Ertrags- und Umsatzdenken, Kostenproblemen sehr oft verständnislos gegenüber.

Allerdings gibt es jedoch sowohl in der Industrie als auch im Handel Unternehmen, deren Vertriebskostenrechnung den Anforderungen einer verursachungsgerechten Kostenermittlung und Kalkulation entspricht.

Auch als *Erfolgsgröße*, d. h. als Einflußgröße des Unternehmenserfolgs werden die Vertriebskosten in Industrie und Handel sehr unterschiedlich beurteilt. Das zeigt beispielsweise die von Fall zu Fall abweichende Intensität der Rationalisierungmaßnahmen im Vertriebsbereich eindeutig. In der Industrie erscheint das Bewußtsein der Möglichkeiten zur Kostensenkung im Vertrieb eigenartigerweise sehr oft ausgeprägter als im Handel. Doch ist es, wie die Praxis zeigt, nur eine relativ kleine Anzahl von Industrieunternehmen, die den Rationalisierungsmaßnahmen im Vertrieb das Gewicht verleiht, das sie entsprechenden Bemühungen im Fertigungsbereich beimißt.

[4] Vgl. auch *Mellerowicz*, K.: Die Handelsspanne bei freien, gebundenen und empfohlenen Preisen, Freiburg 1961, S. 2.
[5] Vgl. z. B. ders.: a. a. O., S. 3.

b) Die Vertriebskosten als Rechnungsgrößen

Die Bedeutung der Vertriebskosten als einzelwirtschaftliches Problem ist trotz vielfach falscher Beurteilung in bezug auf Umfang und Differenziertheit dieser Kosten zu bekannt, um einer weitausholenden Erklärung zu bedürfen. Die Vertriebskosten beeinflussen als *Erfolgsgröße* die Wirtschaftlichkeit und Rentabilität eines Unternehmens. Als *Kalkulationsgröße* sind sie maßgebend für die Gestaltung der Kostenrechnung

Der Versuch, die Grundlagen einer Beurteilung der Vertriebskosten als einzelwirtschaftliches Problem darzustellen, muß demnach die Bedeutung dieser Kosten als Rechnungsgröße

aa) im Rahmen der Wirtschaftlichkeitserwägungen und

bb) im Rahmen der Kostenrechnung

aufzeigen.

aa) Die Vertriebskosten im Rahmen der Wirtschaftlichkeitserwägungen

Trotz der Unterbewertung, die die Vertriebskosten als Erfolgsgröße häufig erfahren, ist unbestritten, daß sie im Rahmen des einzelwirtschaftlichen Erfolgs- und Wirtschaftlichkeitsstrebens sehr oft einen beachtenswerten Faktor darstellen. Der im einzelnen noch darzustellende Umfang der Vertriebskosten und die Möglichkeit ihrer Beeinflussung, insbesondere ihrer Senkung, über die Kosteneinflußgrößen, vor allem also über die weithin vorhandenen und vielfach auch bekannten Rationalisierungsmöglichkeiten zeigt die Bedeutung dieser Kosten als Erfolgsgröße des einzelnen Unternehmens. Daraus folgt, daß die Höhe der Vertriebskosten einen wesentlichen Einfluß auf den Erfolg und damit auf die Rentabilität eines Unternehmens haben kann.

Beurteilungsmaßstab der Vertriebskosten im Hinblick auf ihre Eigenschaft als einzelwirtschaftliche Erfolgsgröße ist dementsprechend ihre relative Höhe im Vergleich zum Ertrag, d. h. ihre Wirtschaftlichkeit. Im Verhältnis von Kosten und Ertrag ist die Wirtschaftlichkeit als Beurteilungsgröße der Vertriebskosten als einzelwirtschaftlicher Erfolgsfaktor somit rentabilitätsorientiert[6].

Das vom Kostendenken beeinflußte Wirtschaftlichkeitsstreben sucht diese Wirtschaftlichkeit vielfach vertriebsisoliert, d. h. durch die einseitige Senkung der Vertriebskosten zu verwirklichen. Erfolg und Rentabilität eines Unternehmens lassen sich jedoch nicht ausschließlich und

---

[6] Vgl. auch *Lehmann*, M. R.: Allgemeine Betriebswirtschaftslehre, Wiesbaden 1956, S. 127 ff. und 222 ff. und ders.: Grundfragen und Sachgebiete der industriellen Betriebsstatistik, a. a. O., S. 30 ff. und 83 ff.; *Schäfer*, E.: Die Unternehmung, a. a. O., S. 266 ff.

unbedingt durch eine Senkung der Vertriebskosten, entsprechend dem sogenannten Minimalprinzip der Wirtschaftlichkeit[7], verbessern. Auf Grund seiner besonderen Aufgabenstellung als Mittler zwischen Produktion und Bedarf ist der Vertrieb vielmehr in seiner leistungs- und somit auch kostenmäßigen Interdependenz mit der Fertigung zu sehen. Durch verstärkte Absatzbemühungen, die in der Regel eine Erhöhung der Vertriebskosten nach sich ziehen, lassen sich der Fertigungsausstoß erhöhen und damit die Fertigungskosten senken. Weiterhin kann die damit Hand in Hand gehende Umsatzausweitung den Ertrag erhöhen. Das bedeutet aber, daß sich trotz einer Erhöhung der Vertriebskosten die Gesamtkosten eines Unternehmens oder eines Produktes senken lassen. Daraus folgt unter Umständen mit der gleichzeitig möglichen Erhöhung der Erträge eine Verbesserung der Wirtschaftlichkeit.

Bei der Beurteilung der Vertriebskosten als einzelwirtschaftliche Erfolgsgröße ist demnach die ganzheitliche Betrachtung von Vertriebskosten und Fertigungskosten erforderlich. Weiterhin ist die weitgehende Beeinflussung des Unternehmensertrages durch die absatzwirtschaftliche Tätigkeit und damit den Vertriebskosteneinsatz zu berücksichtigen. Darüber hinaus ist jedoch auch die Kostenseite des Vertriebs im Hinblick auf die Möglichkeit der Kostensenkung über die Kostenfaktoren in eine Beurteilung dieser Kosten als Erfolgsgröße einzubeziehen.

bb) *Die Vertriebskosten im Rahmen der Kostenrechnung*

Die Beurteilung der Vertriebskosten in Theorie und Praxis des Rechnungswesens als weitgehend globale, undifferenzierte Größe hat ihre Ursache darin, daß diese Kosten als Kalkulationsgröße gegenüber den Fertigungskosten seit jeher als zweitrangiges Problem angesehen wurden. Auch im Handel sind die Kosten als Kalkulationsgröße von dem vorherrschenden Umsatz- und Ertragsdenken immer wieder verdrängt worden.

Der Bedeutung der Vertriebskosten als Kalkulationsgröße wird man jedoch nur dann gerecht, wenn sie ihrer Verursachung entsprechend in Rechnung gesetzt werden. Die Kostenrechnung, insbesondere also die Kostenträgerrechnung, erfordert daher eine Offenlegung der Kosteneinflußgrößen des Vertriebs, ähnlich wie sie auch für den Fertigungsbereich durchgeführt wird.

Die Grundlage der Beurteilung der Vertriebskosten als Kalkulationsgröße sind somit die Kosteneinflüsse des Vertriebs, insbesondere im Hinblick auf ihre Differenziertheit und ihre Leistungsbezogenheit.

---

[7] Vgl. *Schäfer*, E.: Die Unternehmung, a. a. O., S. 275 ff., insb. S. 277.

Zum Abschluß des Versuches, die für eine Beurteilung der Vertriebskosten als einzelwirtschaftliche Erfolgs- und Kalkulationsgröße maßgebenden Probleme zu skizzieren, kann auch die bisher zurückgestellte Frage beantwortet werden, in welcher inhaltlichen Abgrenzung diese Kosten den durchzuführenden Untersuchungen zugrunde zu legen sind. Die Beurteilung der Vertriebskosten als Erfolgs- und Kalkulationsgröße kann sich nur auf die im Vertriebsbereich des einzelnen Unternehmens anfallenden *Vertriebskosten* beziehen[8].

Allerdings ist im Handel eine Trennung der Teilfunktionen, insbesondere von Beschaffung und Vertrieb sehr schwierig, ganz im Gegensatz zur Industrie, wo die enge Verknüpfung von Beschaffung und Vertrieb nicht gegeben ist. Die industrielle Beschaffung steht mit ihren Kosten unter dem Einfluß einer auf höchste Wirtschaftlichkeit hinarbeitenden Fertigung, während der Beschaffungsbereich im Handel unmittelbar den Einflüssen des Vertriebs unterliegt. In der Industrie sind Beschaffung und Vertrieb zwei durch die Fertigung mit ihrem in vieler Beziehung marktisolierten Eigenleben scharf und weit getrennte Bereiche. Im Handel verschmelzen beide Teilbereiche zu einer Einheit. Hier greift der Verkauf praktisch in den Beschaffungsbereich über.

Aus diesem Grunde ist es erforderlich, bei der Darstellung der Probleme, die für eine Beurteilung der Vertriebskosten als Erfolgs- und Kalkulationsgröße von Bedeutung sind, im Handel an Stelle der Vertriebskosten die *Absatzkosten,* d. h. die sich aus Beschaffungs-, Bearbeitungs-, Manipulations- und Vertriebskosten zusammensetzenden Gesamtkosten eines Handelsunternehmens zum Gegenstand der Untersuchung zu machen[9].

2. Gesamtwirtschaftliche Probleme der Vertriebskosten

Die Kritik der öffentlichen Meinung an der Höhe der Vertriebskosten und die Diskussion über den relativ starken Anteil dieser Kosten an den Preisen zahlreicher Produktions- und Konsumgüter zeigt sehr deutlich, daß die Vertriebskosten nicht nur als einzelwirtschaftliches, sondern auch als gesamtwirtschaftliches Problem von Bedeutung sind. Für den Versuch, die Grundlagen der gesamtwirtschaftlichen Beurteilung der Vertriebskosten darzustellen, erscheint es daher zweckmäßig, die Kritik der öffentlichen Meinung und die Beurteilung dieser Kosten in der fachlichen Diskussion als Ausgangspunkt der im einzelnen durchzuführenden Untersuchungen zu nehmen.

[8] Vgl. Abschnitt I 2 a.
[9] Vgl. Abschnitt I 2 b.

a) Bisherige Problembehandlung in der Kritik der öffentlichen Meinung und in der fachlichen Diskussion

Bei der Diskussion der Vertriebskosten wird vor allem in der Presse, von den Interessenverbänden der Verbraucherseite und ähnlichen Institutionen sehr scharfe Kritik an den überhöhten Kosten des Handels, insbesondere des Einzelhandels, geübt. In diese Kritik werden vielfach auch die industriellen Vertriebskosten, vor allem die Kosten der Werbung einbezogen. Abgesehen von dieser organisierten, teils interessengebundenen Kritik geht auch das Urteil des Verbrauchers selbst dahin, daß die Verteilung der Ware zuviel koste. Dieser Standpunkt ist bei der durch Presse, Vorträge usw. vermittelten Vorstellung des Konsumenten über die Höhe der Gesamtvertriebskosten, die sich bei vielen Konsumgütern auf 50 % und mehr des Endverbraucherpreises belaufen, nur zu verständlich. Ohne nähere Erläuterung, vor allen Dingen ohne Kenntnis des absatzwirtschaftlichen Leistungsablaufs und der zugrunde liegenden Absatzbedingungen muß dieses Wissen das ‚gefühlsmäßige' Urteil über die ungerechtfertigte Höhe der Vertriebskosten hervorrufen. Dieser Eindruck der ungerechtfertigten Höhe der Vertriebskosten wird beim Konsumenten durch die aufwendigen Werbefeldzüge u. ä. der Konsumgüterindustrie zudem nur noch verstärkt.

Der Verbraucher unterscheidet zudem in der Regel nicht nach Vertriebskosten und Handelsspannen, nach Kosten- und Gewinnanteil der Spannen. Diese Begriffe fließen in seiner Vorstellung ineinander über, ja, sie decken sich häufig sogar. Der Konsument spricht deshalb vielfach vereinfachend von den Verdienstspannen des Handels, die ihm ungerechtfertigt hoch erscheinen. Auch hier fördert die Konsumgüterindustrie durch ihre Preis- und Rabattpolitik, vor allem durch die Preisbindung der Markenartikel, die Meinung der ungerechtfertigten Höhe der Spannen. Der Einzelhandel selbst stimuliert diese Kritik durch die zum Teil luxuriöse Aufmachung der Läden einerseits, aber auch durch seine regionale und branchenmäßige Übersetzung und die damit Hand in Hand gehende Ausbreitung von Kümmerexistenzen andererseits.

Auch führende Politiker haben sich die Auffassung der öffentlichen Meinung von den überhöhten Handelsspannen zu eigen gemacht. Es sei hier beispielsweise an die vor einiger Zeit gegen den Einzelhandel gerichtete Kritik des DGB-Vorstandsmitgliedes *Rosenberg*[10] oder des seinerzeitigen Bundesernährungsministers *Lübke*[11] erinnert[12].

---

[10] Vgl. *Leihner*, E.: Gibt es Preisreserven im Einzelhandel? in: IK. vom 31. Dezember 1955.

[11] Vgl. WAZ vom 23. August 1956, S. 1.

[12] Vgl. auch *Gross*, H.: Der Handel geht neue Wege, Düsseldorf 1957, S. 319.

In der Reihe der Kritiker finden sich auch namhafte Wissenschaftler. Autoren, wie beispielsweise *Schmalenbach, Behrens* u. a. vertreten die These, Vertriebskosten und -spannen seien zu hoch. *Schmalenbach*[13] spricht in diesem Zusammenhang sogar vom „Mißerfolg der Distribution der freien Wirtschaft", und er sieht eine „Stagnation und sogar rückschrittliche Entwicklung der Distribution bei fortschreitender Entwicklung der Produktion". *Behrens*[14] verurteilt den hohen Vertriebsspannenanteil am Verbraucherpreis als „Mißverhältnis zwischen dem Produzenten- und Einzelhandelsanteil am Verkaufspreis". Angelpunkt dieser Kritik ist häufig der Hinweis auf das sogenannte „Mißverhältnis" zwischen Produktions- und Vertriebskosten. *Seyffert*[15] entgegnet dieser Auffassung, es sei falsch „zu unterstellen, daß zwischen Produktions- und Distributionskosten einer Ware eine zwangsläufige Relation bestehen müsse. In Wirklichkeit haben beide nichts miteinander zu tun und ein Anteil der Distributionskosten von 80 oder 90 % kann ebenso gerechtfertigt sein wie ein solcher von 10 oder 20 % unangemessen".

Vollkommen anders urteilt dagegen beispielsweise *Jefferys*[16], der die Frage: „Kostet die Verteilung zuviel?" für ebenso wohlmeinend wie mißverständlich gestellt hält. Es müsse vielmehr gefragt werden, ob die Konsumgüter im Hinblick auf Einkommen und Kaufkraft der Verbraucher und auf Art der Waren und Dienstleistungen, die der Verbraucher verlangt, zu teuer seien.

Ganz allgemein läßt sich diese häufig vertretene Meinung dahingehend zusammenfassen, daß ein Werturteil über die Höhe der Vertriebskosten nur im Vergleich mit der Vertriebsleistung gefällt werden kann[17, 18], nicht aber durch Gegenüberstellung mit den Fertigungskosten bzw. bei isolierender Vertriebskostenbetrachtung. Dem einseitigen Kostendenken, so formuliert *Schäfer*, muß die Ertragsbetontheit der Absatzwirtschaft entgegengehalten werden[17]. „Die Beurteilung allein nach kostenwirtschaftlichen Maßstäben muß in die Irre führen, denn es kommt ebensosehr auf die Nutzenwirkung an, die bei dem jeweiligen Absatzweg hervorgerufen wird[19]." „Der Versuch, die Entgeltfrage allein von der Kostenseite her zu lösen, muß zudem an dem

---

[13] *Schmalenbach*, E.: Der freien Wirtschaft zum Gedächtnis, Köln und Opladen 1949, S. 57 ff.

[14] *Behrens*, K. C.: Senkung der Handelsspannen, a. a. O., S. 361 ff.

[15] *Seyffert*, R.: Die Problematik der Distribution, a. a. O., S. 15.

[16] *Jefferys*, J. B.: a. a. O., S. 85.

[17] Vgl. *Schäfer*, E.: Die Aufgabe der Absatzwirtschaft, a. a. O., S. 100 und 165.

[18] Vgl. auch *Hundhausen*, C.: Die Vertriebskosten als Problem der Industrie, in: ZfhF., NF., 5. Jg. 1953, S. 512; *Heckert*, J. B. und *Miner*, R. B.: a. a. O., S. 3 f.; *Hirsch*, J. und *Brandt*, K.: a. a. O., S. 59.

[19] *Schäfer*, E.: Die Aufgabe der Absatzwirtschaft, a. a. O., S. 165.

komplexhaften Charakter der absatzwirtschaftlichen Leistung, insbesondere im Handel, scheitern[20]."

Neben den Stimmen leidenschaftlicher Kritik und abwägender Beurteilung der Berechtigung der Höhe der Vertriebskosten wird gelegentlich sogar die augenscheinlich geradezu revolutionäre und der weithin herrschenden Meinung entgegenstehende Auffassung vertreten, die Vertriebskosten seien keineswegs zu hoch, sondern im Gegenteil zu niedrig. *Hobart* und *Wood*[21] sehen die hohen Vertriebskosten als Folge „einer notwendigen und nützlichen Funktion". Sie führen dazu aus: „Aus diesem Grunde wird behauptet, die Vertriebskosten sind nicht nur notwendig, sondern vielleicht nicht einmal hoch genug"[21]. Walter F. *Crowder*, Chef des Distribution Division Bureau of Foreign and Domestic Commerce, schrieb dazu am 23. Juni 1944 in der Zeitschrift „Printers Ink": „Wenn auch ein steigend großer Anteil des Dollars der Verbraucher auf die Vertriebskosten entfällt, so heißt das noch nicht, daß sie zu hoch sind, und daß sie in manchen Fällen nicht einmal hoch genug sind, oder daß das System der Warenverteilung unwirtschaftlich sei[22]."

Die von *Hobart* und *Wood* in diesem Zusammenhang gestellte Frage: „Sind die Vertriebskosten zu niedrig[21]?" beantwortet *Frerichs* mit der Auffassung: „Hohe Absatzkosten verbilligen die Ware[23]." Er beruft sich dabei auf das Urteil des absatzwirtschaftlichen Spezialisten der Europäischen Produktivitätszentrale (EPA in Paris) O. *Rydeng*, der kürzlich die These aufstellte: „Je niedriger der Anteil der Absatzkosten und je höher der Anteil der Produktionskosten einer Ware ist, um so teurer ist sie[23]."

b) Die Vertriebskosten als gesamtwirtschaftlicher Preisfaktor

Die vorstehende beispielhafte Wiedergabe der Kritik an der Höhe der Vertriebskosten und der Diskussion über dieses Problem zeigt mit aller Deutlichkeit, daß es bei der Beurteilung der Vertriebskosten als gesamtwirtschaftliches Problem um ihre *Angemessenheit als Preisbestandteil* geht. Es geht also um die Frage, ob die Vertriebskosten als Preisfaktor volkswirtschaftlich angemessen, d. h. nicht überhöht sind. Um diese Frage beantworten zu können, ist es erforderlich, zu untersuchen,

---

[20] *Schäfer, E.:* Die Aufgabe der Absatzwirtschaft, a. a. O., S. 100.
[21] *Hobart*, D. M. und *Wood*, J. P.: a. a. O., S. 110.
[22] Quelle: *Hobart*, D. M. und *Wood*, J. P.: a. a. O., S. 110.
[23] *Frerichs*, G. D.: Hohe Absatzkosten verbilligen die Ware, in: IK. vom 19. Mai 1956, S. 5.

aa) was unter Angemessenheit im Wirtschaftsleben schlechthin zu verstehen ist und

bb) wie die Angemessenheit in bezug auf die Beurteilung der Vertriebskosten als gesamtwirtschaftlicher Preisfaktor aufzufassen ist.

aa) Die Angemessenheit als Urteilsbegriff im Wirtschaftsleben

Angemessenheitsvorstellungen, wie sie vorstehend als Ausgangspunkt zur Beurteilung der Vertriebskosten als gesamtwirtschaftlicher Preisfaktor beispielhaft wiedergegeben wurden, haben ihren Ursprung in der *Idee des gerechten Preises.* Die Forderung nach Preisgerechtigkeit verlangt den Ansatz volkswirtschaftlich gerechtfertigter, angemessener bzw. gerechter Preise. Sie tritt immer dann sehr stark in Erscheinung, wenn die Marktgesetze durch Wettbewerbsbeschränkungen, wie Monopole u. ä., durch Preisbindung, staatliche Lenkungsmaßnahmen usw. ganz oder teilweise außer Kraft gesetzt sind.

Das Verlangen nach Angemessenheit der Vertriebskosten ist vielfach weitaus ausgeprägter als die Forderung nach Preisgerechtigkeit schlechthin. Die Diskussion über dieses Problem ist eigentlich niemals ganz erloschen, seit man auf die Bedeutung der Vertriebskosten als Preisfaktor aufmerksam geworden ist. Kritik an der Höhe der Vertriebskosten wird in der Regel sowohl in Zeiten des beschränkten bzw. ausgeschalteten als auch des relativ freien Wettbewerbs geübt. Vielfach sind es gerade die durch den Wettbewerb hervorgerufenen Kosten der Werbung und des Marktschaffens, die zur Kritik an den Vertriebskosten herausfordern. Die Forderung nach Angemessenheit der Vertriebskosten läuft letztlich jedoch auf das umfassendere Verlangen nach Preisgerechtigkeit hinaus.

Die Preisgerechtigkeit muß „für marktwirtschaftliche Verhältnisse mit der Gerechtigkeit im Wirtschaftsleben schlechthin gleichgesetzt werden ...“[24]. Das Verlangen nach *Gerechtigkeit in der Wirtschaft* bzw. Angemessenheit ist ein *sittlich-ethisches Postulat.* Es entspricht gewissen Vorstellungen des *Seinsollens* und bezieht damit eine wertende Stellung gegenüber dem *Sein.* Eine derart wertende, man bezeichnet sie auch als richtende oder normative Wissenschaft[25], legt ihren Beurteilungsmaßstäben keinen ständig gleichbleibenden Inhalt zugrunde. Das Gerechtigkeitsdenken, „das je nach der subjektiven Weltanschauung verschiedenen Inhalt hat“[26], ist daher äußerst dynamisch und wandelbar. Es läßt sich somit nach *M. R. Lehmann* „auf die Frage nach dem Wesen der Gerechtigkeit und demnach auch nach dem Wesen der Preis-

[24] *Lehmann,* M. R.: Gerechtigkeit im Wirtschaftsleben, Nürnberg 1955, S. 5.

[25] Vgl. *Sombart,* W.: Die drei Nationalökonomien, München und Leipzig 1930, S. 21.

[26] *Galambos,* P.: Der gerechte Preis, Dissertation, Wien 1937, S. 7.

gerechtigkeit stets nur eine zeitlich-örtlich bedingte Antwort geben... Denn die Vorstellung von dem Wesen der Gerechtigkeit ist zweifellos von Zeitalter zu Zeitalter, von Volk zu Volk und von Rasse zu Rasse verschieden"[27].

Auf die Preisgerechtigkeit bezogen, die sich nach Auffassung *M. R. Lehmanns* in der Marktwirtschaft mit Gerechtigkeit im Wirtschaftsleben gleichsetzen läßt[28], handelt es sich „um ein Ideal, um dessen Sinngehalt und Wortbedeutung und um dessen Verwirklichung immer wieder aufs neue gerungen wird"[29]. So hat sich auch die Gerechtigkeitsvorstellung, vornehmlich in bezug auf die Preisgerechtigkeit, ständig gewandelt[30, 31].

Im Mittelalter beeinflußte die Kirche das gesamte kulturelle Leben. Ihre religiös-ethischen Grundsätze und Werte hatten auch für die Wirtschaft unbegrenzte Gültigkeit. Die Gerechtigkeit erhielt somit eine rein *religiöse Sinngebung.* Die von *Plato* beeinflußte Patristik, mit ihrem Hauptvertreter *Augustinus,* forderte von den Tauschenden den unbedingten Willen, das justum pretium, d. h. den gerechten Preis zu verlangen, und zwar unter Verzicht auf den größtmöglichen Gewinn. Die auf *Aristoteles* fußenden Scholastiker, mit *Thomas von Aquin* und *Albertus Magnus,* sahen in Arbeit und Kosten — labor et expensae — einen objektiven Wertmaßstab.

Der gerechte Preis baute bei diesen religiös bestimmten Gerechtigkeitsvorstellungen auf dem Äquivalenzprinzip, d. h. der Gleichheit von Leistung und Gegenleistung auf.

Die liberalistisch-naturalistische Wirtschaftauffassung sah im ordre naturel die Verwirklichung der Gerechtigkeit. Die Wirtschaft wird durch natürliche Gesetzmäßigkeiten bestimmt, die zwangsläufig zur „richtigen" Wirtschaft führen, wenn man ihnen freien Lauf läßt. „Laissez faire, laissez passer, le monde va de lui-même!"

Während bei dieser *ökonomisch bestimmten,* individualistischen *Wirtschaftsauffassung* die Physiokraten den Kostenpreis, den sogenannten

---

[27] *Lehmann,* M. R.: Der Leistungsgedanke in der Marktordnung, in: ZfhF., 33. Jg. 1939, S. 61.

[28] Ders.: Gerechtigkeit im Wirtschaftsleben, a. a. O., S. 5.

[29] *Buchholz,* F.: Was ist ein gerechter Preis? Dissertation, Berlin 1937, S. 11.

[30] Vgl. z. B. *Brinkmann,* C.: Geschichtliche Wandlungen in der Idee des gerechten Preises, in: Der gerechte Preis, Schriften der Akademie für Deutsches Recht, Nr. 1, Berlin 1940, S. 227 ff.; *Galambos,* P.: a. a. O., S. 11 ff.; *Buchholz,* F.: a. a. O., S. 12 ff.

[31] Der folgende kurze Überblick über die geschichtliche Entwicklung des Gerechtigkeits- bzw. Angemessenheitsdenkens läßt sich nur am Preisgerechtigkeitsdenken aufzeigen. Abgesehen von der jüngsten Diskussion um die Angemessenheit der Vertriebskosten hat sich das Gerechtigkeitsverlangen in der Wirtschaft immer auf die Preisgerechtigkeit schlechthin, nicht aber auf die Angemessenheit bestimmter Kosten als Preisbestandteil gerichtet.

Im übrigen sind die Begriffe Gerechtigkeit und Angemessenheit im Hinblick auf das vorliegende Problem in ihrem Sinngehalt gleichzusetzen.

natürlichen Preis à priori als gerecht ansahen, kannten die klassischen Liberalisten *Adam Smith* und *David Ricardo* den Begriff der Gerechtigkeit im Hinblick auf die Wirtschaft nicht. Für sie gab es im Bereich der Wirtschaft keine ethisch-sittlichen Normen. Man glaubte vielmehr an den Marktmechanismus als natürlich-ordnendes Prinzip. „Durch das bloße ‚Sein' der freien Preisgestaltung als das Ergebnis eines Zusammenspiels der ungebundenen naturgegebenen wirtschaftlichen Kräfte ist der frei sich bildende Marktpreis für die klassischen Liberalisten gerechtfertigt[32]."

Die universalistische Wirtschaftsauffassung O. *Spanns* geht bei der Beurteilung des gerechten Preises vom Äquivalenzprinzip als Beurteilungsmaßstab ab. Nicht der Tausch von Gleichem ist gerecht, sondern der Tausch von Ungleichem, und zwar unter Berücksichtigung der Leistungsfähigkeit der Tauschenden. Hier wird die Gerechtigkeit in der Verhältnismäßigkeit der Leistung zum Wirtschaftsganzen gesucht[33].

Einen *politischen Akzent* erhielt der Gerechtigkeitsbegriff erstmals im Merkantilismus. Der sogenannte ‚Mittelpreis' sollte über eine auskömmliche Einkommensbildung der wirtschaftenden Menschen der Bevölkerungsvermehrung und der Aktivierung der Handelsbilanz dienen. Auch im Dritten Reich war der Gerechtigkeitsbegriff weitgehend politisch gefärbt[34]. Seine Sinngebung war äußerst vielfältig[35].

Die Gerechtigkeit bzw. Angemessenheit in der Wirtschaft wird, wie der vorstehende kurze Streifzug durch die Geschichte zeigt, einmal religiös, zum andern ökonomisch und schließlich politisch bestimmt.

Offen bleibt nun noch die Frage, welcher Sinngehalt dem Gerechtigkeitsbegriff im Hinblick auf die Angemessenheit der Vertriebskosten gegeben werden soll. Es ist also für die vorliegende Arbeit zu untersuchen, wie der Begriff ‚Angemessenheit' im Hinblick auf die gesamtwirtschaftliche Beurteilung der Vertriebskosten ausgelegt werden soll.

bb) Gesamtwirtschaftliche Wirtschaftlichkeit als Beurteilungsmaßstab der Vertriebskosten als gesamtwirtschaftlicher Preisfaktor

Die Frage der Angemessenheit der Kosten wird, soweit sie in der Literatur überhaupt angeschnitten wird, abgesehen von den bereits aufgezeigten, allgemein gehaltenen Äußerungen zu diesem Problem, vor allem für die Kosten schlechthin, weniger für die Vertriebskosten untersucht. Sie wird weiterhin nur im Zusammenhang mit dem Problem

[32] *Buchholz*, F.: a. a. O., S. 32 f.

[33] Vgl. *Spann*, O.: Tote und lebendige Wissenschaft, 4. Aufl., Jena 1935, S. 281; *Galambos*, P.: a. a. O., S. 37 ff.

[34] So auch das auf Kostendeckung abgestellte Gerechtigkeitsdenken der LSÖ.

der Preisgerechtigkeit behandelt. Das beeinträchtigt jedoch keineswegs die Bedeutung dieser Aussagen auch für die Erläuterung der Angemessenheit in bezug auf die Vertriebskosten. Im Hinblick auf die Frage der Angemessenheit hat das, was für die Kosten im allgemeinen gilt, auch Geltung für die Vertriebskosten im besonderen. Im übrigen ist das Problem der Angemessenheit der Kosten ein Teilproblem des Preisgerechtigkeitsdenkens, wie bereits angedeutet wurde.

Als *Beurteilungsmaßstab der Angemessenheit der Kosten* als Preisbestandteil wird in der Literatur die *Wirtschaftlichkeit* herausgestellt. So schreibt beispielsweise M. R. *Lehmann:* „Gerechte Preise sind Preise, die bewirken, daß ... Menschenkraft und Kapital gleichwirtschaftlich zum Einsatz gelangen[36, 37]. *Beste* ist der Auffassung: „In die Rechnung gehören nur diejenigen Kosten, die sich bei wirtschaftlicher Produktionsweise ergeben[38]." *Walb* schreibt: „Der volkswirtschaftlich gerechtfertigte Preis in der gewerblichen Wirtschaft soll grundsätzlich so beschaffen sein, daß unter der Voraussetzung eines rationellen Aufbaus des Erzeugungs- und Verteilungsapparates und unter Berücksichtigung aller Arten volkswirtschaftlich gebotener Ausgleiche bei denjenigen Betrieben, die zur Bedarfsbefriedigung herangezogen werden müssen, die betriebsnotwendigen Kosten gedeckt werden ...[39, 40]."

Die Wirtschaftlichkeit wird dabei, wie beispielsweise die zitierte Auffassung *Walbs* eindeutig zeigt, keineswegs einzelwirtschaftlich gesehen, sondern gesamtwirtschaftlich aufgefaßt[41]. Auch M. R. *Lehmann* sieht die *gesamtwirtschaftliche Wirtschaftlichkeit* als Voraussetzung der Verwirklichung der Preisgerechtigkeit[42, 43].

Aus *einzelwirtschaftlicher* Sicht ist die Wirtschaftlichkeit, abgesehen von den vorwiegend technisch und produktionswirtschaftlich ausgerichteten Gütebegriffen[44], in der polaren „Spannung zwischen kostenwirtschaftlichen und ertragswirtschaftlichen Strebungen"[45] ein Problem

---

[35] Vgl. z. B. *Buchholz,* F.: a. a. O., S. 54 ff., der einen Katalog der Einzelziele des politisch gerechten Preises dieser Zeit wiedergibt.

[36] *Lehmann,* M. R.: Der Leistungsgedanke in der Marktordnung, a. a. O., S. 62.

[37] Vgl. auch ders., a. a. O., S. 59 f.

[38] *Beste,* Th.: Kritik des Monopolpreises und der volkswirtschaftlich richtige Kartellpreis der gelenkten Wirtschaft, in: Der gerechte Preis, Schriften der Akademie für Deutsches Recht, Nr. 1, Berlin 1940, S. 119.

[39] *Walb,* E.: Der gerechte Preis in der gewerblichen Wirtschaft, in: Der gerechte Preis, Schriften der Akademie für Deutsches Recht, Nr. 1, Berlin 1940, S. 177.

[40] Vgl. auch *Galambos,* P.: a. a. O., S. 59 ff.

[41] *Walb,* E.: a. a. O., S. 177, s. auch S. 153 ff.

[42] *Lehmann,* M. R.: Der Leistungsgedanke in der Marktordnung, a. a. O., S. 60 und 62.

[43] Vgl. auch *Galambos,* P.: a. a. O., S. 59 ff.

[44] Vgl. beispielsweise *Lehmann,* M. R.: Allgemeine Betriebswirtschaftslehre, a. a. O., S. 127 ff.; ders.: Grundfragen und Sachgebiete der industriellen Betriebsstatistik, a. a. O., S. 30 ff. u. 83 ff.

der *Rentabilität. Gesamtwirtschaftlich* gesehen läuft das Wirtschaftlichkeitsdenken dagegen auf *Angemessenheitsvorstellungen* hinaus[46]. Das bedeutet also, daß als Maßstab zur Beurteilung der Angemessenheit der Vertriebskosten nur die gesamtwirtschaftliche Wirtschaftlichkeit angesehen werden kann.

a) Die Voraussetzungen gesamtwirtschaftlicher Wirtschaftlichkeit im Absatzbereich

Zu der sich aus den vorstehenden Ausführungen ergebenden Frage, unter welchen Voraussetzungen von einer Verwirklichung der gesamtwirtschaftlichen Wirtschaftlichkeit gesprochen werden kann, ist folgendes zu bemerken: Ganz allgemein gibt es in bezug auf die Beurteilung der Wirtschaftlichkeit für den die Kostenhöhe beeinflussenden Kostengütereinsatz und für die Leistungsstruktur bestimmte Optimumvorstellungen. Das gilt sowohl für einzelwirtschaftliche als auch für gesamtwirtschaftliche Überlegungen. Unter gesamtwirtschaftlichem Aspekt bedeutet die Forderung nach Wirtschaftlichkeit des Absatzes und damit nach Angemessenheit der Vertriebskosten

1. die kostenmäßig ökonomische Durchführung der Absatzleistung und
2. das Ausschalten aller gesamtwirtschaftlich nicht erforderlichen Absatzleistungen[47].

Die Angemessenheit der Vertriebskosten setzt also das Ausschalten aller Unwirtschaftlichkeiten im Verteilungsapparat voraus.

1. Die Beurteilung der Vertriebskosten auf ihre Angemessenheit kann demnach nur durch Vergleich mit den gesamtwirtschaftlich ausgerichteten *Bestkosten* des Vertriebs bzw. der Warenverteilung erfolgen.

Zu berücksichtigen ist jedoch, daß diese Bestkosten sich nicht ausschließlich auf die dem jeweiligen Stand der Technik und der Organisationserfahrung entsprechende optimale technisch-personelle Absatzapparatur ausrichten lassen. Sie müssen vielmehr in bezug auf den Kostengütereinsatz die Erfordernisse der gesamtwirtschaftlich ausgerichteten Absatzleistung berücksichtigen. Das bedeutet aber, daß die gesamtwirtschaftlichen Bestkosten nicht nach einer generell zu bestimmenden Norm zu ermitteln sind. Sie variieren vielmehr entsprechend den regionalen Gegebenheiten bzw. Erfordernissen der Warenverteilung. So läßt sich beispielsweise in einem Gebiet mit großer Absatz-

---

[45] *Schäfer*, E.: Die Unternehmung, a. a. O., S. 278.

[46] Vgl. *Preiser*, E.: Gestalt und Gestaltung der Wirtschaft, Tübingen 1934, S. 34 ff.; *Gutenberg*, E.: Grundlagen der Betriebswirtschaftslehre, Erster Band, a. a. O., S. 332/333.

[47] Vgl. *Seyffert*, R.: Wirtschaftslehre des Handels, a. a. O., S. 259.

dichte bzw. Kaufkraft unter Umständen ein hochtechnisierter Verteilungsapparat mit entsprechend günstigen Kosten aufbauen. In einem Gebiet mit einer relativ geringeren Absatzdichte bzw. Kaufkraft müssen entsprechend technisch und organisatorisch unvollkommenere Absatzapparaturen als kostenmäßig optimal angesehen werden.

Mit diesen Überlegungen zur Frage der Kosten- bzw. Aufwandkomponente der gesamtwirtschaftlichen Wirtschaftlichkeit als Maßstab zur Beurteilung der Angemessenheit der Vertriebskosten ist lediglich ein Teil des Problems dargestellt. Bei der Erläuterung des begrifflichen Inhalts der Vertriebskosten wurde dargelegt, daß diese in ihrer inhaltlichen Abgrenzung zum Teil einzelwirtschaftlich, zum Teil aber auch gesamtwirtschaftlich gesehen werden. Die gesamtwirtschaftliche Abgrenzung des Vertriebskostenbegriffs wird im allgemeinen immer dann verwendet, wenn es um Fragen der gesamtwirtschaftlichen Wirtschaftlichkeit der Absatzwirtschaft, d. h. um das Problem der Angemessenheit der Vertriebskosten geht.

Eine gesamtwirtschaftliche Beurteilung der Vertriebskosten läßt sich somit nicht auf der Grundlage der einzelwirtschaftlich abgegrenzten, bereichsbezogenen *Vertriebskosten*[48] durchführen. Die gesamtwirtschaftliche Beurteilung der Angemessenheit der Vertriebskosten erfordert vielmehr eine gesamtwirtschaftliche Auffassung dieser Kosten. Das bedeutet aber, daß ergänzend zu den einzelwirtschaftlichen Vertriebskosten der in der vorliegenden Arbeit sogenannte gesamtwirtschaftliche *Verteilungsaufwand*[49] zum Gegenstand der hier durchzuführenden Untersuchungen zu machen ist.

Damit ist auch die bei der Darstellung des Vertriebskostenbegriffs zurückgestellte Frage geklärt, in welcher inhaltlichen Abgrenzung die Vertriebskosten dieser Arbeit zugrunde gelegt werden sollen. Untersuchungsobjekt sind also nicht nur die einzelwirtschaftlichen Vertriebskosten, sondern auch der gesamtwirtschaftliche Verteilungsaufwand und damit zwangsläufig auch die einzelwirtschaftlichen Absatzkosten[50].

Zu der inhaltlichen Ausweitung des Vertriebskostenbegriffs ist im Hinblick auf das Problem der Beurteilung der Angemessenheit der Vertriebskosten folgendes zu bemerken:

Der Verteilungsaufwand enthält neben den Vertriebskosten aller Absatzstufen deren *Beschaffungs- und Manipulationskosten* usw. und darüber hinaus deren anteilige *Absatzerfolgsspannen*. Für die Beschaffungskosten usw. gelten in bezug auf Wirtschaftlichkeit und Angemessenheit die gleichen Überlegungen, wie sie vorstehend für die Vertriebs-

---

[48] Vgl. Abschnitt I 2 a.
[49] Vgl. Abschnitt I 2 c.
[50] Vgl. Abschnitt I 2 b.

kosten dargestellt wurden. Offen bleibt jedoch die Frage, wie die einzelwirtschaftlichen Erfolgsbestandteile des Verteilungsaufwands im Hinblick auf die Frage der Angemessenheit zu beurteilen sind. Selbst bei gesamtwirtschaftlich ökonomischem Kostengütereinsatz der einzelnen Absatzstufen kann der Verteilungsaufwand unangemessen sein, wenn die Erfolgsspannen überhöht sind. Es ist also zu untersuchen, wann eine Erfolgsspanne als angemessen angesehen werden kann.

Walb ist der Auffassung, daß der Gewinn dann angemessen ist, wenn er „(sofern Unternehmerlohn und Kapitalzins zu den Kosten gerechnet werden) das Unternehmerwagnis und die besondere Unternehmungs- bzw. Betriebsleistung nach Maßgabe ihrer volkswirtschaftlichen Bedeutung deckt“[51]. Er schreibt jedoch weiter, „daß zwar theoretisch leicht zu umschreiben ist, wie der volkswirtschaftlich gerechtfertigte Gewinnzuschlag bei den Einzelleistungen gestaltet sein soll, daß sich aber von der praktischen Seite her große Schwierigkeiten ergeben ...“[52].

Die einzelwirtschaftlich als Gewinn anzusehende Vergütung für Kapitaleinsatz, Unternehmermitarbeit, Unternehmerleistung und Unternehmerwagnis ist gesamtwirtschaftlich gesehen Aufwand. Dementsprechend muß auch hier für die Beurteilung der Angemessenheit des Gewinns als Bestandteil des Verteilungsaufwandes der Vergleich mit dem gesamtwirtschaftlichen Bestaufwand erfolgen.

Für die *Vergütung des Kapitaleinsatzes* bzw. *der Unternehmermitarbeit und -leistung* gibt es im Zinssatz für langfristiges Kapital bzw. im Entgelt für Angestellte mit ähnlich gearteten unternehmerischen Funktionen, wie beispielsweise der Vorstände oder Geschäftsführer von Kapitalgesellschaften, vergleichbare Maßstäbe. Vielfach entfällt die Vergütung für Unternehmertätigkeit und -leistung als Gewinnbestandteil, wenn derartige Funktionen, wie bei Kapitalgesellschaften, von den geschäftsführenden Organen durchgeführt werden.

Die *Vergütung des allgemeinen Unternehmerwagnisses* kann dann als angemessen betrachtet werden, wenn sie sich unter Berücksichtigung der anteiligen Kapitalverzinsung im Rahmen der Dividendensätze gleichartiger Unternehmen hält. Setzt man jedoch gedanklich eine gleichbleibende Kapitalverzinsung voraus — die also unabhängig vom wirtschaftlichen Ergebnis eines Unternehmens erfolgt —, so ist für den gesonderten Ansatz einer Vergütung des Unternehmerwagnisses kein Raum. In einer konstanten Kapitalverzinsung, die sich auf dem langjährigen Dividendendurchschnitt bewegt, muß neben dem Entgelt

---

[51] *Walb*, E.: a. a. O., S. 177.
[52] Ders.: S. 165.

für den Kapitaleinsatz auch eine angemessene Vergütung für das Unternehmerrisiko gesehen werden.

2. Die vorstehenden Ausführungen zeigen, wie die Bestkosten bzw. der Bestaufwand im Hinblick auf eine Beurteilung der Angemessenheit der Vertriebskosten in der vorliegenden Arbeit verstanden werden sollen. Es bleibt nun noch die Frage zu klären, wie die zweite Vergleichsgröße, die *volkswirtschaftlich erforderliche Absatzleistung* aufgefaßt werden soll.

Die von den einzelnen Unternehmen erbrachten Absatzleistungen, auch wenn sie einzelwirtschaftlich gesehen in der Regel erfolgsträchtig sind, können keineswegs generell als volkswirtschaftlich erforderlich angesehen werden. Durch ein übermäßiges Sortenangebot, wettbewerbsbedingte Zusatzleistungen, wie Zugaben, Werbegeschenke u. ä., funktionelles Aufblähen der Absatzwege, Übersetzung der Absatzstufen usw. werden vielfach Absatzleistungen erbracht, die im Hinblick auf die Aufgabe der Absatzwirtschaft, die Spannungen zwischen Produktion und Bedarf auszugleichen[53], volkswirtschaftlich gesehen nicht erforderlich sind.

Die Erfüllung der dem Angemessenheitsdenken zugrunde liegenden Forderung nach volkswirtschaftlich erforderlicher Absatzleistung bedingt demnach vor allem den Abbau aufgeblähter Absatzleistungen, die aus dem einzelwirtschaftlichen Ertragsstreben erwachsen. Im einzelnen wird auf diese Fragen weiter unten eingegangen[54].

Zusammenfassend läßt sich zur Frage der Beurteilung der Angemessenheit der Vertriebskosten als gesamtwirtschaftlicher Preisfaktor festhalten:

In der vorliegenden Arbeit wird als Beurteilungsmaßstab der Angemessenheit von Vertriebskosten bzw. Verteilungsaufwand als gesamtwirtschaftlicher Preisfaktor die auf die volkswirtschaftlich erforderliche Absatzleistung und auf die Bestkosten bzw. den Bestaufwand ausgerichtete gesamtwirtschaftliche Wirtschaftlichkeit des Absatzes aufgefaßt.

β) Die Problematik des quantitativen Nachweises der gesamtwirtschaftlichen Wirtschaftlichkeit im Absatzbereich

Nachdem die Voraussetzungen der gesamtwirtschaftlichen Wirtschaftlichkeit im Absatzbereich dargelegt sind, stellt sich das Problem der quantitativen Erfassung dieser Urteilsgröße. Der rechnerische Nachweis der gesamtwirtschaftlichen Wirtschaftlichkeit des Absatzes im Verhältnis von Vertriebskosten bzw. Verteilungsaufwand und Ab-

---

[53] Vgl. *Schäfer*, E.: Die Aufgabe der Absatzwirtschaft, a. a. O., S. 38.
[54] Vgl. Abschnitt VI 2.

satzleistung ist jedoch äußerst schwierig, wenn nicht undurchführbar. Er erfordert im Hinblick auf die beiden Rechenkomponenten der Wirtschaftlichkeit, Kosten bzw. Aufwand und Leistung, die quantitative Bestimmung

1. von Vertriebskosten bzw. Verteilungsaufwand und
2. der Absatzleistung.

Die rechnerische Bestimmung der Wirtschaftlichkeit setzt dabei nicht nur die Erfassung der jeweils zu beurteilenden Kosten bzw. Aufwendungen und der ihnen entsprechenden Absatzleistung voraus, sondern auch die rechnerische Fixierung des als Vergleichsgröße dienenden Bestaufwandes und der gesamtwirtschaftlich erforderlichen Absatzleistung.

Die rechnerische Erfassung der Kosten- bzw. Aufwandsgrößen bereitet im Grunde genommen keine besonderen Schwierigkeiten. Dem Versuch, die gesamtwirtschaftliche Wirtschaftlichkeit im Absatzbereich zu bestimmen, steht jedoch der qualitativ-abstrakte Charakter der Absatzleistung[55] entgegen. Die Absatzleistung ist, wie im einzelnen noch darzustellen sein wird[56], als eine vorwiegend geistig-dispositive Tätigkeit[57] rechnerisch nicht erfaßbar.

Ein quantitativer Nachweis der gesamtwirtschaftlichen Wirtschaftlichkeit ist schon deshalb nicht durchzuführen, weil sich auf Grund des überwiegend qualitativen Charakters der Absatzleistung keine Leistungsmeßzahlen errechnen lassen und weil darüber hinaus, wiederum bedingt durch die qualitative Eigenart der Absatzleistung, der Kausalzusammenhang zwischen dieser und den quantitativ erfaßbaren Vertriebskosten nur schwer oder gar nicht herzustellen ist.

Die absatzwirtschaftliche Tätigkeit läßt sich zwar in technisch-organisatorische Teilverrichtungen, wie Verkaufen, Lagern, Verpacken, Fakturieren, Transportieren usw., aufgliedern. Diese Arbeitsvorgänge lassen sich ähnlich den Arbeitsverrichtungen in der Fertigung quantifizieren und in der Regel den anteiligen Kosten gegenüberstellen. Es handelt sich hier jedoch um ein arbeitstechnisches Spiegelbild der Absatzleistung, das in keiner Weise deren wahres Wesen charakterisieren und das volle Ausmaß der absatzwirtschaftlichen Leistung wiedergeben kann.

Auch die Verkaufseinheit oder der Kundenauftrag kennzeichnet nicht Wesen und Umfang der Absatzleistung. Die Kosten je Verkaufseinheit

---

[55] Vgl. *Schäfer*, E.: Das Absatzwesen und die Problematik seiner Wirtschaftlichkeit, in: Die Wirtschaftsprüfung, 1. Jg. 1948, S. 74; *Auler*, E.: Die Plankostenrechnung in den Bereichen der Beschaffung und des Absatzes der industriellen Unternehmung, in: BFuP., 3. Jg. 1951, S. 416.

[56] Vgl. Abschnitt IV 1.

[57] Vgl. *Schäfer*, E.: Die Aufgabe der Absatzwirtschaft, a. a. O., S. 26.

bzw. Kundenauftrag stellen dementsprechend auch keine Maßgröße der Wirtschaftlichkeit des Absatzbereiches dar.

Es ist also ein aussichtsloses Unterfangen, Kosten bzw. Aufwand und Leistung im Absatzbereich rechnerisch gegenüberstellen zu wollen. Aus diesem Grunde stellt sich die Aufgabe, einen Ausweg zu suchen, der trotz der Tatsache, daß ein quantitatives Erfassen der Absatzleistung nicht möglich ist, eine Beurteilung der gesamtwirtschaftlichen Wirtschaftlichkeit des Absatzes und damit der Angemessenheit der Vertriebskosten als gesamtwirtschaftlicher Preisfaktor erlaubt.

Wenn man mit den in der „Produktionssphäre entwickelten Vorstellungen von Wirtschaftlichkeit und Wirtschaftlichkeitsmessung“[58], die auf eben dieses quantitative Erfassen des betrieblichen Geschehens aufbauen, nicht weiterkommt, wird man versuchen müssen, durch eine qualitative Wägung der Vergleichsgrößen zu einer Beurteilung der Wirtschaftlichkeit des Absatzes zu kommen. Man kommt hier „mit rein quantitativem Denken und Messen nicht aus, es müssen vielmehr qualitative Kriterien angewandt werden“[58], die allein der Problematik eines Kosten-Leistungs-Vergleichs im Absatzbereich gerecht werden können.

Derartige qualitative Merkmale, die zu einer Beurteilung der gesamtwirtschaftlichen Wirtschaftlichkeit des Absatzes verwendet werden können, sind beispielsweise die Kosteneinflußgrößen und die Absatzleistung selbst. Die Absatzleistung läßt sich zwar nicht quantitativ erfassen, wohl aber qualitativ umschreiben. Auch die gesamtwirtschaftlich vorhandenen Rationalisierungsmöglichkeiten, die vielfach relativ leicht erkennbar sind, ermöglichen eine qualitative Wertung der gesamtwirtschaftlichen Wirtschaftlichkeit des Absatzes.

Eine qualitative Beurteilung der gesamtwirtschaftlichen Wirtschaftlichkeit des Absatzes ist somit weitgehend durchführbar, wenn man die volkswirtschaftlich erforderliche Absatzleistung und den absatzwirtschaftlichen Bestaufwand zu bestimmen sucht und diesen Größen die jeweils erbrachte Absatzleistung und die angefallenen Kosten bzw. den Aufwand gegenüberstellt. Auf diese Weise lassen sich die Unwirtschaftlichkeiten sowohl in der Kosten- bzw. Aufwand-Komponente als auch in der Leistungsgröße in etwa abschätzen[59].

---

[58] *Schäfer*, E.: Das Absatzwesen und die Problematik seiner Wirtschaftlichkeit, a. a. O., S. 74. Vgl. auch ders.: Stufen der Rationalisierung im Bereich der Absatzwirtschaft, in: ZfhF., N. F., 2. Jg. 1950, S. 4.

[59] Vgl. auch *Buddeberg*, H.: Die Kosten als Leistungsmaßstab des Handels, a. a. O., S. 300 ff.; ders.: Über die Vergleichbarkeit der Handelsbetriebe, Köln und Opladen 1955, S. 199; *Sundhoff*, E.: a. a. O., S. 189 und 340; *Meyer*, G.: Der funktionsgemäße Preis als Instrument einer Ökonomisierung der Distribution, in: ZfhF., NF., 9. Jg. 1957, S. 248 ff., insb. S. 250 f.

Im vorstehenden Abschnitt wurde bereits dargestellt, was hier unter Bestaufwand und unter volkswirtschaftlich erforderlicher Absatzleistung verstanden wird. Zur praktischen Beurteilung der gesamtwirtschaftlichen Wirtschaftlichkeit der Absatzwirtschaft und damit der Angemessenheit der Vertriebskosten als Preisfaktor ist es demnach im einzelnen erforderlich, die Einflußgrößen der Vertriebskosten und die Leistungsbezogenheit dieser Kosten zu untersuchen. Die vergleichende Beurteilung der Vertriebskosten mit den Kosteneinflüssen kann jedoch, wie bereits dargelegt wurde, nicht ausschließlich im einzelwirtschaftlichen Rahmen und auch nicht vertriebsisoliert durchgeführt werden. Die absatzwirtschaftliche Leistung ist vielmehr in ihrem gesamtwirtschaftlich-funktionalen Zusammenhang zu sehen. Die Vertriebskosten sind also bei einer Beurteilung der gesamtwirtschaftlichen Wirtschaftlichkeit als Bestandteil des gesamtwirtschaftlichen Verteilungsaufwandes zu sehen und nur in diesem Rahmen richtig zu bewerten. Weiterhin ist es erforderlich, die mögliche Interdependenz mit den Fertigungskosten, die zur wechselseitigen Beeinflussung der Kosten von Fertigung und Absatz führen kann, bei einer derartigen Untersuchung zu berücksichtigen. Schließlich und letztlich müssen bei einer Beurteilung von Kosten bzw. Aufwand der Absatzwirtschaft die gesamtwirtschaftlich vorhandenen Rationalisierungsmöglichkeiten gedanklich in Rechnung gestellt werden.

Mit der Darstellung der aus der divergierenden Betrachtungsweise bedingten Unterschiede in der Beurteilung der Vertriebskosten ist das Problem der vorliegenden Arbeit seinem Wesen und seinen Grenzen nach hinreichend skizziert. In den bisherigen Ausführungen wurde darzustellen versucht, daß die Vertriebskosten sowohl als einzelwirtschaftliches als auch als gesamtwirtschaftliches Problem interessieren. Zugleich wurden die für die einzelwirtschaftliche bzw. gesamtwirtschaftliche Betrachtungsweise entsprechenden Beurteilungsmaßstäbe der Vertriebskosten aufzuzeigen versucht.

Die bei der Erläuterung des Begriffs der Vertriebskosten offengelassene Frage, in welcher inhaltlichen Abgrenzung diese Kosten der vorliegenden Arbeit zugrunde zu legen sind, wurde dahingehend beantwortet, daß der Begriffsinhalt je nach der Betrachtungsweise variieren kann. Die einzelwirtschaftliche Beurteilung der Vertriebskosten als Erfolgs- und Kalkulationsgröße kann sich nur auf die einzelwirtschaftlich ausgerichteten Vertriebs- bzw. Absatzkosten beziehen. Die Beurteilung der gesamtwirtschaftlichen Angemessenheit der Vertriebskosten als Preisfaktor dagegen kann sich sowohl auf die einzelwirtschaftlichen Vertriebs- bzw. Absatzkosten als auch auf den gesamtwirtschaftlichen Verteilungsaufwand beziehen.

In der nachfolgenden Übersicht 3 wird dieser Zusammenhang von Beurteilungszweck und Begriffsinhalt der Kosten- bzw. Aufwandgrößen zusammenfassend dargestellt.

Zu den zu Beginn erläuterten Begriffen Vertriebskosten, Absatzkosten und Verteilungsaufwand ist abschließend zu bemerken, daß sie mit der dargelegten inhaltlichen Abgrenzung verwendet werden sollen. Es ist jedoch zu beachten, daß die Ergebnisse quantitativer Vertriebskostenforschung, auf die im Verlauf der Untersuchungen Bezug genommen werden muß, in Terminologie und inhaltlicher Abgrenzung von den hier verwendeten Begriffen abweichen können bzw. abweichen.

Übersicht 3

Die Unterschiede in der Beurteilung der Vertriebskosten

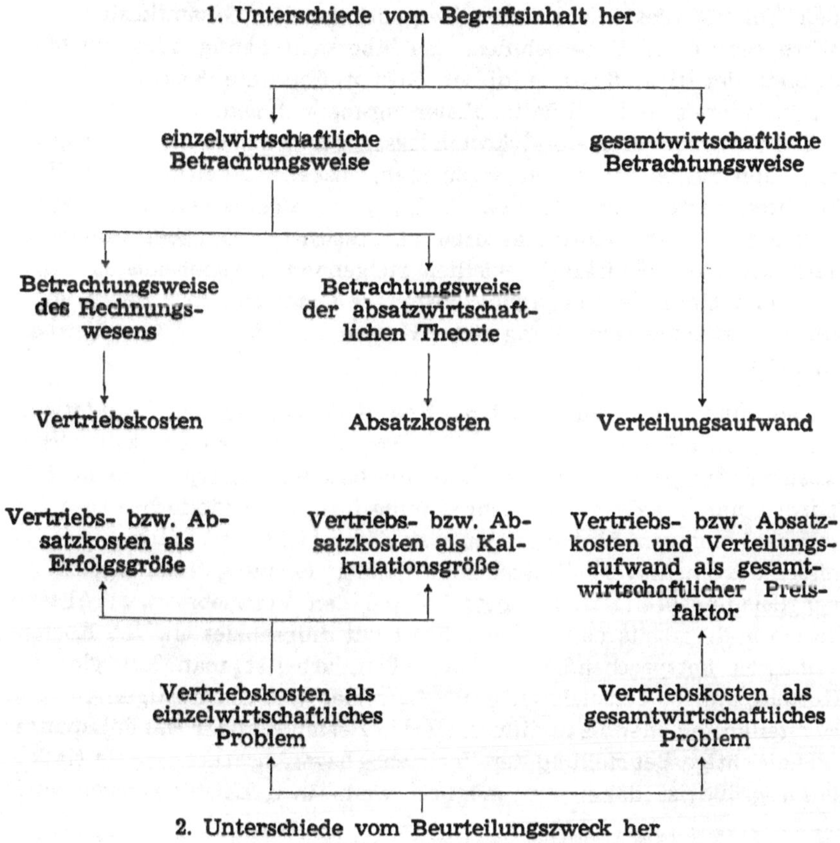

Unter Berücksichtigung der Unterschiede in der inhaltlichen Abgrenzung der Vertriebskosten ergibt sich als *Aufgabestellung* der vorliegenden Arbeit, die *Grundlagen* einer *Beurteilung*

1. der Vertriebs- bzw. Absatzkosten
   a) als einzelwirtschaftliche Erfolgsgröße,
   b) als einzelwirtschaftliche Kalkulationsgröße und
2. der Vertriebs- bzw. Absatzkosten und des Verteilungsaufwandes als gesamtwirtschaftlicher Preisfaktor

aufzuzeigen.

Bei der Beurteilung der Vertriebs- bzw. Absatzkosten als *Erfolgsgröße* ist die rentabilitätsorientierte, einzelwirtschaftliche Wirtschaftlichkeit als Beurteilungsmaßstab anzusehen, wie im einzelnen bereits dargelegt wurde (vgl. hierzu die nachfolgende Übersicht 4). Die wirtschaftliche Praxis unterschätzt jedoch vielfach die Bedeutung dieser Kosten als Erfolgsfaktor. Sie übersieht insbesondere den relativ großen Umfang dieser Kosten im Vergleich zu den Gesamtkosten einer Ware bzw. eines Unternehmens. Sie übersieht häufig auch die Möglichkeit der Beeinflussung dieser Kosten über die Kostenfaktoren[60], insbesondere also durch Rationalisierungsmaßnahmen.

Die Vertriebs- bzw. Absatzkosten lassen sich demnach als Erfolgsgröße nur dann richtig beurteilen, wenn man, ausgehend von ihrem vielfach beachtenswerten quantitativen Umfang, die Möglichkeit ihrer Beeinflussung über die Kostenfaktoren berücksichtigt. Darüber hinaus ist auch die Wechselwirkung zwischen steigenden Vertriebskosten einerseits und sinkenden Fertigungskosten und steigendem Umsatz andererseits bei einer Beurteilung dieser Kosten als Erfolgsgröße in Betracht zu ziehen.

Beurteilungsmaß der Vertriebs- bzw. Absatzkosten als *Kalkulationsgröße* ist ihre Differenziertheit, d. h. ihre Abhängigkeit von zahlreichen Kosteneinflußgrößen und ihre Leistungsbezogenheit (vgl. Übersicht 4). Theorie und Praxis der Kostenrechnung übersehen vielfach diesen Zusammenhang von Einflußgrößen, wie Beschäftigung, Auftragsverhältnisse, Sortimentsverhältnisse, funktionaler Leistungstiefe, kapazitativer Leistungsbreite usw. einerseits und den Vertriebs- bzw. Absatzkosten andererseits vollkommen. Statt mit differenzierten, den Kosteneinflüssen entsprechenden Rechengrößen, arbeitet man mit globalen Kostenspannen, beispielsweise als Aufschlag auf die Fertigungs- bzw. Herstellkosten oder als undifferenzierten Bestandteil der Handelsspanne.

Die richtige Beurteilung der Vertriebs- bzw. Absatzkosten als Kalkulationsgröße ist daher nur möglich, wenn ihre Leistungsbezogenheit

[60] Vgl. Abschnitt III 2.

Übersicht 4

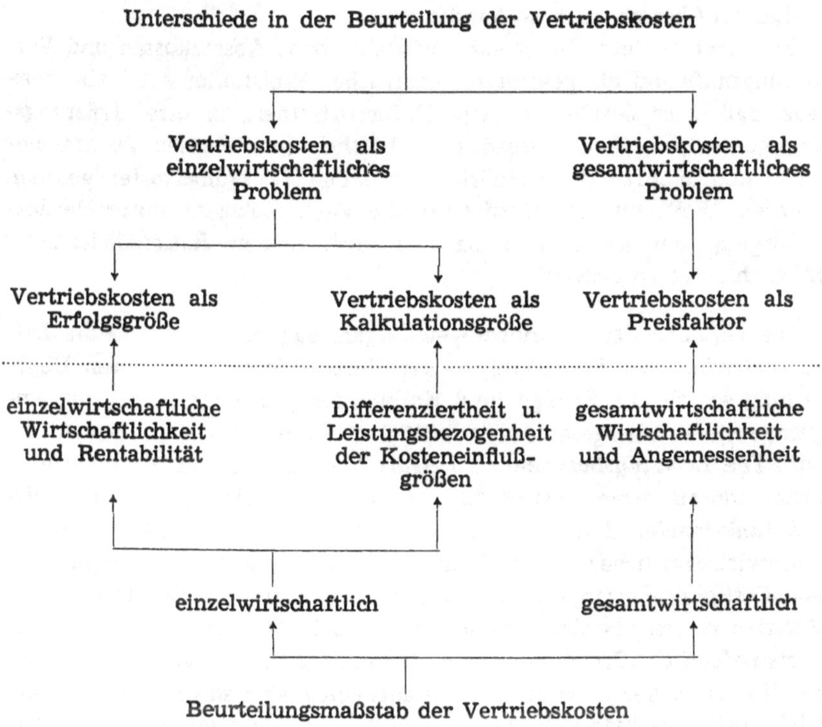

bzw. die Differenziertheit der Kosteneinflüsse im Absatzbereich berücksichtigt wird.

Zur Beurteilung von Vertriebs- bzw. Absatzkosten und Verteilungsaufwand als *gesamtwirtschaftlicher Preisfaktor* dient die gesamtwirtschaftliche Wirtschaftlichkeit als Voraussetzung der Angemessenheit dieser Kosten- bzw. Aufwandsgrößen (vgl. Übersicht 4). Soweit die Vertriebskosten als unangemessen heftiger Kritik unterzogen werden, geht man vielfach von einer Beurteilung globaler, also undifferenzierter Kostenwerte aus, übersieht also ihre Differenziertheit und insbesondere ihre Leistungsbezogenheit. Weiterhin sieht man die Vertriebskosten isoliert, d. h. im einzelwirtschaftlichen Rahmen, übersieht also ihren gesamtwirtschaftlich funktionalen Zusammenhang und ihre Interdependenz mit den Fertigungskosten. Die Kritik an den Vertriebskosten ist jedoch dort berechtigt, wo die Preiskalkulation der Differenziertheit der Kostenfaktoren und Veränderungen der funktionalen Leistung zwischen einzelnen Absatzstufen zuungunsten des Käufers keine Rechnung trägt. Sie ist weiterhin dann begründet, wenn aus der gesamtwirtschaftlichen Perspektive gesehen Rationalisierungsmöglichkeiten im Absatzbereich vorhanden sind.

Die richtige Beurteilung von Vertriebs- bzw. Absatzkosten und Verteilungsaufwand als gesamtwirtschaftlicher Preisfaktor setzt also voraus, daß diese Größen in ihrer Differenziertheit, in ihrer Leistungsbezogenheit, in ihrem gesamtwirtschaftlich funktionalen Zusammenhang und in ihrer Wechselwirkung mit den Fertigungskosten gesehen werden. Weiterhin ist erforderlich, die Vertriebskosten unter Berücksichtigung der gesamtwirtschaftlich vorhandenen Rationalisierungsmöglichkeiten zu beurteilen.

Die vorstehenden Ausführungen zeigen, daß beispielsweise die *Differenziertheit der Einflußgrößen* der Vertriebskosten für deren Beurteilung sowohl als Erfolgs- und Kalkulationsgröße als auch ihrer Angemessenheit als gesamtwirtschaftlicher Preisfaktor von Bedeutung ist[61]. Die *Leistungsbezogenheit* betrifft diese Kosten als Kalkulationsgröße und als gesamtwirtschaftlicher Preisfaktor. Ihr *gesamtwirtschaftlich-funktionaler Zusammenhang* beeinflußt ihre Beurteilung als gesamtwirtschaftlicher Preisfaktor. Die *wechselseitige Beeinflussung von Fertigungskosten und Vertriebskosten* ist für die Beurteilung der Vertriebskosten als einzelwirtschaftliche Erfolgsgröße und als gesamtwirtschaftlicher Preisfaktor von Bedeutung. Die *Rationalisierungsmöglichkeiten* der Absatzwirtschaft schließlich sind sowohl für die Vertriebskosten als Erfolgsgröße als auch für ihre Beurteilung als gesamtwirtschaftlicher Preisfaktor von Interesse[62].

Es ist daher für die Darstellung der Grundlagen der Beurteilung der Vertriebskosten zweckmäßig, diese *gemeinsamen Beurteilungsgrundlagen* dem Aufbau der im einzelnen durchzuführenden Untersuchungen zugrunde zu legen. Die Grundlagen der Beurteilung der Vertriebskosten sollen demnach *in ihrer Gliederung* unabhängig vom Zweck der Beurteilung aufgezeigt werden. Läßt man die unterschiedliche Betrachtungsweise fallen, so läßt sich zusammenfassend feststellen:

---

[61] Die Wiederholung dieser bereits dargestellten Gesichtspunkte der Beurteilung der Vertriebskosten ist erforderlich, um die gemeinsamen Beurteilungsgrundlagen dieser Kosten als Erfolgsgröße, als Kalkulationsgröße und als gesamtwirtschaftlicher Preisfaktor aufzuzeigen.

[62] Dabei ist jedoch zu beachten, daß sich in bezug auf die Beurteilung der Rationalisierungsmöglichkeiten die einzelwirtschaftliche, rentabilitätsorientierte Wirtschaftlichkeit und die gesamtwirtschaftliche, auf Angemessenheit ausgerichtete Wirtschaftlichkeit gegenseitig ausschließen. Die Gewinnanteile der Vertriebsspannen verbessern als Preis- und Ertragsfaktoren die einzelwirtschaftliche Wirtschaftlichkeit im Hinblick auf Rentabilitätsüberlegungen. Sie verschlechtern jedoch als Aufwandsfaktoren die gesamtwirtschaftliche Wirtschaftlichkeit im Verhältnis von Leistung und Aufwand.

Die Beurteilung der Vertriebskosten stützt sich häufig entweder auf deren globale Betrachtung, untersucht isolierend nur die Vertriebskosten oder aber ist ausschließlich einzelwirtschaftlich bzw. vertriebsisoliert ausgerichtet. Die Notwendigkeit

1. einer ergänzenden Analyse der Kosteneinflüsse,
2. der Gegenüberstellung der Vertriebskosten mit der Absatzleistung oder
3. der Ausweitung bzw. Verlagerung der Kritik auf die gesamtwirtschaftliche Ebene und der ganzheitlichen Betrachtung von Kosten bzw. Aufwand in Fertigung und Absatz

wird vielfach vollkommen übersehen. Weiterhin ist die Beurteilung häufig in starkem Maße durch eine erstarrte Denkweise und den Einfluß der Erfahrungswelt einer mit antiquierten Absatzmethoden und -organisationen arbeitenden Absatzwirtschaft getrübt. Unter Berücksichtigung

4. der vorhandenen Möglichkeiten zur Verbesserung der Preisstellung und zur Rationalisierung der Absatzwirtschaft

müßte dieses Urteil gänzlich anders ausfallen.

III. Die Problematik einer globalen Beurteilung der Vertriebs- bzw. Absatzkosten

Die im einzelnen bereits aufgezeigte Kritik an den angeblich überhöhten Vertriebskosten und die vielfach offensichtliche Unterbewertung dieser Kosten als Kalkulations- und Erfolgsgröße des einzelnen Unternehmens hat ihre Grundlage weitgehend in einer Auffassung dieses Problems, die von globalen, undifferenzierten Kostenwerten ausgeht und die vor allem in der Kritik Einzeltatbestände zu verallgemeinern sucht.

Die Frage der Angemessenheit der Vertriebskosten als *gesamtwirtschaftlicher Preisfaktor* wird häufig mit dem Hinweis auf den quantitativen Umfang dieser Kosten verneint. Die Abhängigkeit der Vertriebskosten von den Einflüssen des Unternehmens und des Marktes bleibt dabei vielfach vollkommen unbeachtet. Die Kritik an der Höhe dieser Kosten ist demnach zumindest insoweit unberechtigt, als der Konsument selbst wesentlichen Einfluß auf die Kostenhöhe hat.

Die in Industrie und Handel sehr oft anzutreffende Übung, Vertriebs- bzw. Absatzkosten kumulativ zu verrechnen, sei es als Zuschlag auf die Fertigungs- bzw. Herstellkosten oder aber als Bestandteil der Handelsspanne, übersieht offensichtlich ebenso den Einfluß der Absatzbedingungen auf diese Kosten und die Bedeutung der Vertriebs- bzw. Absatzkosten als *Kalkulationsgröße*. Ähnliche Überlegungen gelten auch im Hinblick auf die unterschiedliche, vor allem untergeordnete Bedeutung, die man den Vertriebs- bzw. Absatzkosten als *Erfolgsgröße* des einzelnen Unternehmens trotz ihrer häufig beachtenswerten Höhe und trotz der Differenziertheit der Kosteneinflüsse vielfach beimißt.

Es wird also zu zeigen sein, daß eine Beurteilung der Vertriebs- bzw. Absatzkosten, die von globalen Kostenwerten ausgeht, im Widerspruch zu der Tatsache steht, daß diese Kosten von Markt und Betrieb beeinflußt werden. Sie kann zu Fehlurteilen führen, die für die unternehmerische Markt- und Preispolitik ebenso verhängnisvoll sein können, wie sie das Marktklima im Verhältnis von Konsumenten und gewerblicher Wirtschaft zu trüben vermögen. Eine derartige Auffassung stellt demnach eine unhaltbare gedankliche Vereinfachung des Problems dar, eine Fiktion, der die Realität der Kosteneinflußgrößen im Absatzbereich entgegensteht, wie

1. die Ergebnisse quantitativer Vertriebskostenforschung und
2. die Analyse der Kosteneinflüsse

eindeutig zeigen.

1. Ergebnisse quantitativer Vertriebskostenforschung

Die in der Diskussion über das Vertriebskostenproblem und in der Praxis der Vertriebskostenrechnung immer wieder festzustellende Beurteilung der Vertriebskosten als einer von Kosteneinflüssen unabhängigen, undifferenzierten Größe, läßt es naheliegend erscheinen, die bisherigen Ergebnisse quantitativer Vertriebskostenforschung daraufhin zu untersuchen, inwieweit sie tatsächlich eine globale Auffassung dieser Kosten rechtfertigen. Zugleich interessiert der Umfang dieser Kosten, vor allem im Hinblick auf ihre Bedeutung als einzelwirtschaftliche Erfolgsgröße.

Das über die Kosten der Absatzwirtschaft veröffentlichte Zahlenmaterial, das zum großen Teil die Jahre vor 1939 betrifft, läßt an Umfang und Güte sehr viele Wünsche offen. Über Vertriebskosten der Industrie wurde, bis auf die Ergebnisse einiger Untersuchungen von *Küspert*[1] für 1936/37 und *Seyffert* für 1952/53[2], 1954/55[3] und 1956[4] in Deutschland sowie von *Jefferys*[5] für 1938 in England, abgesehen von antiquierten Angaben über deutsche und amerikanische Industrie[6], auf die hier bewußt verzichtet wird, kein Zahlenmaterial veröffentlicht. Aber auch über Kosten und Spannen des Großhandels werden nur verhältnismäßig wenig Zahlen mitgeteilt. Darüber hinaus betreffen die Zahlen fast nur den Konsumgütermarkt. Für den Groß- und Einzelhandel werden zudem nur die Absatzkosten, d. h. die Gesamtkosten nicht aber die Vertriebskosten aufgezeigt.

Jeder irgendwie geartete Vergleich dieser Vertriebs- bzw. Absatzkosten erscheint problematisch. Im Abschnitt I[7] wurde aufgezeigt, daß der begriffliche und somit auch wertmäßige Umfang insbesondere der Vertriebskosten von Fall zu Fall beachtenswerte Abgrenzungsunterschiede aufweist. Die wirtschaftliche Praxis grenzt die Vertriebs- bzw.

---

[1] *Küspert*, E.: Industrielle Vertriebskosten, a. a. O.

[2] *Seyffert*, R.: Wege und Kosten der Distribution der Hausratwaren im Lande Nordrhein-Westfalen, a. a. O.

[3] Ders.: Wege und Kosten der Distribution der Textil-, Schuh- und Lederwaren, Sonderheft 7 der Mitteilungen des Instituts für Handelsforschung an der Universität zu Köln, Köln und Opladen 1956.

[4] Ders.: Wege und Kosten der Distribution der Konsumwaren. Sonderheft 11 der Mitteilungen des Instituts für Handelsforschung an der Universität zu Köln, Köln und Opladen, 1959.

[5] *Jefferys*, J. B.: a. a. O.

[6] Vgl. insbesondere *Hirsch*, J.: Kennzahlen zur Handelsforschung, a. a. O., S. 137 ff.

[7] Vgl. Abschnitt I 1, 2 aa und 2 bb.

Absatzkosten nicht einheitlich und damit auch nicht ausschließlich nach den im vorangegangenen Abschnitt herausgearbeiteten Gesichtspunkten ab. Vielmehr werden die Kosten für Verpackung, Sortimentsgestaltung, Warenzeichen, Lagerung, Transport, Gewährleistung und Vertriebsverwaltung, ferner Skonti und Rabatte, um nur die wichtigsten Größen zu nennen, teilweise als Bestandteil der Vertriebs- bzw. Absatzkosten aufgefaßt, zum Teil aber auch anderen Kostenbereichen bzw. Erfolgsgrößen zugeordnet.

Darüber hinaus sind bei den wiedergegebenen Zahlen die im Einzelfall wirksamen kostenbeeinflussenden Faktoren, wie z. B. Beschäftigung, Betriebsgröße, Sortimentsstruktur, Auftragsverhältnisse u. a. meist nicht genannt. Sie geben also eine von den Kosteneinflüssen her nicht festliegende Vertriebs- bzw. Absatzkostenbelastung der betreffenden Branche, Ware oder Warengruppe wieder.

Ein Vergleich der in den nachfolgend genannten Tabellen zusammengestellten Vertriebs- und Absatzkosten — sie stellen das aktuellste greifbare Zahlenmaterial dar — hat auf Grund der geringen quantitativen Streuung der Zahlenangaben und seiner qualitativen Mängel nur begrenzten Aussagewert. Auf eine lediglich wiederholende Kommentierung der Tabellenübersichten kann hier im übrigen verzichtet werden.

Das Ausmaß der Vertriebskosten der Industrie und der Absatzkosten des Handels einerseits und der vielfach mangelhafte Ausbau des Rechnungswesens sowie die weitgehende Vernachlässigung der Rationalisierungsarbeit im Absatzbereich andererseits zeigt jedoch ganz allgemein, daß die Bedeutung dieser Kosten als Erfolgs- und Kalkulationsgröße häufig offensichtlich unterschätzt wird. Der Industrieumsatz ist bis zu 40 % mit Vertriebskosten belastet (vgl. Tabellen 1—5 und 25)[8]. Im Großhandel betragen die Kosten bis zu 30 % (vgl. Tabellen 7 und 8) und im Einzelhandel bis zu 35—40 % (vgl. Tabellen 11 und 12)[9] vom Umsatz.

Der Streit um die Berechtigung der Höhe der Vertriebskosten läßt sich auf Grund einer Gegenüberstellung globaler Kostenspannen nicht entscheiden. Doch schon der einfache Vergleich dieser Kosten deckt eindeutig funktions- und marktbedingte Kostenfaktoren auf, die unstreitig die Höhe der Kosten erheblich beeinflussen.

So liegen die Vertriebs- bzw. Absatzkosten für Konsumgüter (vgl. Tabellen 1—3, 5, 7 u. 8)[9] zum Teil erheblich höher als die der Produktionsgüter (vgl. Tabellen 4 und 7)[9]. Im Konsumgüterbereich ist die Kostenbelastung der Warengruppen minderer Dringlichkeit des Bedarfs

---

[8] Siehe Anhang.
[9] Siehe Anhang.

vielfach stärker als die der lebensnotwendigen Güter (vgl. Tabellen 1—3, 5, 7, 8, 11 u. 12)[9]. So zeigen beispielsweise Nahrungsmittel und Bekleidung in Industrie und Handel einen geringeren Anteil an Vertriebs- bzw. Absatzkosten als Haushaltgeräte, Kosmetika oder gar Luxusartikel, um nur einige Beispiele zu nennen.

Auch bei den Produktionsgütern sind die Verhältnisse ähnlich. Die Vertriebskosten der Rohstoffe liegen erheblich unter denen der Fertigerzeugnisse, wie Maschinen u. ä. (vgl. Tabelle 7).

Der Einfluß der Absatzfunktionen auf die Vertriebs- bzw. Absatzkosten ist beispielsweise aus der unterschiedlichen Kostenbelastung beim Strecken- und Lagerhandel sehr deutlich zu ersehen (vgl. Tabelle 7).

Die stärkere Beeinflussung dieser Kosten bei Luxusgegenständen, modeabhängigen Artikeln oder Gütern des gelegentlichen Bedarfs gegenüber lebensnotwendigen Gütern ist bedingt durch die höheren Anforderungen, die der Markt an Werbung, Lagerung, Verpackung usw. der erstgenannten Waren stellt oder die beispielsweise durch das höhere Absatzrisiko entstehen. Das gleiche gilt für Fertigerzeugnisse Rohstoffen gegenüber.

Auch die in zahlreichen Veröffentlichungen[10] nachgewiesene Beeinflussung der Vertriebs- bzw. Absatzkosten durch unterschiedliche Umsatz- bzw. Personalgrößen zeigt eindeutig, daß diese Kosten bestimmten Einflüssen unterliegen. Eine auch nur teilweise Wiedergabe dieses Zahlenmaterials, das im übrigen nur den Handel betrifft, erscheint nicht erforderlich. Der Verzicht auf die Wiederholung dieser weithin bekannten Daten liegt zudem im Interesse der Beschränkung der wiederzugebenden Vertriebskostenzahlen auf das zur Veranschaulichung des Problems unbedingt notwendige Material. Es kann hier auf die in der Fußnote genannte Literatur verwiesen werden.

2. Betriebs- und Marktgrößen und ihr Einfluß auf die Vertriebs- bzw. Absatzkosten

Die quantitative Analyse der Vertriebs- bzw. Absatzkosten zeigt sehr deutlich die durch unterschiedliche Einflüsse bedingte Differenziertheit der Kostenspannen des Vertriebs. Eine richtige Beurteilung der Ver-

[10] Vgl. z. B. Einzelschriften zur Statistik des deutschen Reiches Nr. 41: Betriebsstruktur und Kostengestaltung in wichtigen Gewerbezweigen, Teil II Einzelhandel und Teil III Großhandel, Berlin 1940.

Nr. 1 der Schriften zur Handelsforschung: Beschaffung, Lagerung, Absatz und Kosten des Einzelhandels in der Bundesrepublik Deutschland in den Jahren 1949, 1950 und 1951, a. a. O.

Nr. 7 der Schriften zur Handelsforschung: Beschaffung, Lagerung, Absatz und Kosten des Einzelhandels in der Bundesrepublik Deutschland in den Jahren 1952, 1953 und 1954, a. a. O.

triebs- bzw. Absatzkosten als Kalkulations- und Erfolgsgröße und als gesamtwirtschaftlicher Preisfaktor ist demnach nur unter Berücksichtigung dieser Kosteneinflüsse möglich. Es ist also erforderlich, die *betrieblichen* und *marktlichen* Bedingungen klarzustellen und in Rechnung zu setzen, unter denen sich die absatzwirtschaftliche Tätigkeit des einzelnen Unternehmens bzw. einer Branche vollzieht[11]. Die Absatzbedingungen kennzeichnen insoweit die Bestimmungsgründe der Vertriebs- bzw. Absatzkosten. Sie können zugleich ein Maßstab der von Fall zu Fall erbrachten absatzwirtschaftlichen Leistung sein und zeigen somit den Grad der Leistungsbezogenheit dieser Kosten.

Im Schrifttum wird eine Vielzahl sogenannter Bestimmungsgründe der Vertriebskosten aufgeführt[12], so beispielsweise die Irrationalität des Verbrauchers, seine Kaufkraft, die traditionelle Gruppierung der Ware, der Absatzgebiete und der Auftragsgröße, die Einflüsse der Mode, die Größe des Sortiments, die Warengüte, Warengröße, Betriebsgröße, Absatzorganisation und -methoden, die funktionale Absatzreichweite, Standort, Ortsgröße und Kundenkreis, die Umschlaggeschwindigkeit der Ware, Schwankungen der Beschäftigung, Erweiterungen des Absatzgebietes, Übersetzung der Läger, Übersteigerung der Reklame und viele mehr.

Eine rechnerische Erfassung dieser Faktoren der Kostenbestimmung erscheint äußerst schwierig[13]. Zwar lassen sich die Einflüsse beispielsweise der Auftragsgröße, der Auflagenhöhe und zum Teil auch der Beschäftigung auf die Vertriebs- bzw. Absatzkosten rechnerisch erfassen. Der quantitative Nachweis des Einflusses zahlreicher anderer Kosteneinflußgrößen auf diese Kosten ist praktisch jedoch nicht durchführbar. Der ursächliche Zusammenhang zwischen der Höhe der Vertriebsbzw. Absatzkosten und Sortimentsstruktur, Absatzkapazität, Verbrau-

---

[11] Vgl. *Schäfer*, E.: Das Absatzwesen und die Problematik seiner Wirtschaftlichkeit, a. a. O., S. 71.

[12] Vgl. z. B. *Behrens*, K. C.: Die Senkung der Kosten im Handel, in: BFuP., 3. Jg. 1951, S. 167 f.; *Buddeberg*, H.: Die Kosten als Leistungsmaßstab des Handels, a. a. O., S. 302 f.; *Giesen*, E.: Vorschlag einer Vertriebsabrechnung und Vertriebserfolgsrechnung in der Seidenstoffweberei, in: ZfhF., 34. Jg. 1940, S. 193 f.; *Gottschalk*, J.: Die Problematik des zwischenbetrieblichen Kostenvergleiches im Einzelhandel, Dissertation, Königsberg 1939, S. 59 ff.; *Heckert*, J. B., *Miner*, R. B.: a. a. O., S. 24; *Hessenmüller*, B.: Industrielle Vertriebskosten, Vortrag, gehalten auf der Tagung der Absatzwirtschaftlichen Gesellschaft e. V. in Nürnberg am 26. 6. 1954; veröffentlicht in: Die Absatzwirtschaft, vom 6. 8. 1954; *Hessenmüller*, B.: Absatzwirtschaftlicher Vergleich industrieller Vertriebskosten, in: Rationalisierung, 6. Jg. 1955, S. 80/1; *Hirsch*, J. und *Brandt*, K.: a. a. O., S. 69 f.; *Hirsch*, J.: Kennzahlen zur Handelsforschung, a. a. O., S. 20; *Hoppmann*, E.: Preisbildung, Kosten und Handelsspanne im Einzelhandel, in: ZfhF., NF., 4. Jg. 1952, S. 341 ff.; *Hundhausen*, C.: Die Vertriebskosten als Problem der Industrie, a. a. O., S. 509 ff.; *Jefferys*, J. B.: a. a. O., S. 85 ff.; *Schautenhaus*, O. R.: Zur Theorie der industriellen Absatzkosten, a. a. O., S. 85; *Sundhoff*, E.: a. a. O., S. 190 ff.

[13] Vgl. *Jefferys*, J. B.: a. a. O., S. 109.

chergewohnheiten, Modeeinflüssen, um nur einige Beispiele zu nennen, ist rechnerisch nicht oder nur unter großen Schwierigkeiten nachzuweisen.

Zudem erscheint es auf den ersten Blick unmöglich, System in die Vielfalt der in der Literatur genannten Bestimmungsfaktoren der Vertriebs- bzw. Absatzkosten zu bringen. Eine nähere Untersuchung sowohl der vom einzelnen Unternehmen ausgehenden als auch der durch den Markt, d. h. durch den gewerblichen Käufer oder den letzten Verbraucher bedingten Einflüsse zeigt jedoch, daß diese den Kostengüterverbrauch des Vertriebs vielfach nicht unmittelbar beeinflussen, sondern über das Warensortiment, die Auftragsverhältnisse, die Absatzkapazität, die Beschäftigung, die qualitative Struktur der im Vertrieb eingesetzten Kostengüter[14], die Kostengüterpreise usw. auf die Höhe dieser Kosten einwirken.

Die genannten *Bestimmungsgründe* der Vertriebskosten sind also gewissermaßen ein Sammelbecken für die zahlreichen *Einflüsse* betrieblicher und marktlicher Art, die über Veränderungen der ersteren das Niveau der Kosten bestimmen.

So beeinflussen beispielsweise die Kaufkraft des letzten Verbrauchers und die Marktstärke des gewerblichen Käufers Sortiment und Auftragsverhältnisse des einzelnen Unternehmens unter Umständen ebenso, wie sie mit einer Ausweitung seiner funktionalen Absatzreichweite eine Vergrößerung seines Leistungsvolumens bewirken. Umfang und Zusammensetzung des Sortiments werden insbesondere auch durch die Mode, den technischen Fortschritt und ähnliche marktbedingte bzw. vom Hersteller beeinflußte Faktoren bestimmt. Traditionsgebundene Verbraucher- und Käufergewohnheiten üben ihren Einfluß auf die Vertriebs- bzw. Absatzkosten durch ein starres Festhalten an einem bestimmten Sortiment, gewohnten Einkaufszeiten und Abnahmemengen, über Sortiments- und Auftragsverhältnisse und Beschäftigung aus.

Die Tatsache, daß die marktlichen Einflußgrößen nur mittelbar auf diese Kosten einwirken, erübrigt ihre gesonderte Behandlung als Kostenbestimmungsgrund. Sie erleichtert insofern auch die Quantifizierung der Bestimmungsfaktoren der Vertriebs- bzw. Absatzkosten und ihre kalkulatorische Verrechnung.

Auch die betrieblichen Einflüsse, die sich vor allem aus der dispositiven Unternehmerleistung in Verbindung mit fertigungs- und absatzwirtschaftlichen Überlegungen ergeben, schlagen sich letzten Endes im Sortiment, in der Absatzkapazität, in der Beschäftigung und in der qualitativen Struktur des Kostengütereinsatzes nieder. Die nicht unbedeutenden Einflüsse der persönlichen Leistung des im Vertriebsbereich tä-

[14] d. i. die qualitative Beschaffenheit oder auch die Eignung der eingesetzten Kostengüter für bestimmte Zwecke.

tigen Menschen auf die Vertriebskosten jedoch lassen sich auf Grund des vorwiegend qualitativen Charakters der Absatzleistung[15] ungleich schwerer erfassen als beispielsweise in der Fertigung, wo sich Schwankungen der personellen Leistungsintensität mengenmäßig relativ leicht feststellen lassen.

Das Niveau der Vertriebs- bzw. Absatzkosten wird also, wie vorstehend andeutungsweise darzustellen versucht wurde, vor allem

a) vom Sortiment,
b) den Auftragsverhältnissen,
c) den Beschäftigungsverhältnissen,
d) der Absatzkapazität,
e) der Qualität der im Vertrieb eingesetzten Kostengüter und
f) von den Kostengüterpreisen

bestimmt. Diese Bestimmungsgründe der Kosten des Absatzes wiederum stehen unter dem Einfluß einer Vielzahl marktlicher und betrieblicher Faktoren, die somit indirekt auf diese Kosten einwirken. Der Einfluß der Betriebs- und Marktgrößen über die genannten Kostenbestimmungsgründe auf die Vertriebs- bzw. Absatzkosten soll Gegenstand der nachfolgenden Untersuchungen sein[16].

a) Das Warensortiment als Bestimmungsgrund der Vertriebs- bzw. Absatzkosten

Der Umfang des Warensortiments und der ständige Sortimentswechsel, namentlich auf dem Konsumgütermarkt, werden immer wieder als wesentliche Bestimmungsfaktoren hoher Kosten im Absatzbereich genannt. Mit der Frage nach den Ursachen der ständigen Vergrößerung und der häufigen Variation der Sortimente stellt sich zugleich die Frage nach dem Einfluß der Sortimentsverhältnisse auf die Vertriebs- bzw. Absatzkosten.

Dabei sind drei Teilprobleme als Einflußgrößen dieser Kosten zu untersuchen: Sortimentsumfang, Sortimentsstruktur und Änderungen des Sortiments.

Die Gründe für die immer stärker werdende Tendenz der Ausweitung bzw. des ständigen Wechsels der Warensortimente auf allen Gebieten des Konsum- und auch des Produktionsgüterbedarfs werden vielfach dem letzten Verbraucher und bisweilen auch den gewerblichen

---

[15] Vgl. *Schäfer*, E.: Das Absatzwesen und die Problematik seiner Wirtschaftlichkeit, a. a. O., S. 74.

[16] Die Untersuchungen sind in keiner Weise als eine exakt-theoretische Analyse der Kostenabhängigkeiten im Absatzbereich gedacht. Ihnen obliegt lediglich die Aufgabe, durch eine beschreibende Darstellung der Kosteneinflüsse deren Bedeutung für die Beurteilung der Vertriebs- bzw. Absatzkosten aufzuzeigen.

Verarbeitern zugeschrieben. Auch der Handel, insbesondere der Einzelhandel, wird für das Anwachsen und den häufigen Wechsel der Sortimente verantwortlich gemacht. Verstärkt werden diese Bestrebungen angeblich durch den industriellen Vertrieb, der — im Gegensatz zu den Forderungen wirtschaftlicher Fertigung nach Typisierung und Standardisierung des Fertigungsprogramms — entsprechend den individuellen und differenzierten, sich ständig wandelnden Bedürfnissen des gewerblichen und des letzten Verbrauchers ein möglichst vielfältiges Warensortiment aufzustellen sucht.

Die treibende Kraft einer Ausweitung bzw. des ständigen Wechsels der Warensortimente auf dem Konsumgütersektor ist jedoch weniger der letzte Verbraucher als vielmehr die Industrie und zum Teil auch der Handel.

Auf einer Tagung der Schmalenbach-Gesellschaft am 11. Sept. 1953 in Köln vertrat beispielsweise *Tigges* die Ansicht: „Der Einfluß des Verbrauchers auf die Gestaltung des Sortiments ist nicht immer so groß, wie man glaubt. Bei einer Untersuchung über eine mögliche Typenbeschränkung bei Hausrat, die ich im letzten Jahre... einleitete, ergab sich das überraschende Bild, daß nicht die Verbraucher gegen eine Typenbeschränkung waren, sondern gerade der Fachhandel und die Industrie, und zwar aus Konkurrenzgründen[17]."

E. H. *Mahler*, der Generaldirektor der Magazine zum Globus, Zürich, ist ebenso der Auffassung, daß die Sortenvielfalt Industrie und Handel zuzuschreiben ist: „Hier wird aus falsch verstandener Individualität der Ansprüche die Differenzierung der angebotenen Güter häufig zu weit getrieben. Der Konsument braucht sie nicht und will sie im Grunde auch gar nicht. Gelegentlich hat man den Eindruck, als würden Industrie und Handel dem Konsumenten falsche Individualität suggerieren, die Geschmacksdifferenzierung bewußt verfeinern, um sie dann kommerziell ausnützen zu können[18]."

Ph. *Rosenthal* jun. äußert sich in einem Aufsatz zu diesem Problem in ähnlichem Sinne: „Es war bis vor etwa 2 Jahren allgemein üblich, daß die erdrückende und jede rationelle Fertigung verhindernde Vielfalt von Formen und insbesondere von Dekoren auf dem Porzellan nicht so sehr auf den Wunsch des Verbrauchers zurückzuführen war, sondern auf den Wunsch jedes einzelnen Geschäftes, eine Form oder ein Dekor nur für sich allein reserviert zu haben[19]."

[17] *Tigges*, Diskussionsbeitrag auf der Arbeitstagung der Schmalenbach-Gesellschaft in Köln am 11. Sept. 1953: Vertriebskosten in Industrie und Handel, in: ZfhF., NF., 5. Jg. 1953, S. 565.

[18] *Mahler*, E. H.: Sortimentsgestaltung im Detailhandel als Produktivitätsfaktor, in: Mitteilungen des Instituts für Handelsforschung an der Universität zu Köln, Nr. 18 vom 15. Juni 1954, S. 314/15.

[19] *Rosenthal*, Ph. jun.: Typenbeschränkung heißt nicht Vermassung, in: IK. vom 31. 12. 1956, S. 10.

Der häufige Wechsel der Warenkollektion, der beispielsweise für die Textil-, Bekleidungs-, Schuhwaren- und Spielwarenindustrie charakteristisch ist, wird in einem Diskussionsbeitrag auf der bereits erwähnten Arbeitstagung der Schmalenbach-Gesellschaft am 11. Sept. 1953 in Köln in seiner Auswirkung auf Sortimentsgestaltung und die Vertriebskosten sehr treffend dargelegt: „Modeeinflüsse verteuern auch sonst den Vertriebsapparat in ungewöhnlicher Weise. Früher wurden in bestimmten modischen Artikeln zweimal im Jahre Kollektionen von Lieferanten aufgestellt und vom Verteiler durchgesehen. Heute wiederholt sich dieser Vorgang bis zu achtmal im Jahr. Wer weiß, welche Kosten das Aufstellen und Durcharbeiten einer Kollektion verursacht und wieviel Manipulationsspesen damit verbunden sind, kann sich vorstellen, wie dieser Vorgang die gesamten Vertriebskosten beeinflußt[20]."

Auf dem Spielwarenmarkt ist beispielsweise ein Sortimentsgroßhändler nicht in der Lage, das sich ständig vergrößernde, zehntausende Artikel umfassende Sortiment zu bemustern oder gar auf Lager zu halten. So hat sich in diesem Zweig eine weitgehende Spezialisierung des Handels durchgesetzt nach Blech-, Holz- und Kunststoffspielwaren, Puppen, Spielen usw. Im Bereich der Schuherzeugung wurden, um ein weiteres Beispiel zu nennen, in jüngster Zeit in 67 % der Schuhfabriken der Bundesrepublik ca. 76 000 verschiedene Modelle von Damenschuhen hergestellt[21]. Zu Beginn des Jahres 1956 wurden 187 verschiedene Zigarettenmarken angeboten. Es wurden weiterhin etwa 57 000 verschiedene Koffergrößen[22], 1200 Arten von Zahnbürsten[22], 5000 Schaufeltypen[23] und mehrere tausend Kochtopftypen[24], 20 000 Arten von Kolbenringen[23] und 440 Spielarten von Uhrfedern[23] hergestellt.

Zur Verpackung von Fleischkonserven wurden 400 Konservendosentypen[25] benötigt. In West-Deutschland teilten sich 1956 etwa 50 Herstellerfirmen in der Erzeugung von 700 000 Waschmaschinen, während in den USA nur 12 Fabrikanten existierten, die jährlich 4,5 Mio Waschmaschinen herstellten[26]. In Deutschland gab es 1952 etwa 40

---

[20] *Schulz:* Diskussionsbeitrag auf der Arbeitstagung der Schmalenbach-Gesellschaft in Köln am 11. Sept. 1953: Vertriebskosten in Industrie und Handel, in: ZfhF., NF., 5. Jg. 1953, S. 566.

[21] *Hundhausen,* C.: Diskussionsbeitrag auf der Arbeitstagung der Schmalenbach-Gesellschaft in Köln am 11. Sept. 1953: Vertriebskosten in Industrie und Handel, in: ZfhF., NF., 5. Jg. 1953, S. 567.

[22] *Schmidt,* S.: Für 32 Zähne 1200 Zahnbürsten — Typenwirrwarr verteuert Haushaltsgegenstände — Keine Uniformierung des Geschmacks, in: WAZ. vom 29. August 1956, S. 3.

[23] *Mahler,* E. H.: a. a. O., S. 314.

[24] Ohne Verfasser: Zuviel Typen bei Haushaltsgeräten, in: FAZ. vom 27. August 1956, S. 11.

[25] *Katzler,* C.: Typisierung — kein Schlagwort, in: Handelsblatt Nr. 126 vom 24. Oktober 1956, S. 2.

[26] Ohne Verfasser: Waschmaschinenluxus, in: Rheinische Post Nr. 44 vom 21. Februar 1957.

Traktorentypen gegenüber 12 in den USA und etwa 250—270 verschiedene Radiomodelle gegenüber deren 50 in den Vereinigten Staaten[23, 27].

Auch auf dem Produktionsgütermarkt kann das erdrückende Warenangebot zum Teil nur noch als „Sortenschwemme“[28] bezeichnet werden, wie aus einigen der genannten Beispiele, die sich beliebig vermehren ließen, zu ersehen ist[29]. Der Unterschied gegenüber dem Konsumgütermarkt liegt nur darin, daß neben dem Erzeuger auch der gewerbliche Abnehmer sehr stark an der Ausweitung des Sortiments beteiligt ist.

Keineswegs sind es also die angeblich differenzierten und ständig wechselnden Bedarfswünsche der Verbraucher, die zu der Übersteigerung des Sortenangebotes führen, die auf fast allen Märkten des Konsum- und Produktionsbedarfs vorzufinden ist. Es liegen zwar gewisse Bedarfswünsche vor. Sie erfordern jedoch kein Warenangebot, das in eine Sortenschwemme ausarten muß, wie sie aus vielen Beispielen bekannt ist.

Der industrielle Vertrieb und zumeist auch der Handel sind vielmehr aus ertragswirtschaftlichen Motiven heraus bestrebt, das Sortiment möglichst umfangreich und vielseitig auszubauen und ständig zu variieren. Die einzelwirtschaftlichen Erwägungen optimaler Erfolgsgestaltung verdrängen und überkompensieren dabei häufig die gesamtwirtschaftlichen Erfordernisse ausreichender Bedürfnisbefriedigung des Marktes[30]. Ein optimaler Gesamtertrag setzt keineswegs eine Sortimentsgestaltung voraus, die sich den Bedürfnissen des Marktes genau anpaßt.

Bei der nun folgenden Untersuchung des Einflusses des Warensortiments auf die Vertriebskosten sind, wie bereits erwähnt, drei Teilprobleme auseinanderzuhalten. Das Sortiment beeinflußt die Vertriebskosten über

aa) seinen Umfang,
bb) seine Struktur und
cc) seine Veränderungen.

---

[27] Weitere Beispiele: vgl. *Hirsch*, J.: Kennzahlen zur Handelsforschung, a. a. O., S. 129 f.; *Behrens*, K. C.: Standardisierung und Sortenbeschränkung, in: ZfB., 20. Jg. 1950, S. 582/8; *Seyffert*, R.: Wirtschaftslehre des Handels, a. a. O., S. 289 ff.; ders.: Die Problematik der Distribution, a. a. O., S. 22 ff. *Weigmann*, W.: Gegenwartsprobleme des industriellen Vertriebs, in: Die Betriebswirtschaft, 31. Jg. 1938, S. 229.

[28] *Behrens*, K. C.: Die Senkung der Kosten im Handel, a. a. O., S. 168.

[29] Vgl. auch *Gross*, H.: Die Dynamik neuer Erzeugnisse, in: Handelsblatt vom 31. Mai/1. Juni 1957, S. 13; ders.: Der Handel geht neue Wege, a. a. O., S. 22 ff.

[30] Vgl. auch *Gross*, H.: Der Handel geht neue Wege, a. a. O., S. 9 ff.

Sortimentsumfang und Sortimentsstruktur stellen rein statische Kostenbestimmungsfaktoren dar. Der Einfluß der Sortimentsveränderung dagegen ist als ausschließlich dynamisches Moment zu sehen.

Der Grundsatz „ausreichender Problemisolierung"[31] erfordert im übrigen bei den nachfolgenden Überlegungen die gedankliche Unterstellung der Konstanz aller anderen Kostenfaktoren, insbesondere der Beschäftigung[32] und der Struktur der Auftragsgrößen[33].

aa) Der Einfluß der Sortimentsgröße auf die Vertriebs- bzw. Absatzkosten

Der Umfang des Sortiments beeinflußt die Vertriebskosten der Industrie bzw. die Kosten des Handels vor allem über die durchschnittliche Höhe der Warenbestände und damit über die Lagerkosten, aber auch über die Kosten der Vertriebsverwaltung und der Absatzorganisation.

Mit der Größe des Sortiments steigt in der Regel der durchschnittliche Lagerbestand. Das bedeutet zeitlich erhöhte Lagerkosten, bedingt durch erhöhte kalkulatorische Zinsen, erhöhte Kosten für Warenschwund, Verderb, Diebstahl, anziehende Wagniskosten für modisches und technisches Veralten der Ware, erhöhte Kosten für Lagerraum, Lagerunterhaltung und Lagerverwaltung und damit, konstante Beschäftigung und Auftragsgrößenstruktur vorausgesetzt, erhöhte Vertriebskosten je Verkaufseinheit. Darüber hinaus steigen mit dem Umfang des Sortiments die Verwaltungsarbeiten und damit die Kosten der Innenorganisation des Vertriebs ebenso wie die Kosten der Außenorganisation des Vertriebs.

Ein geringerer Umfang des Sortiments bedingt eine geringere durchschnittliche Höhe des Warenlagers und damit im zeitlichen Verlauf verminderte Lagergesamtkosten. Beschäftigungskonstanz und gleichbleibende Auftragsgrößenstruktur vorausgesetzt, ergeben sich daraus in der Regel niedrigere Vertriebs- bzw. Absatzkosten je Verkaufseinheit. Ein geringerer Umfang des Sortiments vereinfacht in der Regel auch die Arbeiten der Vertriebsverwaltung und der äußeren Absatzorganisation, führt also auch hier zu geringeren Kosten.

Kostenerhöhend wirkt sich aus, daß der Absatzradius eines Unternehmens in der Regel um so größer ist, je kleiner dessen Sortiment ist. Dadurch ergeben sich höhere Kosten für den Warentransport. Bei einem kleineren Sortiment liegen auch die Kosten für Absatzorganisation und Werbung unter Umständen höher als bei einem Sortiment mit größerem Umfang. Vielfach werden die weiter oben genannten Kostenvorteile durch diese Kostennachteile eines geringen Sortiments-

---

[31] *Lehmann*, M. R.: Industriekalkulation, a. a. O., S. 94.

[32] Vgl. hierzu Abschnitt III 2 c.

[33] Vgl. Abschnitt III 2 b.

umfangs überkompensiert, so daß höhere durchschnittliche Kosten je Verkaufseinheit anfallen als bei einem Sortiment mit relativ größerem Umfang.

Der Umfang des Warensortiments eines Unternehmens beeinflußt die Vertriebs- bzw. Absatzkosten vor allem aber dadurch, daß von dessen Größe weitgehend abhängt, inwieweit sich die technischen Vertriebsverrichtungen, wie z. B. Auftragsabwicklung, Verpacken, Lagern, Stapeln, Be- und Entladen und unter Umständen auch das Verkaufen, mechanisieren, maschinisieren und eventuell automatisieren lassen. Je geringer der Umfang des Sortiments ist, um so stärker läßt sich eine Mechanisierung usw. einzelner Arbeitsabläufe des Vertriebs durchführen. Je vielgestaltiger ein Sortiment jedoch aufgebaut ist, um so geringer wird der Grad der Vertriebsmechanisierung sein können. Die Mechanisierung, Maschinisierung und Automatisierung des Vertriebs erhöht in der Regel dessen Leistungsfähigkeit und senkt damit dessen Kosten je Verkaufseinheit.

Der Einfluß des Sortimentsumfangs auf die Vertriebs- bzw. Absatzkosten wird jedoch bei Isolierung aller übrigen Kosteneinflüsse nur unvollständig aufgezeigt. Der Sortimentsumfang beeinflußt vielfach sehr weitgehend die Beschäftigung und die Auftragsverhältnisse eines Unternehmens. Ein großes, zudem gut ausgewogenes Sortiment garantiert in aller Regel eine bessere und bei richtiger Auswahl, vor allem im Handel, eine ausgeglichenere Beschäftigung und größere Einzelaufträge als ein kleines Sortiment.

Im einzelnen werden diese Momente jedoch im Zusammenhang mit den Einflüssen der Beschäftigung und der Auftragsverhältnisse auf die Vertriebskosten aufzuzeigen sein.

Es erscheint jedoch wichtig festzuhalten, daß sich die kostensteigernden und die kostensenkenden Momente eines kleineren Sortiments einerseits und eines relativ umfangreicheren Sortiments andererseits in einem gewissen Umfang kompensieren. Unbeschadet der über die Beschäftigung und die Auftragsverhältnisse her wirksamen Einflüsse werden die auf die Verkaufseinheit bezogenen Vertriebs- bzw. Absatzkosten je nach Anteil der durch einen kleineren oder aber größeren Sortimentsumfang zu- bzw. abnehmenden Kostenarten entweder steigende oder aber anfangs abnehmende und nach Überschreiten einer bestimmten Sortimentsgröße zunehmende Tendenz zeigen.

Eine ausschließlich sinkende Tendenz der Vertriebs- bzw. Absatzkosten mit steigendem Sortimentsumfang ist praktisch nicht möglich. Allenfalls bei Unternehmen ohne Lagerhaltung mit einem relativ kleinen Vertriebsapparat und einem hohen Anteil an Transportkosten usw., wie im Streckengroßhandel, kann die sinkende Tendenz der Kosten mit steigendem Sortiment sehr lange anhalten, wenn der Absatzradius gleichzeitig abnimmt oder aber bei steigender Beschäftigung bzw. verbesserter Auftragsgrößenstruktur konstant bleibt.

bb) Der Einfluß der qualitativen Struktur des Sortiments auf die Vertriebs- bzw. Absatzkosten

Die qualitative Struktur eines Warensortiments wird bestimmt durch den Charakter der Waren, aus denen sich das betreffende Sortiment zusammensetzt. Der Warencharakter selbst ist gekennzeichnet durch Qualität, Aufmachung und Preis, Gewicht und Größe, durch technisches und wirtschaftliches Risiko, Bekanntheit auf dem Markt usw. Wesentliche Charaktermerkmale ergeben sich auch aus der Unterscheidung nach Gütern des lebensnotwendigen und solchen des Luxusbedarfs, Gütern des täglichen, periodischen und des gelegentlichen Bedarfs, Markenartikeln und anonymen Waren, um nur die wichtigsten zu nennen.

Die Feststellung, daß die qualitative Zusammensetzung des Sortiments die Zeitkosten des Vertriebs und die durchschnittliche Höhe der auf die Verkaufseinheit bezogenen Vertriebs- bzw. Absatzkosten beeinflußt, bedarf keiner weitausholenden Erklärung[34, 35].

So erfordern qualitativ hochwertige Waren teilweise bessere Lagerung und Pflege, unter Umständen größere Verkaufsanstrengungen, bedingen infolge des höheren Einstands- bzw. Herstellpreises höhere kalkulatorische Zinsen, Umsatzsteuer, Verkaufs- und Delkredereprovisionen usw. als qualitativ minderwertigere Waren.

Das Risiko (technischer Fortschritt, Mode- bzw. Geschmackswandlung, Verderb u. a.) ist maßgebend für die Höhe der Wagniskosten eines Artikels. Gewicht und Größe einer Ware beeinflussen die Kosten der Lagerung und des Transports. Ihre Bekanntheit ist für die Höhe der Werbekosten von Bedeutung. Mit der Dringlichkeit des Bedarfs sinken in der Regel durch die geringeren Werbekosten, das kleinere Risiko, die kürzere Lagerdauer usw. sowohl die Zeit- als auch die auf die Verkaufseinheit bezogenen Kosten des Vertriebs. Luxuswaren u. ä. zeigen hier im allgemeinen höhere Belastungen mit Vertriebskosten.

Weitere kostenverursachende Momente ergeben sich aus dem Grad der Spezialisierung des Sortiments. Je spezialisierter ein Unternehmen in seinem Sortimentsaufbau ist, um so schwieriger ist die zu lösende absatzwirtschaftliche Aufgabe[36] und um so höher liegen seine

---

[34] Vgl. *Hirsch*, J.: Kennzahlen zur Handelsforschung, a. a. O., S. 42/68/78.

[35] *Sundhoff*, E.: a. a. O., S. 106; *Frank*, J.: Handelskosten und Handelsspanne, Dissertation, Heidelberg 1938, S. 60.

[36] *Schäfer*, E.: Das Absatzwesen und die Problematik seiner Wirtschaftlichkeit, a. a. O., S. 72.

Vertriebskosten[36, 37]. In der Regel vergrößert sich mit dem Grad der Spezialisierung der Absatzradius eines Unternehmens. Dadurch ergeben sich erhöhte Kosten des Transportes. Es steigen aber auch die Kosten für Werbung und Absatzorganisation. Absatzorganisation und Werbung müssen darüber hinaus in den an der Peripherie gelegenen Absatzgebieten auf Grund der Konkurrenz anderer Unternehmen unter Umständen stärker ausgebaut werden. Auch hier ergeben sich erhöhte Vertriebskosten. Führt ein Unternehmen jedoch ein Sortiment gängiger Artikel eines breiten Bedarfs, so finden sich in einem relativ kleinen Absatzgebiet die verschiedenen Kundenkreise, die als Abnehmer für ein derartiges Sortiment in Frage kommen. Dadurch vereinfachen sich unter Umständen Werbung und Absatzorganisation usw., die somit auch geringere Kosten verursachen.

Es mag genügen, auf diese an und für sich selbstverständliche Tatsache der Abhängigkeit der Vertriebskosten vom Warencharakter und somit der Zusammensetzung des Warensortiments eines Unternehmens hingewiesen zu haben[38].

Im übrigen beeinflußt die qualitative Struktur des Sortiments Beschäftigung und Auftragsgrößenstruktur eines Unternehmens in ähnlichem Sinne wie der Sortimentsumfang.

cc) Der Einfluß von Veränderungen des Sortiments auf die Vertriebs- bzw. Absatzkosten

Unter Veränderungen des Sortiments sind Veränderungen des Umfangs und der Struktur eines Sortiments, d. h. dessen Ausweitung bzw. Abbau einerseits und ein Sortimentswechsel andererseits zu verstehen. Eine gleichzeitige Änderung der Beschäftigung und der Auftragsgrößenstruktur ist entsprechend dem Grundsatz ausreichender Problemisolierung gedanklich auszuschließen.

Veränderungen des Sortiments eines Unternehmens haben nicht in jedem Fall Veränderungen der Vertriebsbeschäftigung oder der Auftragsgrößenstruktur zur Folge. Eine Ausweitung des Sortiments beispielsweise führt nicht unbedingt zu einer Verbesserung der Beschäftigung und der Auftragsgrößenstruktur und damit zu einer mengenmäßigen Umsatzsteigerung. Neuaufgenommene Artikel werden in der Regel im Absatz forciert, während die alten Artikel häufig ohne stärkere Absatzbemühungen weiter verkauft werden. Das führt vielfach zu einem Nachlassen der Umsätze der alten Sortimentsartikel und zu steigenden Umsätzen der neuen Waren. Oft genug erweist sich aber ein neuer Artikel auch als Fehlschlag.

---

[37] Vgl. *Schäfer*, E.: Stufen der Rationalisierung im Bereich der Absatzwirtschaft, in: ZfhF., NF., 2. Jg. 1950, S. 8.

[38] Vgl. dazu auch *Hirsch*, J.: Kennzahlen zur Handelsforschung, a. a. O., S. 40/42/68/78/128.

Die Struktur der Auftragsgrößen wird durch eine Sortimentsvergrößerung unter Umständen dann nicht geändert, wenn durch neue Waren neue Käuferkreise angesprochen werden.

Eine Verminderung des Sortiments wird in der Regel durch verstärkte Absatzbemühungen für das Restsortiment wettgemacht, die den Umsatz relativ konstant hält. Meist handelt es sich bei den ausgeschiedenen Artikeln jedoch um Lager- bzw. Ladenhüter, also um schwer verkäufliche Waren, die somit keinen Umsatzausfall nach sich ziehen.

Auch beim Sortimentswechsel bleiben Beschäftigung und Auftragsstruktur häufig konstant.

Vielfach führen Veränderungen des Warensortiments jedoch zu Veränderungen der Beschäftigung und der Auftragsgrößenstruktur des Vertriebs. Derartige, über die Beschäftigung und die Struktur der Auftragsgrößen auf die Höhe der Vertriebs- bzw. Absatzkosten wirkende Einflüsse des Warensortiments sind nicht Gegenstand der nachfolgend durchzuführenden Untersuchungen. Sie werden weiter unten dargestellt. Die nachfolgenden Überlegungen unterstellen demnach konstante Vertriebsbeschäftigung und Auftragsgrößenstruktur.

Die Untersuchung des Einflusses von Veränderungen des Sortiments auf die Vertriebs- bzw. Absatzkosten hat im einzelnen die Abhängigkeit dieser Kosten

α) von einer Sortimentsvergrößerung,
β) von einer Sortimentsverminderung und
γ) von einem Sortimentswechsel

darzustellen.

α) Der Einfluß einer Vergrößerung des Warensortiments auf die Vertriebs- bzw. Absatzkosten

Eine Vergrößerung des Sortiments im einzelnen Industrieunternehmen[39] bedingt in der Regel mehr oder minder hohe Kosten für Absatzvorbereitung und Markterschließung, die vielfach den Charakter von *auflagefixen Kosten*[40] haben. Durch Einführungswerbung muß die neue Ware dem alten und meist auch einem neuen Abnehmerkreis bekanntgemacht werden. Die Errichtung bzw. die Umgestaltung oder der Ausbau der äußeren und der inneren Absatzorganisation erfordern zudem zum Teil erhöhte *Anlaufkosten*.

---

[39] Sie kommt erfahrungsgemäß, abgesehen von einem vollständigen oder teilweisen Sortimentswechsel in modeabhängigen Industrien, am häufigsten vor.

[40] d. h. von Kosten, die unabhängig von der Auflagegröße eines Artikels anfallen.

Unbeschadet der durch eine steigende Gesamtverkaufsauflage[41] eines neuaufgenommenen Artikels abnehmenden auflagefixen Kosten je Verkaufseinheit — dieses Phänomen wird an anderer Stelle untersucht — erhöht jede Sortimentsausweitung durch diesen Einmalaufwand unter der gegebenen Prämisse[42] nicht nur die Gesamtvertriebskosten in ihrer zeitlichen Betrachtung, sondern auch den Gesamtdurchschnitt der Vertriebskosten je Verkaufseinheit. Die kostenmäßige Auswirkung ist auf dem Konsumgütermarkt infolge der intensiveren Werbemethoden und der Errichtung weitausgebauter, feingliedriger Absatzorganisationen häufig stärker als auf dem Markt der Produktionsgüter. Industrie und Handel reagieren auf das Angebot eines neuen Artikels vielfach ohne vorhergehende intensive Werbemaßnahmen der Anbieter. Der Grund ist weitgehend in der Marktkenntnis dieser Abnehmerkreise zu suchen. Aber auch das Bestreben der industriellen Verarbeiter und der Händler, keine Absatzchance dadurch zu versäumen, daß ein möglicherweise aussichtsreiches Produkt nicht verarbeitet oder vertrieben wird, kommt den Absatzbemühungen der Anbieter stark entgegen. Der letzte Verbraucher jedoch muß für neuartige Waren, erstmals verwendete Rohstoffe usw., erst gewonnen werden, vielfach durch einen sehr intensiven und aufwendigen Werbefeldzug. Um das Kaufinteresse von industriellen Abnehmern und von Händlern zu wecken, genügt sehr häufig eine Anzeigenwerbung für oder eine technische Abhandlung über ein Produkt in den einschlägigen Fachzeitschriften sowie die Ausstellung auf Messen u. ä.[43]. Für die Werbung des letzten Konsumenten dagegen müssen Zeitungen, Zeitschriften, Rundfunk, Film, Fernsehen, Plakatsäulen, Reklameflugzeuge u. a. m. bemüht werden.

Auch die Absatzorganisation, die gegebenenfalls bei einer Sortimentsvergrößerung neu aufgebaut, vergrößert oder verändert werden muß, erfordert im Konsumgüterbereich u. U. einen höheren Aufwand, als ein entsprechendes Vorhaben im Produktionsgüterbereich. Das gilt insbesondere dort, wo die Absatzorganisation bis vor die Tür des letzten Verbrauchers, d. h. bis in die Einzelhandelsstufe ausgebaut werden muß. Das Erfordernis eines konsumnahen Standorts und ständiger Leistungsbereitschaft[44] und damit zusammenhängend der teilweise längere Absatzweg, bedingen hier einen im Vergleich zum Produktionsgütermarkt vielfach relativ höheren Einsatz an Kostengütern.

Auflagefixe Kosten für Einführungswerbung, Absatzorganisation usw. treten bei einer Vergrößerung des Sortimentsumfangs im Han-

[41] Das sind die Artikel einer Fertigungsauflage, die zum Verkauf gelangen.

[42] Konstante Beschäftigung und Auftragsgrößenstruktur.

[43] Bei komplizierten neuen Geräten, neu entwickelten Rohstoffen u. a. muß jedoch vielfach ein individuelles Werbe- und Verkaufsgespräch mit den potentiellen Käufern geführt werden.

[44] Vgl. hierzu Abschnitt IV 1 b.

del zwar auch auf, aber in weit geringerem Umfange als in der Industrie.

Die durch das statische Moment der Größe des Sortiments bedingte Kostensituation, die sich vor allem durch einen erhöhten Lagerbestand, vermehrte Verwaltungsarbeit, umfangreichere äußere Absatzorganisation usw. ergibt, wurde im vorhergehenden Abschnitt aufgezeigt. Bei den hier dargestellten Kosteneinflüssen handelt es sich um ausschließlich dynamische Momente, die durch Veränderung des Sortiments bedingt sind.

β) Der Einfluß einer Verminderung des Warensortiments auf die Vertriebs- bzw. Absatzkosten

Eine Verminderung des Warensortiments durch Ausscheiden nichtgängiger Artikel führt — wenn man von den durch die Veränderung des statischen Sortimentsumfangs bedingten Einflüssen auf die Vertriebs- bzw. Absatzkosten, die oben dargestellt wurden, absieht — zu keinerlei Änderungen der Zeitkosten und der Kosten je Verkaufseinheit des Vertriebs. Auch hier ist gedanklich konstante Vertriebsbeschäftigung und gleichbleibende Auftragsgrößenstruktur, also gleichbleibender mengenmäßiger Umsatz vorausgesetzt.

Denkbar ist auch der Fall, daß man zwar umsatzstarke, aber keinen Gewinn bringende Artikel aus dem Markt nimmt. Daraus ergibt sich je nach der Stärke der Umsatzsenkung eine Steigerung der Vertriebsbzw. Absatzkosten je Verkaufseinheit. Doch handelt es sich hier um Einflüsse der Beschäftigung und der Auftragsgrößenstruktur auf die Vertriebs- bzw. Absatzkosten, die an dieser Stelle nicht weiter interessieren.

Eine Verminderung des Sortiments jedoch um umsatztragende Artikel, die umsatzmengenmäßig durch den verstärkten Verkauf des Restsortimentes ausgeglichen werden soll — sie entspricht der Prämisse der durchzuführenden Untersuchungen: konstante Beschäftigung und Auftragsgrößenstruktur — erfordert verstärkte Absatzbemühungen, d. h. Ausdehnung des räumlichen Absatzkreises und intensivere Bearbeitung des alten Absatzkreises, um neue Kunden zu gewinnen und die alten Kunden zur verstärkten Abnahme der verbleibenden Artikel zu bringen. Es ergeben sich sprunghaft erhöhte Kosten für verstärkte Werbung, höhere Kosten durch die Umorganisation des internen Vertriebsapparates und der äußeren Absatzorganisation im alten Absatzkreis usw., in den neu zu gewinnenden Absatzbezirken sprunghafte Erhöhungen der auflagefixen Vertriebs- bzw. Absatzkosten durch die Einführungswerbung, erhöhte Anlaufkosten einer neu zu errichtenden Absatzorganisation usw.

Der Einfluß auf die Zeitkosten und die Kosten je Verkaufseinheit ist ähnlich dem einer Ausweitung des Warensortiments, wie sie oben aufgezeigt wurde.

γ) Der Einfluß eines Sortimentswechsels auf die Vertriebs- bzw. Absatzkosten

Der vollständige oder teilweise Ersatz des Sortiments durch gleichartige neue Artikel — die zu gleicher Zeit denkbare Veränderung der Sortimentsgröße, der Auftragsgrößenstruktur und der Beschäftigung ist bei diesen Überlegungen gedanklich ausgeschlossen — ist ein typisches Merkmal modeabhängiger Branchen des Konsumgütermarktes (z. B. Textilien, Schuhe u. ä.). Er bedingt in Industrie und Handel vielfach eine zumindest zeitweilige Erhöhung des durchschnittlichen Lagerbestandes, denn nicht immer gelingt es, das alte Lager bis zum Beginn einer neuen Saison zu räumen. Die Lagerkosten weisen demnach häufig Schwankungen auf, die durch den ständigen Wechsel und die dadurch bedingte Zu- und Abnahme des durchschnittlichen Lagerbestandes verursacht werden. Die zeitweilige Vergrößerung des Lagerbestandes auf Grund des Sortimentswechsels bedingt eine vorübergehende Erhöhung der Lagerkosten sowohl in der Zeiteinheit als auch — konstanter Mengenumsatz vorausgesetzt — auf die Verkaufseinheit bezogen.

Der Sortimentswechsel bedingt für die Industrie zum Teil auch hohe Kosten für Einführungswerbung. Sie erreichen aber bei gleichartigem Sortiment nicht das Ausmaß der Werbekosten für Sortimentserweiterung bzw. Sortimentswechsel durch Einführen vollständig neuer Artikel.

Kosten für den Ausbau einer Absatzorganisation entstehen bei einem Sortimentswechsel gleichartiger Artikel in der Regel nicht bzw. nur in geringem Umfang.

Anders liegt der Fall bei einem Sortimentswechsel, der dem alten Sortiment gegenüber völlig andersartige Artikel auf den Markt bringt. Ähnlich einer Vergrößerung des Sortiments sind hohe Kosten für Einführungswerbung und unter Umständen auch der Errichtung einer Absatzorganisation erforderlich.

Ständiger Sortimentswechsel bedingt zudem eine in ihrer Intensität schwankende Mehrbelastung der Vertriebsverwaltung, des Versandes usw. Er steht darüber hinaus einer Mechanisierung, Maschinisierung und Automatisierung der technischen Vertriebsverrichtungen vielfach entgegen. Auch daraus ergeben sich steigende bzw. erhöhte Vertriebs- bzw. Absatzkosten je Verkaufseinheit.

Als Ergebnis der vorstehenden Untersuchungen kann ganz allgemein festgehalten werden, daß die Sortimentsgestaltung die Vertriebs- bzw. Absatzkosten sowohl in der Industrie als auch im Handel beeinflußt. Das Ausmaß dieses Einflusses läßt sich generell jedoch nicht bestimmen. Je nach dem Umfang des Sortiments, seiner Struktur und seinen Veränderungen, der Branche des einzelnen Unternehmens, seiner Absatzstufe, seiner absatzwirtschaftlichen Verflechtung usw. wird sich der Einfluß des Sortiments auf die Vertriebs- bzw. Absatzkosten mehr oder weniger stark auswirken.

Eine richtige Beurteilung dieses Phänomens ist jedoch nur möglich unter gleichzeitiger Berücksichtigung der Einflüsse, die vom Sortiment her über die Beschäftigung und die Auftragsgrößenstruktur auf die Vertriebs- bzw. Absatzkosten ausgeübt werden. Die Einflüsse der verschiedenen Faktoren kompensieren sich dabei in einem gewissen Umfang. Im einzelnen ist es denkbar, daß die kostensenkenden Momente einer guten Beschäftigungslage und Auftragsgrößenstruktur, die auf ein ausreichend und gut sortiertes Warenangebot zurückzuführen sind, die kostensteigernden Faktoren des Sortimentsumfangs und des Sortimentswechsels ausgleichen, wenn nicht sogar überkompensieren. Das bedeutet, daß das Minimalsortiment, ganz abgesehen von ertragswirtschaftlichen Überlegungen, nicht unbedingt als vertriebskosten-optimal anzusprechen ist.

b) Der Einfluß der Auftragsverhältnisse auf die Vertriebs- bzw. Absatzkosten

Die Auftragsverhältnisse eines Unternehmens sind gekennzeichnet durch

den Gesamtumfang der zum Verkauf führenden Aufträge,

die Größe der einzelnen Aufträge und

die quantitative und qualitative Struktur aller Aufträge, ferner

den Umfang der auf einen Artikel eingehenden Aufträge, d. h. seine Verkaufsauflage und

die Struktur der Auflagegrößen aller Artikel.

Der Gesamtumfang der zum Verkauf führenden Aufträge bestimmt die Beschäftigung des Vertriebs, wird also in seiner kostenmäßigen Auswirkung bei der Untersuchung der Beschäftigung und ihrer Veränderungen dargestellt.

Nachfolgend ist demnach der Einfluß

aa) von Auftragsgröße und Auftragsstruktur und

bb) von Auflagengröße und Auflagenstruktur

auf die Vertriebs- bzw. Absatzkosten darzustellen.

Die Auftragsverhältnisse werden im übrigen nicht, wie vielfach behauptet, ausschließlich durch den Markt bestimmt. Augenscheinlich bestimmt zwar der Abnehmer die Größe des einzelnen Auftrags, die Höhe der Verkaufsauflage und damit auch die quantitative Struktur der Aufträge und Verkaufsauflagen. Tatsächlich ist es aber so, daß insbesondere für die Auftragspolitik der gewerblichen Käufer, aber auch für die Einkaufsgepflogenheit des letzten Verbrauchers die Sortimentsgestaltung des Anbieters von entscheidendem Einfluß ist. Ein sowohl in quantitativer als auch in qualitativer Hinsicht gut ausgewogenes Sortiment beeinflußt die von den Abnehmern hereingegebenen Auftragsgrößen sehr weitgehend. Auch die Preispolitik des anbietenden Unternehmens, zu denken ist beispielsweise an Preisstaffelung, gestaffelte Rabatte für unterschiedliche Auftragsgrößen usw., vermag einen Einfluß auf die Auftragspolitik der Abnehmer auszuüben.

Ähnliche Überlegungen gelten auch für das Auflagenproblem. Die Höhe der Verkaufsauflage eines Artikels wird von seiner Marktgängigkeit bestimmt. Die Marktgängigkeit selbst ist abhängig davon, ob eine Ware bedarfsgerecht ist und ob sie in ihrer Gestaltung und Aufmachung den Wünschen der Abnehmer entspricht. Von entscheidender Bedeutung sind aber auch die Werbemaßnahmen der Anbieter selbst. Eine in qualitativer und quantitativer Hinsicht richtig gesteuerte Werbung kann die Marktgängigkeit eines Artikels verbessern und seine Verkaufsauflage erhöhen.

aa) Der Einfluß von Auftragsgröße und Auftragsstruktur auf die Vertriebs- bzw. Absatzkosten

Das Problem der Abhängigkeit der Kosten im allgemeinen und der Vertriebs- bzw. Absatzkosten im besonderen von der Auftragsgröße und von der Höhe der Verkaufsauflage ist im einzelnen zu bekannt, um ausführlicher Erörterungen zu bedürfen. Es erübrigt sich also, näher auf die theoretische Seite dieser Kostenabhängigkeiten, insbesondere des Phänomens der sogenannten Auftrags- bzw. Auflagegrößendegression der Kosten, einzugehen[45].

Im übrigen finden sich in der Literatur über die Abhängigkeit der Vertriebskosten von der *Auftragsgröße* zahlreiche Zahlenbeispiele, allerdings ausschließlich aus Einzeluntersuchungen. Es erscheint nicht erforderlich, dieses Zahlenmaterial auch nur auszugsweise wiederzugeben.

---

[45] Vgl. hierzu *Lehmann,* M. R.: Industriekalkulation, a. a. O., S. 122 ff.; *Meyer,* G.: Die Auftragsgröße in Produktions- und Absatzwirtschaft, Heft 6 der Beiträge zur Handels- und Absatzforschung, hrsg. von E. Schäfer, Leipzig 1941, insb. S. 66 ff.; *Schäfer,* E.: Losgröße und Kostengestaltung, in: ZfB., 8. Jg. 1931, S. 823/832; ders.: Die Unternehmung, a. a. O., S. 232 ff.

Die praktische Seite dieses Problems sieht nun so aus, daß die unabhängig von der Größe des einzelnen Kundenauftrags für dessen Einholung, Bearbeitung, Auslieferung, für die rechnerische Erfassung des Rechnungs- und Zahlungsvorgangs, für das Inkasso u. a. anfallenden Kosten — sogenannte *auftragsfixe Kosten* — den einzelnen Kundenauftrag sehr oft zum Verlustgeschäft werden lassen[46].

Vor allem im Handel und hier insbesondere im Großhandel reichen die im allgemeinen festen Handelsspannen bei Klein- und Kleinstaufträgen — wobei diese Klassifizierung selbstverständlich relativ zu sehen ist — vielfach nicht zur Deckung der auftragsfixen Kosten aus. Das gilt auch für die Industrie, soweit sie Massen- bzw. Serienartikel mit festen Verkaufspreisen vertreibt, ohne die Preise bzw. Rabatte durch eine entsprechende Staffelung der Auftragsgrößendegression der Kosten anzupassen.

Die Bedeutung des Auftragsgrößenproblems ist für die Industrie und den Großhandel in der Regel größer als für den Einzelhandel. Das Einholen, Bearbeiten und Ausliefern der Kundenaufträge erfordert häufig verhältnismäßig hohe Kosten. Aber auch im Versandeinzelhandel treten derartige auflageunabhängige Kosten in starkem Maße auf, wogegen sie im Einzelhandel in Ladengeschäften ohne Service fast vollkommen fehlen. Bei der Durchführung des einzelnen Verkaufsaktes fallen im Ladengeschäft des Einzelhandels vielfach nur verhältnismäßig geringe auftragsfixe Kosten an. Beim Zielverkauf mit Rechnungserstellung (z. B. im Möbelhandel) liegen die auftragsfixen Kosten durch den Rechnungs- und Zahlungsvorgang allerdings in der Regel höher als beim gewöhnlichen Barverkauf. Auch die Auslieferung der Ware „frei Haus" des Kunden kann im Einzelhandel (z. B. bei Möbeln, Delikateßwaren, Bekleidung, Kaufhäusern usw.) in stärkerem Umfang zu derartigen Kosten führen.

Bei einem gegebenen Umsatz kann die Zahl der Aufträge, die diesen Umsatz bewirken, sehr variieren. In extremen Fällen handelt es sich entweder um wenige Groß- oder aber um zahlreiche Kleinstaufträge. In der Regel sind es Aufträge aller Größenordnungen, die den Umsatz einer Rechnungsperiode herbeiführen. Aus der Praxis wird immer wieder berichtet, und die in der Literatur veröffentlichten Beispiele bestätigen diese Ergebnisse, daß ein erheblicher, oft der überwiegende Teil der Aufträge eines Unternehmens aus Kleinst- und somit Verlustaufträgen besteht, die nur einen relativ geringen Anteil am Gesamtumsatz ausmachen.

---

[46] Vgl. z. B. *Martin*, O.: Auftrags- und Kundengröße, ein Wirtschaftlichkeitsproblem des Großhandels, in: Rationelle Absatzwirtschaft — heute und morgen, Berlin 1955, S. 55/58.

Eine Vielzahl von Kleinstaufträgen führt durch den Anfall auftragsfixer Kosten zu höheren Zeitkosten des Vertriebs und zu höheren Kosten je Verkaufseinheit als wenige Großaufträge. Die *größenmäßige Struktur der Kundenaufträge* ist also von maßgebendem Einfluß auf die Vertriebs- bzw. Absatzkosten. Bei einem Überwiegen bzw. bei ständiger Zunahme der Klein- und Kleinstaufträge erhöhen sich die Kosten, vor allem im Bereich der Vertriebsverwaltung und des Versands der Industrie, des Großhandels und des Versandeinzelhandels, aber auch im Einzelhandel in Ladengeschäften für das Bearbeiten und Ausliefern der Aufträge, für den Rechnungs- und Zahlungsverkehr usw. erheblich. In einer derart ungünstigen *quantitativen Auftragsstruktur* ist häufig die eigentliche Ursache der Unwirtschaftlichkeit und Unrentabilität eines Unternehmens im Vertriebsbereich zu suchen.

Der Handel beispielsweise sucht das Absatz- und Lagerrisiko eines durch größere Bestellmengen erhöhten Warenbestands dadurch zu umgehen, daß er nicht auf lange Sicht disponiert, sondern nur kurzfristigen Bedarf in Auftrag gibt oder selbst bei Marken- und Massenartikeln nur die Kundenbestellung an den Hersteller bzw. den Vorlieferanten weiterleitet.

Auch die Gewohnheit des letzten Verbrauchers, nur Kleinstmengen, die einen kurzfristigen Bedarf decken, einzukaufen, führt unter Umständen zu Kostensteigerungen im Einzelhandel. Mit der Zahl der zu bedienenden Käufer steigt selbst bei gleichbleibendem Umsatz der Personalbedarf eines Einzelhandelsgeschäftes. In Versandgeschäften oder dort, wo die Ware dem Kunden zugestellt wird, steigen mit Zunahme der Auftragszahl bei gleichbleibendem Umsatz, d. h. bei Abnahme der durchschnittlichen Auftragsgröße durch die auftragsfixen Verwaltungsbzw. Transportkosten die Kosten je Zeit- und Verkaufseinheit an.

Weitere kostenbeeinflussenden Momente aus der Auftragsstruktur eines Unternehmens ergeben sich daraus, daß das Hereinholen und Ausliefern der einzelnen Aufträge unterschiedliche Kosten verursacht. Zu denken ist beispielsweise an die Belieferung verkaufs- und verkehrsungünstig liegender Absatzgebiete (individuelle Werbung, Transport usw.) meist aus traditionellen oder konkurrenzbedingten Gründen, weiterhin an die Belieferung von Kunden, bei denen die Auftragserlangung oder die Auftragsabwicklung relativ große Mühe und meist hohe Kosten verursacht. Hier handelt es sich im Gegensatz zur quantitativen Auftragsstruktur um *qualitative Unterschiede*, die in der *Auftragseigenart*[47] begründet liegen.

---

[47] Vgl. auch *Lehmann*, M. R.: Industriekalkulation, a. a. O., S. 126 ff.

bb) Der Einfluß von Auflagenhöhe und Auflagenstruktur auf die Vertriebs- bzw. Absatzkosten

Der Einfluß der *Höhe der Verkaufsauflage* eines Artikels bzw. einer Artikelgruppe auf die Vertriebs- bzw. Absatzkosten je Verkaufseinheit ist im allgemeinen unverhältnismäßig stärker als der der Größe des einzelnen Kundenauftrags. Die insbesondere in der Industrie sehr hohen auflagefixen Kosten der Einführungswerbung, des Ausbaus bzw. der Errichtung einer Absatzorganisation usw. beim Vertrieb neuer Artikel belasten die einzelnen Verkaufseinheiten um so weniger, je größer die Verkaufsauflage ist. Diese von der Auflagenhöhe unabhängigen Kosten werden also nicht der Fertigungsauflage, sondern nur den verkauften Artikeln belastet. Im Handel kommt diesen auflagefixen Kosten nicht die Bedeutung zu wie in der Industrie.

Ähnlich der Struktur der Auftragsgrößen im Absatzmarkt beeinflußt die *größenmäßige Struktur der Verkaufsauflagen* aller Artikel bzw. Artikelgruppen sowohl die Kosten je Verkaufseinheit als auch die Zeitkosten des Vertriebs. Insbesondere ist hier an die auflagefixen Vertriebskosten solcher Artikel zu denken, die sich als nicht verkaufsträchtig erweisen und deren Kosten auf andere umsatzbringende Waren umgelastet werden. Je größer bei einer Betrachtung des Gesamtsortiments der Anteil von Artikeln ist, der keine oder schlechte Umsätze bringt, um so höher liegen die durchschnittlichen Kosten je Verkaufseinheit der übrigen Artikel.

Vom kalkulatorischen Standpunkt scheinen die Kosten von nicht bzw. schlecht verkäuflichen Artikeln nicht unmittelbar echte Leistungskosten des Vertriebs, sondern außerordentlichen Aufwand darzustellen. Sie beeinflussen jedoch das Vertriebsrisiko eines Unternehmens, das durch entsprechend hohe Wagniskosten berücksichtigt werden muß. Die Kosten fehlgeschlagener Artikel erhöhen also mittelbar über die Wagniskosten die auf die Zeiteinheit bzw. auf die Verkaufseinheit bezogenen Vertriebs- bzw. Absatzkosten.

c) Der Einfluß von Veränderungen der Beschäftigung auf die Vertriebs- bzw. Absatzkosten

Für den Bereich der Produktion ist die Beschäftigung als eine der maßgebenden Einflußgrößen auf die Kosten bekannt. Die Beschäftigungsschwankungen im industriellen Vertrieb und im Handel werfen für das einzelne Unternehmen grundsätzlich die gleichen Probleme auf wie die der Fertigung. Die Stellung des Vertriebs jedoch im Wirtschaftsablauf und seine Aufgabe als Vermittler zwischen Produktion und Verbraucher hat zur Folge, daß die Probleme der Anpassung an die Beschäftigungsschwankungen im Vertrieb schwieriger sind als in der Fertigung. Die Beschäftigungsstöße treffen den Vertrieb unmittelbar, während die Fertigung vielfach Lager und Auftragsbildung als Puffer zum Auffangen dieser Bedarfsstöße zwischenschalten kann. Der Markt verlangt also vom Vertrieb eine ständige, unmittelbar wirksame Leistungsbereitschaft. Das bedeutet, daß der Vertrieb sich nicht, wie es in der Fertigung in der Regel mit Hilfe der Lager- und Auftragsbildung möglich ist, auf eine durchschnittliche Beschäftigung einstellen kann. Er muß vielmehr auf regelmäßig wiederkehrende Spitzenbelastungen ausgerichtet sein[48].

In der Folge soll versucht werden, den Einfluß der Beschäftigungsschwankungen auf die Vertriebs- bzw. Absatzkosten aufzuzeigen.

Als *Maßgröße der Beschäftigung* im Vertriebsbereich kann der Auftragseingang bzw. die Dauer der Bearbeitung der Aufträge oder die Summe der Verkaufsakte bzw. die zeitliche Beanspruchung des Verkaufspersonals durch die Käufer in Verbindung mit dem mengenmäßigen Umsatzvolumen Verwendung finden[49, 50]. Der Mengenumsatz kennzeichnet dabei die Leistungsintensität[51] des Vertriebs. Diese wird vorwiegend vom Markt, d. h. vom Abnehmer her bestimmt. Selbst bei konstantem Auftragseingang bzw. gleicher zeitlicher Auslastung des Personals, d. h. bei gleichbleibender „technischer Beschäftigung" kann die Leistungsintensität des Vertriebs je nach Größe der Einzelaufträge bzw. Dauer der einzelnen Verkaufsakte sehr stark variieren.

Für die gedankliche Analyse des Problems kann man dabei von einer in etwa konstanten, normalen oder durchschnittlichen Leistungsintensität ausgehen[52]. Das eigentliche Beschäftigungsproblem des Vertriebs ist für die Praxis jedenfalls die unterschiedliche zeitliche Auslastung von Personal und Betriebsmittel, also die vertriebstechnische Beschäftigung. Die Berücksichtigung einer variierenden Leistungsintensität würde die nachfolgenden Überlegungen zudem nur unnötig erschweren[53].

Die Stärke der Degression der auf die Verkaufseinheit umgelegten Bereitschaftskosten hängt allerdings weitgehend von der Leistungsintensität ab, die in extremen Fällen trotz steigender vertriebstechnischer Beschäftigung konstant bleiben kann, die aber andererseits auch

---

48 Ähnliche Probleme der Spitzenbeschäftigung finden sich auch in den Versorgungsbetrieben (Elektrizitäts-, Gas- und Wasserwerke), Verkehrsbetrieben u. a.

49 Vgl. hierzu *Schäfer*, E.: Beschäftigung und Beschäftigungsmessung in Unternehmung und Betrieb, Nürnberg 1931, S. 3 ff., S. 106 ff. und S. 169 ff.

50 Siehe auch *Lehmann*, M. R.: Industriekalkulation, a. a. O., S. 283 ff.

51 Vgl. *Schäfer*, E.: Die Unternehmung, a. a. O., S. 190.

52 Vgl. ders.: S. 191.

53 Der Grundsatz „ausreichender Problemisolierung" erfordert im übrigen auch die gedankliche Annahme einer konstanten Leistungsintensität. Vgl. *Lehmann*, M. R.: Industriekalkulation, a. a. O., S. 94.

erheblich schneller anwachsen kann als die zeitliche Auslastung des Vertriebs.

Im übrigen erscheint es nicht erforderlich, auf die Fragen des Begriffs und der Messung der Beschäftigung im Vertrieb im einzelnen einzugehen[54].

Die nachfolgenden Überlegungen sind, wie bereits erwähnt, nicht als exakt theoretische Untersuchung des Zusammenhangs zwischen Beschäftigungshöhe, ihren Veränderungen und den Vertriebs- bzw. Absatzkosten gedacht. Entsprechend der Themastellung obliegt ihnen lediglich die Aufgabe, die Bedeutung der Beschäftigungseinflüsse im Vertrieb für die Beurteilung der Vertriebs- bzw. Absatzkosten darzustellen.

Der Einfluß der statischen Beschäftigungshöhe auf diese Kosten wird nicht gesondert herausgestellt, sondern zweckmäßigerweise mit der Betrachtung des Zusammenhangs von Beschäftigungsveränderungen und Vertriebs- bzw. Absatzkosten verknüpft.

aa) Die Beschäftigungssituation im Vertrieb

Die kurzfristigen *täglichen, wöchentlichen und monatlichen Umsatzschwankungen,* wie sie in den Zahlenbeispielen der Tabellen 13 und 14[55] aufgezeigt werden, sind ein typisches Kennzeichen der Beschäftigungslage des Einzelhandels in Ladengeschäften[56]. Diese „kurzfristigen Wirtschaftsrhythmen sind vorwiegend exogener Natur, sie werden dem Betrieb vom Konsum aufgezwungen"[57]. „Die kurzfristigen Wirtschaftsschwankungen sind das typische Kennzeichen konsumnaher Wirtschaftszweige. Sie treffen daher den Einzelhandel, die Warenverteilung an den letzten Konsumenten mit ungebrochener Wucht[58]." Sie sind jedoch nach Ansicht *Grünbaums* „nicht das Ergebnis mehr oder weniger zufälliger Kaufgewohnheiten, die der Betrieb nach Belieben lenken könnte. Sie sind vielmehr Ausfluß sozialer und ökonomischer Gegebenheiten ...[59]."

Die Gebundenheit vieler Frauen in Beruf und Haushalt bringt es mit sich, daß diese ihre Einkäufe auf die späten Nachmittagstunden bzw. auf das Wochenende verlegen müssen. Lohn- und Gehaltszahlungstermine konzentrieren die Einkaufstätigkeit des Konsumenten darüber

---

54 Vgl. hierzu *Schäfer,* E.: Beschäftigung und Beschäftigungsmessung in Unternehmung und Betrieb, Nürnberg 1931, S. 3 ff., S. 106 ff. und S. 169 ff.

55 Siehe Anhang.

56 Es wird dabei unterstellt, daß die Umsatzschwankungen in etwa die Beschäftigungsschwankungen widerspiegeln.

57 Grünbaum, H.: Die Umsatzschwankungen des Einzelhandels als Problem der Betriebspolitik, in: Vierteljahreshefte zur Konjunkturforschung, Sonderheft 10, Berlin 1928, S. 11.

58 Ders.: S. 10.

59 Ders.: S. 12.

hinaus auf das Wochenende und die Monatswende. Die Vormittagsstunden und die Tage zu Beginn und in der Mitte einer Woche dagegen zeigen relativ leere oder nur mäßig besuchte Läden.

Im Versandeinzelhandel, im Großhandel und im industriellen Vertrieb kommt diesen kurzfristigen Beschäftigungsschwankungen keine oder nur geringe Bedeutung zu.

Saisonale Beschäftigungsschwankungen dagegen finden sich nicht nur im Einzelhandel in Ladengeschäften (vgl. Tabelle 15)[60], sondern ebenso im Versandeinzelhandel, im Großhandel und im Industrievertrieb. Die saisonalen Beschäftigungsveränderungen sind zum Teil durch den Wechsel der Jahreszeit und damit der klimatischen Verhältnisse bedingt. Auf dem Konsumgütermarkt sind sie darüber hinaus auch auf Änderungen der Mode zurückzuführen, oder sie werden durch Festtage usw. beeinflußt. Im Konsumbereich bestimmt also letztlich der Konsument die Beschäftigung, insbesondere die Spitzenbeschäftigung im Einzelhandel und indirekt auch die Beschäftigungslage des Großhandels und des industriellen Vertriebs.

Auf dem Produktionsgütermarkt sind die saisonalen Beschäftigungsschwankungen vielfach weniger stark ausgeprägt als auf dem Markt der Konsumgüter. Die Einflüsse des Konsumgütermarktes greifen jedoch zweifellos auch auf den vorgelagerten Produktionsgüterbereich über. Sie kompensieren sich aber vielfach durch die Phasenverschiebungen der Saisonrhythmen der einzelnen Konsumgüterzweige und machen sich um so weniger bemerkbar, je konsumferner ein Unternehmen des Produktionsgütersektors ist.

Andererseits wird die Beschäftigung zahlreicher naturnaher Unternehmen des Handels und der Industrie durch den Erzeugungsrhythmus der Natur selbst beeinflußt, so z. B. im Aufkaufhandel für landwirtschaftliche Produkte und in der Zucker- und Fischereiindustrie, um nur einige zu nennen.

Die *konjunkturellen Schwankungen* (vgl. hierzu Tabelle 16)[61] und die *strukturellen* trendartigen bzw. plötzlichen *Veränderungen der Beschäftigung,* die Handel und Industrievertrieb gleichermaßen treffen, lassen sich in ihren Ursachen vielfach nur schwer bestimmen. Während die konjunkturellen Beschäftigungsschwankungen ihre Ursache in Veränderungen der politischen, volks- und weltwirtschaftlichen Lage haben, liegen den strukturellen Beschäftigungsveränderungen meist Umwälzungen und Verschiebungen auf dem Gebiet der Technik und der Mode, aber auch Natureinflüsse u. ä. zugrunde.

Das Ausmaß und die Schnelligkeit konjunktureller und struktureller Beschäftigungsveränderungen hängt von der Stärke der politischen,

[60] Siehe Anhang.
[61] Siehe Anhang.

wirtschaftlichen, technischen und modischen Einflüsse usw. ab. Es sind sowohl sehr plötzlich als auch langsam vor sich gehende Beschäftigungsveränderungen auf der einen und sehr tiefgreifende gegenüber nur geringfügigen Beschäftigungsveränderungen auf der anderen Seite denkbar.

bb) Der Verlauf der Vertriebs- bzw. Absatzkosten bei intensitätsmäßiger, zeitlicher und quantitativer Anpassung an die Beschäftigungsschwankungen[62]

Bei dem Versuch, die Abhängigkeit der Vertriebs- bzw. Absatzkosten von der Beschäftigung darzustellen, ist im einzelnen zu untersuchen, welchen Einfluß

α) die kurzfristig wiederkehrenden,
β) die saisonalen
γ) die konjunkturellen und
δ) die strukturellen Beschäftigungsschwankungen

auf diese Kosten haben, insbesondere wie sich Industrievertrieb und Handel diesen Beschäftigungsschwankungen

intensitätsmäßig, d. h. durch Veränderung der leistungsmäßigen Ausnutzung der eingesetzten Kostengüter,

quantitativ, d. h. durch veränderten mengenmäßigen Einsatz der Kostengüter und

zeitlich, d. h. durch veränderte zeitliche Auslastung der Kostengüter

anpassen können.

α) Der Einfluß kurzfristig wiederkehrender Beschäftigungsschwankungen auf die Vertriebs- bzw. Absatzkosten

Die ausschließlich im *Einzelhandel in Ladengeschäften* auftretenden kurzfristigen täglichen Beschäftigungsschwankungen, die im höchsten Ausschlag vielfach nicht nur die Minimal- sondern auch die tägliche Normalbeschäftigung um ein Vielfaches übersteigen, geben dem einzelnen Unternehmen kaum eine Chance, sich anzupassen.

Im Verlauf der kurzfristig wiederkehrenden Beschäftigungsschwankungen ist ein intensitätsmäßiges Anpassen an eine steigende Beschäftigung, d. h. die stärkere leistungsmäßige Beanspruchung der im Vertrieb eingesetzten Menschen und Betriebsmittel nach Erreichen der vollen zeitlichen Beschäftigung nur selten und in geringem Umfange möglich. Der Handel ist „keine Verkaufsfabrik"[63], die Kunden am

---

[62] Vgl. hierzu *Gutenberg,* E.: Grundlagen der Betriebswirtschaftslehre, Erster Band: Die Produktion, 2. Aufl., Berlin-Göttingen-Heidelberg 1955, S. 240 ff.

[63] *Buddeberg,* H.: Die Kosten als Leistungsmaßstab des Handels, a. a. O., S. 303.

laufenden Band, in genormten Zeiten abfertigen kann. Die Länge des einzelnen Verkaufsaktes wird nicht vom Verkäufer festgesetzt. Die Mentalität des Käufers, die Art der gewünschten Ware und sicher in etwa auch die Geschicklichkeit des Verkäufers bestimmen u. a. die Dauer des Verkaufsaktes und beeinflussen damit die Intensität der Beanspruchung von Mensch und Betriebsmittel im Einzelhandel. So erfordern beispielsweise Güter des täglichen und lebensnotwendigen Bedarfs (z. B. Lebensmittel) geringere Verkaufsanstrengungen als Güter des periodisch wiederkehrenden (z. B. Kleidung) oder gar des gelegentlichen Bedarfs (Wohnungseinrichtungsgegenstände, Schmuck, usw.).

Es hängt letzten Endes also von der Inanspruchnahme des Verkäufers durch den Kunden ab, wie stark die vorhandenen Betriebsmittel ausgenutzt werden. Der im Einzelhandel tätige Mensch ist also der Engpaß, der nach Maßgabe seiner Leistungsintensität auch die Intensität der Ausnutzung der Betriebsmittel, insbesondere der Verkaufsräume bestimmt, die, wie noch zu zeigen sein wird, eine sehr hohe obere Leistungsgrenze aufweisen müssen.

Die volle zeitliche Inanspruchnahme des Verkaufspersonals durch die Käufer bildet in der Regel die obere, relativ starre Grenze der intensitätsmäßigen Anpassung des Einzelhandels an derart kurzfristige Beschäftigungsschwankungen. Nach unten, d. h. in Stunden oder Tagen schwacher Beschäftigung ist einer intensitätsmäßigen Anpassung praktisch keine Grenze gesetzt.

Durch Einführung von Selbstbedienungsläden — sie eignen sich vornehmlich für lebensnotwendige Güter des täglichen Bedarfs, finden sich aber auch für Güter des periodischen und gelegentlichen Bedarfs (Textilien, billiger Schmuck, Haushaltswaren usw.) — läßt sich eine gewisse Konstanz der Leistungsintensität des Verkaufs erreichen, da diese vom Verkäufer weder positiv noch negativ beeinflußt wird und weil der Käufer, der sich nicht mehr im Verkaufsgespräch beraten lassen kann, zur schnelleren Entscheidung gedrängt wird. Darüber hinaus kann der einzelne Warenstand, gewissermaßen der „stumme Verkäufer" des Selbstbedienungsladens, im Gegensatz zum echten Verkäufer, zu gleicher Zeit mehrere Kunden bedienen. Die obere Leistungsgrenze des stummen Verkäufers des Selbstbedienungsladens wird also nicht auf Grund der zeitlichen Beanspruchung durch einen Kunden bestimmt. Die Leistungsfähigkeit des Selbstbedienungsladens hängt ausschließlich von der Kapazität der Räumlichkeiten und der Abrechnungsstelle ab. Sie liegt also höher als beim Bedienungsgeschäft.

Eine *zeitliche* Anpassung durch Variieren der Verkaufszeiten an die während des Tages schwankende Beschäftigung ist im Einzelhandel nicht möglich. Eine Verlängerung der Verkaufszeit in der Hauptstoßzeit der Abendstunden ist durch die gesetzlich geregelten Verkaufszeiten ausgeschlossen. Eine Verkürzung der Ladenzeiten ist für den Einzelhandel, der sich in ständiger Verkaufsbereitschaft befinden muß, nicht durchzuführen und weder vom Handel noch vom Konsumenten aus erwünscht.

Eine *quantitative* Anpassung, die bei den kurzfristig sich wiederholenden Beschäftigungsstößen und in verkaufsschwachen Stunden lediglich in einer Vermehrung bzw. Verminderung der Verkaufskräfte liegen kann, ist für den Einzelhandel in Ladengeschäften in geringem Umfange möglich. Sie stellt eine der wenigen Möglichkeiten des Handels dar, sich den mitunter sehr krassen Beschäftigungsunterschieden eines Tages anzupassen. Zu denken ist hier an den Einsatz von Lager- und Verwaltungspersonal in den Stunden mit starkem Käuferandrang. Ein gewisser Beschäftigungsausgleich ist auch durch das Einstellen von Verkäuferinnen zu erreichen, die, wie heute schon vielfach üblich, nur halbtags, vornehmlich für die verkaufsstarken Nachmittags- und Abendstunden angestellt werden.

Insgesamt gesehen kann sich der Einzelhandel in Ladengeschäften bei einem verhältnismäßig engen Spielraum der Leistungsintensität des verkaufenden Personals den Beschäftigungsschwankungen eines Tages nicht durch einen unterschiedlichen zeitlichen Einsatz von Menschen und Betriebsmitteln anpassen. Lediglich eine quantitative Anpassung durch verstärkten Einsatz von Halbtagskräften bzw. Personalverschiebungen ist in geringem Umfange möglich. Sie führt zugleich zu einer größeren Leistungsintensität der Betriebsmittel.

Für die wöchentlichen und monatlichen Beschäftigungsrhythmen gelten im Grunde die gleichen Überlegungen. Auch hier ist der Leistungsintensität der Betriebsmittel durch die zeitliche Beanspruchung des Verkäufers nach oben eine Grenze gesetzt. Den Möglichkeiten einer quantitativen Anpassung kommt etwa dieselbe, den starken Beschäftigungsausschlägen gegenüber relativ geringe Bedeutung zu wie bei den täglichen Beschäftigungsschwankungen. Eine zeitliche Anpassung durch Verlängerung bzw. Verkürzung der Verkaufszeit ist auch hier nicht gegeben.

Der *Einfluß* dieser kurzfristigen Beschäftigungsschwankungen *auf die Kosten* des Einzelhandels in Ladengeschäften soll nachfolgend kurz untersucht werden.

Grundsätzlich ist davon auszugehen, daß bei den aufgezeigten kurzfristigen Beschäftigungsschwankungen der Betriebsmittelbestand unverändert bleibt. Das einzelne Unternehmen muß sich demnach in seinem Betriebsmittelbestand auf den kurzfristig regelmäßig wiederkehrenden höchsten Beschäftigungsstand ausrichten. Daraus ergibt sich, daß die *Betriebsmittelkosten* für diese kurzfristigen Beschäftigungsintervalle unverändert bleiben. Das gleiche gilt von den *Personalkosten,* wenn der Personalbestand unverändert bleibt. Die Kosten für Halbtagskräfte dagegen ändern sich, derart kurzfristig gesehen, nur geringfügig. Sie können den Beschäftigungsveränderungen nur sprunghaft angepaßt werden. Die Personalkosten liegen beim Einsatz von Halbtagskräften trotzdem im Durchschnitt niedriger als bei ganztägiger Beschäftigung des gesamten Personals. Die Zeitkosten des Einzelhandels in Ladengeschäften erweisen sich demnach kurzfristigen Beschäftigungsschwankungen gegenüber — wenn man von den sogenannten Warenkosten, d. h. den Einstandskosten der Waren und den Sondereinzelkosten des Vertriebs, die praktisch die Einzelkosten des Handels darstellen, absieht — als fix bzw. relativ fix[64].

Diese innerhalb der kurzfristigen Beschäftigungsschwankungen im Einzelhandel unveränderlichen Kosten stellen jedoch nicht ausschließlich Kosten der technischen Betriebsbereitschaft, sogenannte Rüst- oder Bereitschaftskosten dar[65]. Sie enthalten vielmehr darüber hinaus auch Beschäftigungskostenteile, die jedoch durch die Notwendigkeit ständiger Leistungsbereitschaft des Einzelhandels den Charakter von fixen Kosten annehmen[66].

Der relativ große Anteil der fixen Kosten, der für verschiedene Einzelhandelsbranchen in der Tabelle 19[67] beispielhaft wiedergegeben wird, zeigt zugleich die Möglichkeiten, die für die Beschäftigungsdegression der Kosten des Einzelhandels gegeben sind. Sie lassen bei voller Auslastung der Kapazität ein niedriges Niveau der auf die Verkaufseinheit bezogenen Einzelhandelskosten erwarten.

Verstärkt wird diese Kostendegression außerdem durch steigende Leistungsintensität, deren Veränderung hier jedoch gedanklich ausgeschlossen ist.

Die *Warenkosten* selbst verlaufen unter der Voraussetzung konstanter Leistungsintensität zeitlich in etwa parallel zur Beschäftigungsentwicklung, zeigen also proportionalen Charakter.

Die *Gesamtkostenkurve* verläuft bei den aufgezeigten kurzfristigen Beschäftigungsrhythmen zeitlich entsprechend dem Umsatz zu Einstandswerten, zuzüglich der Sondereinzelkosten des Vertriebs auf einem mehr oder minder hohen Sockel fixer bzw. relativ fixer Personal-, Betriebsmittel- und sonstiger Kosten.

---

[64] Vgl. *Ruberg,* C.: Der Einzelhandelsbetrieb, Essen 1951, S. 27; *Grünbaum,* H.: a. a. O., S. 12; *Behrens,* K. C.: Senkung der Handelsspannen, a. a. O., S. 365 f.
[65] Vgl. *Lehmann,* M. R.: Industriekalkulation, a. a. O., S. 70 f. und 98 ff.
[66] Vgl. hierzu Abschnitt IV I b.
[67] Siehe Anhang.

Eine andere als allenfalls leicht sprunghafte Steigerung der Kosten[68] innerhalb der dargestellten kurzen Zeitintervalle ist nicht denkbar. Einer Überbeschäftigung sind durch die vom Käufer nach oben hin begrenzte Leistungsintensität des Verkaufspersonals, die zugleich die Intensität der Ausnutzung der Betriebsmittel bestimmt, sehr enge Grenzen gesetzt.

Bei Erreichen der oberen Grenze der Kapazität eines Einzelhandelsbetriebes — die sich zahlenmäßig nicht fixieren läßt, weil sie je nach der beanspruchten Einkaufszeit des Konsumenten variiert — müssen etwaige weitere Kunden warten oder aber den beabsichtigten Einkauf verschieben bzw. in einem anderen Geschäft vornehmen. Das Warten der Kunden ist gewissermaßen eine kurzfristige „Auftragsbestandsbildung" des Einzelhandels, die in eine Planung der sachlichen und personellen Kapazität eines Betriebs einkalkuliert werden kann. Jedoch ist auch hier auf die Mentalität des Käufers Rücksicht zu nehmen, der unter Umständen sofortige Bedienung erwartet.

Aber auch eine Verminderung der Kosten des Einzelhandels während verkaufsschwacher Stunden oder Tage ist mit Ausnahme des Abbaus der Halbtagskräfte innerhalb der kurzfristigen Beschäftigungsrhythmen nicht möglich. Die Kosten der Betriebsmittel usw. verbleiben auf dem durch die eingerichtete Kapazität festgelegten Niveau. Das zeigt die besondere Bedeutung der sogenannten *„Leerkosten"*[69], d. h. der Kosten der nicht genützten Kapazität für den Einzelhandel. Nach Errechnungen von *Grünbaum* beträgt die Ausnutzung der Betriebsmittel im deutschen Einzelhandel unter Einbeziehung der saisonalen Beschäftigungsschwankungen etwa 28 %, die der Arbeitskräfte ca. 50 %. Daraus errechnet er eine gesamte Kapazitätsausnutzung von rd. 37 %[70]. Die Untersuchung wurde am Modell eines Kaufhauses in einer Mittelstadt vorgenommen und ist nach Ansicht Grünbaums „für einen großen Teil des deutschen Einzelhandels typisch"[71]. Wesentliche Verschiebungen im Beschäftigungsrhythmus und in der Kapazitätsausnutzung dürften seit diesen Untersuchungen Grünbaums im deutschen Einzelhandel nicht zu verzeichnen sein, so daß diesen Ergebnissen auch heute noch Bedeutung beizumessen ist.

Andere Autoren schätzen die durchschnittliche Kapazitätsausnutzung im Einzelhandel auf etwa 50—60 %[72].

Es ergibt sich somit für den deutschen Einzelhandel in Ladengeschäften im Jahresdurchschnitt ein Leerkostenanteil, der sich, je nachdem

---

[68] d. h. der Gesamtkosten ausschließlich der Warenkosten und der Sondereinzelkosten des Vertriebs.

[69] *Gutenberg*, E.: Erster Band, a. a. O., S. 247.

[70] *Grünbaum*, H.: a. a. O., S. 71.

[71] Ders.: S. 9.

[72] Vgl. z. B. *Frank*, A.: a. a. O., S. 44 und *Ruberg*, C.: a. a. O., S. 29.

welche Ergebnisse man zugrunde legt, zwischen 40 % und 60 % der gesamten Kostenspanne, d. h. der Kosten ausschließlich der Warenkosten und der Sondereinzelkosten des Vertriebs bewegt. Da sich der Einzelhandel den kurzfristigen Beschäftigungsrhythmen — bei einer Kapazität, die auf die innerhalb kurzer Intervalle regelmäßig wiederkehrende Höchstbeschäftigung ausgerichtet sein wird — praktisch nur intensitätsmäßig bzw. in personeller Hinsicht in geringem Umfang anpassen kann, ist ein stärkerer Abbau dieser Leerkosten nicht möglich. Der Betriebsmittelbestand bleibt in der Regel unverändert. Das gleiche gilt vielfach auch vom Personalbestand.

Diese geringe durchschnittliche Ausnutzung der Kapazität des Einzelhandels im Ablauf der kurzfristigen Beschäftigungsrhythmen läßt die Beschäftigungsdegression der Kosten nur in beschränktem Umfang zur Auswirkung kommen. Sie bedingt somit ein hohes Niveau der Einzelhandelskosten je Verkaufseinheit.

Die Notwendigkeit ständiger, auf die kurzfristig regelmäßig wiederkehrende Höchstbeschäftigung eingestellter Leistungsbereitschaft des Einzelhandels in Ladengeschäften, die vom Konsumenten gefordert wird, die von ihm dagegen in variierendem Ausmaß nur teilweise genützt wird, bedingt demnach eine Kostenspanne, die unter Zugrundelegung der oben aufgezeigten Kapazitätsausnutzung einen Leerkostenanteil zeigt, der rd. $^2/_5$ bis $^3/_5$ der Gemeinkosten ausmacht. Diese Leerkosten gehen insoweit voll zu Lasten des Konsumenten, als sie nicht durch eine überdimensionierte Kapazität bedingt sind, die über den ständig wiederkehrenden Beschäftigungsspitzen liegt.

β) Der Einfluß saisonaler Beschäftigungsschwankungen auf die Vertriebs- bzw. Absatzkosten

Während die kurzfristigen, täglich, wöchentlich und monatlich regelmäßig wiederkehrenden Beschäftigungsschwankungen ausschließlich im Einzelhandel in Ladengeschäften auftreten, finden sich die saisonalen Beschäftigungsveränderungen sowohl im Ladeneinzelhandel als auch im Versandeinzelhandel, im Großhandel und im industriellen Vertrieb.

Die Stärke der saisonalen Beschäftigungsveränderungen ist je nach Warenart und Branche verschieden. Für den Einzelhandel in Ladengeschäften wurde der saisonale Einfluß auf den Umsatz und damit indirekt in etwa auf die Beschäftigung durch Zahlenmaterial aus einer Reihe von Branchen bereits aufgezeigt. Auch im Versandgeschäft, im Großhandel und im industriellen Vertrieb ist das Ausmaß der saisonalen Schwankungen zum Teil erheblich. Im Großhandel und im industriellen Vertrieb des Konsumgütermarktes zeigen diese Beschäftigungsschwankungen vielfach ähnlich starke Ausschläge wie der Einzelhandel gleicher Branche, allerdings mit einer mehr oder minder großen Phasenverschiebung zwischen Industrievertrieb und Großhandel und zwischen Großhandel und Einzelhandel. Ein Teil der Branchen des Produktionsgütermarktes ist gegen saisonale Beschäftigungsschwankungen unempfindlich, so daß die betreffenden Großhandels- und Industrieunternehmen keine oder nur geringfügige Saisonschwankungen in der Beschäftigung aufweisen.

Der *Einzelhandel in Ladengeschäften* kann sich den saisonalen Beschäftigungsveränderungen, insbesondere den Saisonspitzen des sogenannten Schlußverkaufs, des Weihnachtsgeschäfts usw. durch Einstellen von Aushilfskräften *quantitativ* weitgehend anpassen. Das bedingt zugleich eine intensivere Ausnutzung der Betriebsmittel. Den Aushilfsverkäuferinnen kann in der Regel von einem auf den anderen Tag gekündigt werden, bzw. sie werden nach Bedarf angefordert. Der Betriebsmittelbestand dagegen läßt sich derart kurzfristig quantitativ nicht verändern. Er erlaubt lediglich ein *intensitätsmäßiges* Anpassen nach oben oder unten. Das bedeutet, daß die Betriebsmittel in ihrer Kapazität auf die kurzfristig wiederkehrenden, d. h. täglichen bzw. wöchentlichen Beschäftigungsspitzen der Saison ausgerichtet sein müssen. Die Möglichkeit einer *zeitlichen* Anpassung an die saisonalen Beschäftigungsspitzen besteht nur in der Weihnachtssaison durch den gesetzlich erlaubten Verkauf an den sogenannten verkaufsoffenen Samstagen vor Weihnachten.

Anders als im Einzelhandel in Ladengeschäften besteht die Verkaufstätigkeit im *Versandeinzelhandel*, im *Großhandel* und im *Industrievertrieb* zum Teil nicht in einer unmittelbaren Kontaktaufnahme im Verkaufsgespräch mit dem Kunden. Sie spielt sich häufig vielmehr per distance ab und zeigt sich in rein technischen Arbeitsverrichtungen, wie Auftragsbearbeitung, Fakturierung, Verpacken, Versand usw., die die „technische“ Beschäftigung des Vertriebs bestimmen. Vielfach wird jedoch auch im Großhandel und in der Industrie das direkte Verkaufsgespräch mit dem Kunden gesucht.

Im Gegensatz zum Verkaufspersonal des Einzelhandels und solcher Großhandels- und Industrieunternehmen, die den direkten Kontakt mit dem Käufer pflegen, ist die Leistungsintensität der im technischen Vertrieb beschäftigten Menschen nach oben hin nicht durch den Kunden und der von ihm beanspruchten Einkaufszeit begrenzt. Sie hängt vielmehr von der Leistungsfähigkeit der eingesetzten Betriebsmittel und von der Leistungsfähigkeit und Leistungswilligkeit des Personals ab. Die Möglichkeit eines *intensitätsmäßigen* Anpassens an steigende Beschäftigung in der Saison ist daher für den Personalfaktor im Rahmen des technischen Vertriebs, ähnlich wie in der Fertigung, weitgehend gegeben.

Die zusätzliche Möglichkeit eines *zeitlichen* Anpassens des Arbeitsfaktors an die wechselnde Beschäftigungslage der Saison, die im Gegensatz zum Einzelhandel in Ladengeschäften sowohl im Versandeinzelhandel als auch im Großhandel und im Industrievertrieb gegeben ist, ermöglicht darüber hinaus eine wechselnde, insbesondere steigende Ausnutzung der Intensität der Betriebsmittel. Ein zeitliches Anpassen an wechselnde Beschäftigungsverhältnisse ist durch das Einlegen von Überstunden bzw. durch verkürzte Arbeitszeiten möglich. Dadurch wird zugleich ein zeitliches Anpassen des Betriebsmittelbestandes an die jeweilige Beschäftigungslage erreicht.

Ein *quantitatives* Anpassen des Arbeitsfaktors, wie es im Einzelhandel durch Einstellen von Aushilfskräften vorgenommen wird, ist für den Versandhandel, Großhandel und den Industrievertrieb zwar gegeben, wird aber nur im Ausnahmefall durchgeführt. Der Grund mag darin liegen, daß der zeitliche und kostenmäßige Aufwand für das in jedem Falle erforderliche Einarbeiten der Aushilfskräfte in die technischen Arbeitsverrichtungen für die relativ kurze Zeit der Saison als zu hoch erscheint. Darüber hinaus verhindert die Einarbeitungszeit der Aushilfskräfte ein enges Anschmiegen des Personalfaktors an die jeweilige Beschäftigungslage. Die Praxis zeigt jedoch, daß beispielsweise Versandhäuser für die Saison Aushilfskräfte zum Verpacken, Fakturieren usw. einstellen.

Ein quantitatives Anpassen der Betriebsmittel an die relativ kurzfristigen saisonalen Beschäftigungsveränderungen ist weder im Einzelhandel noch im Großhandel möglich. Auch für den Industrievertrieb besteht in der Regel keine Möglichkeit, sich der jeweiligen saisonalen Beschäftigungslage durch eine Vermehrung oder Verminderung des Betriebsmittelbestandes anzugleichen. Die Kapazität der Betriebsmittel muß demnach auf die regelmäßig wiederkehrenden Spitzenbelastungen der Saison ausgerichtet sein.

Außer den aufgezeigten Möglichkeiten eines intensitätsmäßigen, zeitlichen und quantitativen Anpassens an die Beschäftigungsschwankungen der Saison besteht unter Umständen sowohl für den Einzelhandel in Ladengeschäften als auch für den Versandhandel, den Großhandel und den Industrievertrieb die Möglichkeit, sich diesen Beschäftigungsunterschieden durch die Wahl der Sortimentszusammensetzung anzupassen. Gelingt es dem einzelnen Unternehmen, sein Sortiment so aufzubauen, daß die saisonalen Beschäftigungsausschläge der einzelnen Warengruppen nicht zusammentreffen sondern aufeinanderfolgen, so kann damit eine relativ ausgeglichene Beschäftigung über weite Teile des Jahres erreicht werden.

Für den Großhandel, den Versandhandel und den Industrievertrieb besteht darüber hinaus die Möglichkeit einer Beschäftigungsmanipulation durch kurzzeitige Auftragsbestandsbildung.

Die Maßnahmen des quantitativen und zeitlichen Anpassens des Arbeitsfaktors an eine steigende Beschäftigung, d. h. das Einstellen von Aushilfskräften und verlängerte Arbeitszeit, bedingen in jedem Fall eine intensivere Auslastung der Betriebsmittel. Sie können zu einer zeitweiligen Überbeschäftigung einzelner Betriebsmittel führen. Es ist jedoch nicht zu erwarten, daß sich die *Betriebsmittelkosten* (Abschreibung, Energie, Reparaturen, Reinigung, Miete, Versicherung usw.) wesentlich erhöhen. Die Kosten für Grundstücke, Gebäude, Betriebseinrichtungen u. ä., insbesondere bei gemieteten Anlagen, bleiben vielmehr trotz der zum Teil außerordentlich großen saisonalen Beschäftigungsunterschiede zum Teil unverändert und zeigen nur bei den Kosten für Energie, Reinigung u. ä. leicht veränderliche Tendenz.

Ein zeitliches Anpassen an die veränderte Beschäftigungslage beeinflußt dagegen die *Personalkosten* zum Teil in erheblichem Umfang. Eine Verkürzung der Arbeitszeit führt allerdings nicht zu einer Senkung dieser Kosten, soweit sie Gehaltscharakter haben. Eine Verlängerung der Arbeitszeit bedingt dagegen durch die Überstundenentgelte erhöhte Kosten für Gehälter und Löhne. Vielfach werden jedoch von Gehaltsempfängern Überstunden, zumindest teilweise, unentgeltlich geleistet.

Beim quantitativen Anpassen des Personalbestandes an eine veränderte Beschäftigungslage der Saison handelt es sich vielfach um relativ geschmeidige Anpassungsmaßnahmen. Sie lassen die Kosten der Aushilfskräfte im großen und ganzen proportional den saisonalen Beschäftigungsveränderungen verlaufen bzw. sich diesen in kleinen Sprüngen anpassen.

Auf Grund der vorstehenden Überlegungen muß davon ausgegangen werden, daß die Personalkosten im Einzelhandel in ihrer zeitlichen Entwicklung mit steigender Beschäftigung der Saison, je nach Schnelligkeit der Anpassungsmaßnahmen und je nach Anteil der bezahlten Überstundenarbeit und des Aushilfspersonals, einen sprunghaften Verlauf mit einer mehr oder weniger stark unterproportionalen Tendenz zeigen. Im Großhandel, im Industrievertrieb und zum Teil auch in Versandhäusern wird die Veränderung der Personalkosten nach Überschreiten der personellen Kapazität — soweit keine jederzeit kündbaren bzw. greifbaren Aushilfskräfte eingestellt werden — durch Einlegen von Überstunden sprunghaft bzw. unterproportional erfolgen. Bei Beschäftigungsrückgang wird der Kostenabbau bis zum Erreichen der normalen Beschäftigung in der gleichen Weise verlaufen.

Im einzelnen hängt es weitgehend von der Planung der Unternehmensleitung ab, wie weit Personalkosten und Beschäftigung in ihrem Verlauf auseinanderklaffen. Durch eine gute, relativ kurzfristige Planung lassen sich diese Kosten innerhalb der aufgezeigten Grenzen so verändern, daß sie sich den Spitzenbeschäftigungen sehr eng anschmiegen. In diesem Fall kann man praktisch von einem proportionalen Verlauf der für diese Spitzenbelastungen zusätzlich erforderlichen Personalkosten sprechen.

Eine Aussage darüber, wie sich die *übrigen Kosten* ausschließlich der Warenkosten und der Sondereinzelkosten des Vertriebs im Verlauf der saisonalen Beschäftigungsveränderungen verhalten, läßt sich generell nicht machen. Eine derartige Untersuchung würde den Rahmen dieser Arbeit sprengen. Im einzelnen werden diese Kosten zum Teil fixen Charakter haben bzw. sich mit steigender oder sinkender Beschäftigung ändern. Zum Teil haben sie keinerlei Beziehung zur Beschäftigung und ihren Veränderungen. Die Kosten für Werbung beispielsweise stehen in keinem unmittelbaren Zusammenhang mit der Beschäftigung. Das Werbebudget wird meist für längere Zeit entsprechend den Erfordernissen der Marktlage eines Unternehmens bzw. einer Ware festgelegt.

Betrachtet man die *Gesamtkosten des Vertriebs,* d. h. die Kosten der Vertriebsspanne, die die Warenkosten und die Sondereinzelkosten des Vertriebs ausschließen, im Ablauf der Saison, so ergibt sich aus den vorstehenden Untersuchungen, daß diese mit sich ändernder Beschäftigung einen Verlauf zeigen müssen, der auf einem hohen Sockel fixer und sprungfixer Kosten einen in der Regel kleinen Anteil unterproportionaler Kosten aufweist[73]. Die *Warenkosten* selbst, d. h. die Einstandskosten der Ware und die Sondereinzelkosten des Vertriebs (Umsatzsteuer, Provisionen, Rabatte, Lizenzen, Verpackung, Fracht usw.) verlaufen zeitlich in der Regel proportional den Beschäftigungsveränderungen.

Der relativ große Anteil fixer Kosten ließe im übrigen durch die Beschäftigungsdegression der Kosten bei voller Kapazitätsausnutzung ein niedriges Niveau der auf die Verkaufseinheit bezogenen Vertriebs- bzw. Absatzkosten erwarten.

Da jedoch auch im Verlauf der saisonalen Beschäftigungsveränderungen ein quantitatives Anpassen des Betriebsmittelbestandes an die jeweilige Beschäftigungslage nicht möglich ist, Anpassungsmaßnahmen im Personalbestand dagegen teilweise in größerem Umfange vorgenommen werden können, muß der Betriebsmittelbestand, wie bereits erwähnt, auf die regelmäßig wiederkehrenden saisonalen Beschäfti-

[73] Siehe hierzu auch die Tabellen 19—21 im Anhang. Ferner *Hirsch,* J.: Kennzahlen zur Handelsforschung, a. a. O., S. 34.

gungsspitzen ausgerichtet sein. Das bedeutet aber, daß in Zeiten nachlassender Beschäftigung die Betriebsmittel nicht voll ausgenutzt werden.

Im vorgehenden Abschnitt wurde festgehalten, daß die sich hieraus ergebenden *Leerkosten* im Einzelhandel in Ladengeschäften etwa 40 % bis 60 % der Kostenspanne[74] betragen. Die größere Anpassungsfähigkeit des Groß- und Versandhandels sowie des industriellen Vertriebs einerseits und die hier weniger krassen Beschäftigungsunterschiede andererseits lassen darauf schließen, daß ihr Leerkostenanteil jedoch zum Teil erheblich geringer ist.

γ) Der Einfluß konjunktureller Beschäftigungsschwankungen auf die Vertriebs- bzw. Absatzkosten

Konjunkturbedingte Veränderungen in der Beschäftigung finden sich im Handel und im Industrievertrieb aller Branchen. Dabei sind die Unternehmen des Produktionsgütersektors häufig empfindlicher gegenüber den Einflüssen der Konjunktur als die des Konsumgütermarktes, insbesondere der Branchen, die lebensnotwendige Güter herstellen und vertreiben[75]. Letztere reagieren vielfach kaum auf konjunkturelle Einflüsse, zeigen also — abgesehen von den kurzfristigen täglichen, wöchentlichen, monatlichen und saisonalen Beschäftigungsschwankungen — in der Regel eine relativ konstante Beschäftigung.

Der *Einzelhandel in Ladengeschäften* kann sich diesen mittelfristigen Beschäftigungsveränderungen infolge der festen Ladenzeiten in *zeitlicher* Hinsicht nicht anpassen. Ein *quantitatives* Anpassen im Personalbestand ist im Verlauf der konjunkturellen Beschäftigungsveränderungen im allgemeinen weitgehend möglich. Der Betriebsmittelbestand läßt sich diesen Beschäftigungsveränderungen nach oben hin quantitativ weitgehend anpassen. Bei Beschäftigungsrückgang jedoch ist ein quantitatives Anpassen der Betriebsmittel vielfach nur in geringem Umfang möglich und dann zumeist weit der Beschäftigung nachhinkend. Gebäude, Betriebseinrichtungen, Transportmittel, Lager- und Kühlvorrichtungen, Maschinen usw. stellen demnach trotz der Veränderungsmöglichkeiten eine relativ starre, unelastische Größe dar. Sie können daher vielfach nur *intensitätsmäßig*, d. h. durch unterschiedliche leistungsmäßige Inanspruchnahme an die jeweilige Beschäftigungslage angepaßt werden, und zwar nach oben hin bis zur Erreichung der Kapazitätsgrenze, nach unten hin unbeschränkt[76].

---

[74] Ausschließlich der Warenkosten und der Sondereinzelkosten des Vertriebs.

[75] Vgl. *Schäfer*, E.: Die Unternehmung, a. a. O., S. 186.

[76] Bei unterschiedlicher leistungsmäßiger Beanspruchung nichtmaschineller u. ä. Anlagen, wie Verkaufs- u. Lagergebäude u. -räume, Kühlräume,

Vielfach sind mit quantitativen Anpassungsmaßnahmen der Betriebsmittel Änderungen der Kapazität verbunden. Die sich daraus ergebenden Einflüsse auf die Vertriebskosten werden im nächsten Abschnitt dargestellt.

Im *Versandeinzelhandel*, im *Großhandel* und im *industriellen Vertrieb* ist ein *quantitatives* Anpassen des Personalbestandes ebenso möglich wie im Einzelhandel in Ladengeschäften. Ein quantitatives Anpassen der Betriebsmittel ist vielfach noch schwieriger als im Einzelhandel. Die Möglichkeit eines *zeitlichen* Anpassens an die Beschäftigungsveränderungen der Konjunktur führt jedoch zusammen mit einer quantitativen Veränderung des Personalbestandes zu einer wechselnden Ausnutzung, d. h. einem *intensitätsmäßigen* Anpassen des Betriebsmittelbestandes an die jeweilige Beschäftigungslage.

Für das intensitätsmäßige Anpassen des Arbeitsfaktors im Groß- und Einzelhandel und im industriellen Vertrieb kann auf die Ausführungen des vorhergehenden Abschnitts verwiesen werden.

Die vielfach relativ unbedeutenden Möglichkeiten eines quantitativen Anpassens des Betriebsmittelbestandes selbst an die mittelfristigen Beschäftigungsschwankungen der Konjunktur, die in der Regel einer kapazitativen Veränderung gleichkommen, lassen die *Kosten der Betriebsmittel*, also Miete, Pachten, Abschreibungen, Reparaturen, Ver-

---

feste Einrichtungen der Verkaufs- u. Lagerräume u. a. m., bei der also z. B. in Verkaufsräumen, je nach der Beschäftigungslage einmal mehr, ein anderesmal weniger Verkaufsstände, Verkaufspersonal usw. untergebracht werden, kann man im Zweifel sein, ob es sich hierbei um eine intensitätsmäßige oder um eine quantitative Anpassungsmaßnahme hinsichtlich der Verkaufsräume handelt (77). *Gutenberg* (78) wirft in diesem Zusammenhang die Frage auf, ob man sagen solle, die Betriebsgröße sei unverändert geblieben, weil nicht auch die Gebäude noch zusätzlich vermehrt wurden. Er untersucht also die Frage unter dem Gesichtspunkt quantitativer Veränderung. Im weiteren Verlauf seiner Ausführungen schreibt Gutenberg: „Zu dieser Auffassung müßte man kommen, wenn man sagt, eine Änderung der Betriebsgröße läge nur dann vor, wenn alle Faktoren variiert würden." (78) Eine Antwort auf die aufgeworfene Frage, ob es sich hierbei um eine Veränderung der Betriebsgröße und damit um eine quantitative Anpassung handelt, gibt Gutenberg nicht. Er ist vielmehr der Auffassung, daß es „möglich sein müßte, den Begriff der Betriebsgröße (bzw. ihrer Änderungen) durch ein System von Anpassungsprozessen zu ersetzen." (78)

Derart unterschiedliche leistungsmäßige Beanspruchungen der aufgezeigten Betriebsmittel sind u. E. jedoch intensitätsmäßige Anpassungsmaßnahmen. Der Betriebsmittelbestand (im vorliegenden Beispielsfall die Verkaufsräume) wird hier weder vermehrt noch vermindert, lediglich stärker oder schwächer genutzt. Gutenberg erläutert derartige intensitätsmäßige Veränderungen (für den Fall sinkender Intensität) an anderer Stelle auch wie folgt: „Die Leistungsfähigkeit des Betriebes oder einzelner Betriebsteile wird dann in einem geringeren Maße als das bisher der Fall war, in Anspruch genommen." (79)

Lediglich dann, wenn einzelne Gebäude, Verkaufs- oder Lagerräume usw. ganz stillgelegt oder aber bei steigender Beschäftigung wieder genutzt werden, handelt es sich u. E. um quantitative Anpassungsmaßnahmen.

sicherungen, kalkulatorische Zinsen usw. für zahlreiche Unternehmen als fix bzw. relativ fix erscheinen. Das gilt gleichermaßen für den Handel wie für den Industrievertrieb.

Die Möglichkeit eines quantitativen Anpassens und der unterschiedlichen zeitlichen Beschäftigung des Personals erlaubt auf lange Sicht deren relativ geschmeidige Anpassung an die jeweilige Beschäftigungslage. Von der Schnelligkeit der Beschäftigungsveränderungen hängt es jedoch weitgehend ab, inwieweit die Anpassungsmaßnahmen diesen nacheilen. Eine Remanenz des Personalbestandes den Beschäftigungsveränderungen gegenüber kann allerdings auch durch eine unentschlossene Geschäftsleitung bedingt sein. Es ist jedoch anzunehmen, daß sich der Personalbestand über kurz oder lang diesen mittelfristigen Beschäftigungsschwankungen anpaßt. Vielfach zieht man es jedoch vor, gut eingespieltes Personal, selbst in Zeiten schlechten Geschäftsganges, nicht zu entlassen.

Im großen und ganzen können die *Personalkosten* bei einer derart langfristigen Betrachtung jedoch in etwa als beschäftigungsabhängig, wenn auch nicht als beschäftigungsproportional angesprochen werden.

Eine Aussage über das zeitliche Verhalten der *übrigen Gemeinkosten* des Vertriebs bzw. des Handels den konjunkturellen Beschäftigungsänderungen gegenüber läßt sich generell nicht machen[80]. Die *Warenkosten* und die Sondereinzelkosten des Vertriebs verlaufen zeitlich in etwa proportional den Beschäftigungsschwankungen.

Insgesamt gesehen passen sich die Kosten des Handels und des industriellen Vertriebs in ihrem zeitlichen Verlauf den konjunkturellen Änderungen der Beschäftigung teilweise weitgehend an, wie auch aus dem nachfolgend erwähnten Zahlenmaterial über die Entwicklung von Umsatz und Kosten von Groß- und Einzelhandel aus der Zeit vor und zu Beginn des letzten Krieges zu ersehen ist (vgl. die Tabellen 17 und 18)[81]. Zu beachten ist jedoch die starke Remanenz der Kosten, insbesondere bei rückläufigem Umsatz. Diese Zahlenwerte, wie auch die aus Tabelle 19[81] zu ersehenden fixen Kosten[82] des Einzelhandels in Laden-

---

[77] In bezug auf den vermehrten oder verminderten Einsatz von Verkaufsständen, Verkaufspersonal usw. handelt es sich allerdings um quantitative Veränderungen.

[78] *Gutenberg*, E.: Erster Band, a. a. O., S. 296 Fußnote 3.

[79] Ders.: a. a. O., S. 235.

[80] Siehe hierzu die Ausführungen im vorhergehenden Abschnitt.

[81] Siehe Anhang.

[82] Vgl. auch *Mellerowicz*, K.: Kosten und Kostenrechnung, Bd. I, Berlin 1951, S. 305; *Ruberg*, C.: a. a. O., S. 18; *Hirsch*, J.: Der moderne Handel, 2. Aufl. Tübingen 1925, S. 219; *Grünbaum*, H.: a. a. O., S. 12; *Tiburtius*, J.: Lage und Leistungen des deutschen Handels in ihrer Bedeutung für die Gegenwart, a. a. O., S. 255; *Behrens*, K. C.: Die Senkung der Kosten im Handel, a. a. O., S. 168; *Kosiol*, E.: Kalkulation und Kostengestaltung in Warenhandel unter besonderer Berücksichtigung der deutschen Handels-Enquete, Bd. II, a. a. O., S. 21.

geschäften, die zum Teil mit 60—70 % der Gemeinkosten angegeben werden[83], bekräftigen die weiter oben getroffene Feststellung, daß selbst im Verlauf der Konjunktur ein quantitatives Anpassen der Betriebsanlagen und -einrichtungen an die jeweilige Beschäftigungslage nur in relativ geringem Umfang gegeben ist, daß diese vielmehr auf eine obere Belastung ausgerichtet sein müssen. Ein Anpassen dieses relativ starren Komplexes an die Beschäftigungsschwankungen erfolgt daher in erster Linie durch wechselnde intensitätsmäßige Ausnutzung.

Auch die in den Tabellen 20 und 21[81] zusammengestellten Werte über die gegenseitige Abhängigkeit von Umsatz, Betriebsmittel-, Personal- und Lagerbestand im Groß- und Einzelhandel erhärten diese Feststellung. Sie zeigen insbesondere die Unelastizität des Betriebsmittelbestandes und zum Teil auch des Personalbestandes Beschäftigungsschwankungen gegenüber.

Die Kosten der ungenützten Kapazität, die sogenannten *Leerkosten*, sind durch die in der Regel gegebene Möglichkeit eines weitgehenden Anpassens des Arbeitsfaktors und zum Teil auch der Betriebsmittel im Verlauf der konjunkturellen Beschäftigungsschwankungen relativ geringer als im Verlauf der kurzfristigen Beschäftigungsrhythmen. Über ihre absolute Höhe läßt sich generell kein Vergleich mit den Leerkosten der kurzfristigen Beschäftigungsschwankungen anstellen. Die Kapazität und damit das Niveau der auf die Verkaufseinheit bezogenen Vertriebs- bzw. Absatzkosten wird durch die größten, ständig wiederkehrenden bzw. langanhaltenden Beschäftigungsspitzen bestimmt. Ob also die kurzfristigen täglichen, wöchentlichen, monatlichen und saisonalen oder aber die mittelfristigen konjunkturellen Beschäftigungsveränderungen die Kapazität und die auf die Verkaufseinheit bezogenen Kosten des Vertriebs beeinflussen, ist von Unternehmen zu Unternehmen und von Branche zu Branche verschieden.

δ) Der Einfluß struktureller Beschäftigungsveränderungen auf die Vertriebs- bzw. Absatzkosten

Den strukturellen Beschäftigungsveränderungen können sich Handel und industrieller Vertrieb in ähnlicher Weise anpassen, wie es im vorhergehenden Abschnitt für die konjunkturellen Beschäftigungsschwankungen aufgezeigt wurde.

Für den *Einzelhandel in Ladengeschäften* besteht in der Regel nur die Möglichkeit, sich intensitätsmäßig und durch Abbau bzw. Vergrößerung seines Betriebsmittel- und Personalbestandes anzupassen. Der *industrielle Vertrieb*, der *Großhandel* sowie der *Versandhandel* da-

[83] Bei Selbstbedienungsläden jedoch und in Versandgeschäften wird der Anteil der fixen Kosten u. U. noch höher liegen.

gegen können sich diesen Beschäftigungsveränderungen intensitätsmäßig, durch eine zeitlich differenzierte Auslastung des Personals und der Betriebsmittel sowie durch deren quantitative Veränderung anpassen. Die Veränderung des Betriebsmittelbestandes bedingt jedoch vielfach eine Kapazitätsausweitung oder -einengung.

Die kostenmäßigen Auswirkungen sind im einzelnen ähnlich wie im vorhergehenden Abschnitt dargestellt. Eine weitergehende Erörterung erübrigt sich daher.

Ob bei sprunghaften Beschäftigungserhöhungen die Kapazität des Handels bzw. des Industrievertriebs überschritten werden kann — eine Frage, die im Zusammenhang mit der Überlegung interessiert, ob in diesem Fall ein progressiver Verlauf der Kosten je Verkaufseinheit möglich ist —, läßt sich generell nicht beantworten, zumal sich diese obere Kapazitätsgrenze, die sich in einem weiten Spielraum bewegt[84], kaum fixieren läßt. Die Kapazität des Vertriebs ist weitgehend von den Auftragsgrößen, Bearbeitungszeit der Aufträge, Bedienungszeit der Kunden usw. abhängig. Der fixe bzw. sprungfixe Charakter des Großteils der Kosten des Vertriebs sowie die vorwiegend proportionale Entwicklung der Warenkosten läßt einen überproportionalen zeitlichen Verlauf der Vertriebs- bzw. Absatzkosten, selbst bei einer etwaigen Überbeschäftigung, nicht erwarten[85].

Eine zusammenfassende Betrachtung der Ursachen der mannigfachen Beschäftigungsveränderungen und deren Einflüsse auf die Vertriebs- bzw. Absatzkosten läßt keinen eindeutigen Schluß zu, ob und inwieweit die Leerkosten, d. h. die Kosten der ungenützten Kapazität des Absatzes dem Konsumenten oder der Absatzwirtschaft selbst zuzuschreiben sind. Es kommt darauf an, ob die vorwiegend durch den letzten Verbraucher bedingten kurzfristigen täglichen, wöchentlichen, monatlichen und saisonalen Beschäftigungsschwankungen oder aber die mittelfristigen konjunkturellen bzw. die langfristigen strukturellen Beschäftigungsveränderungen den Betriebsmittel- und Personalbestand im Absatzbereich, den durchschnittlichen Beschäftigungsgrad und somit auch die Höhe des Großteils der Gemeinkosten bestimmen.

Zu Lasten des Absatzes selbst gehen nur die Leerkosten, die sich durch eine Überkapazität, die über den ständig wiederkehrenden kurz- bzw. mittelfristigen Spitzenbelastungen der Beschäftigung liegt, bzw. durch mangelhafte beschäftigungsanpassende oder -ausgleichende Maßnahmen ergeben. Soweit also die Kapazität des Absatzes auf die kurzzeitig wiederkehrenden Beschäftigungsspitzen ausgerichtet ist, gehen die

84 *Schäfer*, E.: Beschäftigung und Beschäftigungsmessung in Unternehmung und Betrieb, a. a. O., S. 78 f.

85 Vgl. auch *Gutenberg*, E.: Erster Band, a. a. O., S. 266 ff.

Leerkosten, die maßgebend die Kostenspanne in die Höhe treiben, zu Lasten des letzten Verbrauchers.

Die kurzfristigen und die konjunkturellen Beschäftigungsschwankungen können im übrigen strukturellen Beschäftigungsveränderungen aufgelagert sein. In diesem Fall ist zu untersuchen, ob die strukturellen Beschäftigungseinflüsse durch den letzten Verbraucher (z. B. Geschmackswandel), durch die Wirtschaft selbst (z. B. technischer Fortschritt, Mode) oder aber durch außerwirtschaftliche bzw. volks- und weltwirtschaftliche Ereignisse bedingt sind.

Die Frage der sogenannten *kosten-optimalen Beschäftigung* im Absatzbereich soll hier im einzelnen nicht untersucht werden. In der Industrie kann dieses Phänomen für den Vertrieb nicht isoliert betrachtet werden. Es ist vielmehr im Zusammenhang mit der Beschäftigung des Gesamtunternehmens zu sehen. Der Handel, aber auch der Industrievertrieb muß, wie vorstehend aufgezeigt, in seiner Kapazität auf regelmäßig wiederkehrende Spitzenbelastungen ausgerichtet sein. Die durchschnittliche Beschäftigung wird demnach zwangsläufig vielfach erheblich unter der kosten-optimalen Beschäftigung liegen.

d) Der Einfluß der Absatzkapazität auf die Vertriebs- bzw. Absatzkosten

Der Einfluß der Absatzkapazität auf die Vertriebs- bzw. Absatzkosten ist, insbesondere für den Groß- und Einzelhandel, von zahlreichen Autoren untersucht worden. Beim Studium dieser Veröffentlichungen fallen drei Punkte besonders auf:

Während für die Industrie, vor allem also für den Bereich der Fertigung die einhellige Meinung herrscht, daß mit steigender Betriebsgröße die Stückkostenkurve anfangs fallende und nach Überschreiten der optimalen Betriebsgröße anziehende Tendenz zeigt[86], widersprechen sich die Aussagen der verschiedenen Autoren für den Bereich des Handels. Für den Industrievertrieb liegen dagegen keine Untersuchungsergebnisse vor.

Die vielfach durch Zahlenmaterial belegten Untersuchungen zeigen für den Handel zum Teil sinkende[87, 88, 89, 90, 91], zum Teil stei-

[86] Vgl. jedoch *Gutenberg*, E.: Erster Band, a. a. O., S. 304 ff., der einen steigenden Verlauf der Stückkostenkurve für praktisch nicht gegeben erachtet.

[87] Vgl. *Tiburtius*, J.: Lage und Leistungen des deutschen Handels in ihrer Bedeutung für die Gegenwart, a. a. O., S. 135 f.

[88] *Hirsch*, J.: Kennzahlen zur Handelsforschung, a. a. O., S. 39 f.

[89] *Behrens*, K. C.: Senkung der Handelsspannen, a. a. O., S. 388 ff.

[90] *Schmaltz*, K.: Der Einfluß der Betriebsgröße auf Kosten und Gewinn im Handel, I. Der Großhandel, in: ZfHuH., 20. Jg. 1927, S. 236.

[91] Einzelschriften zur Statistik des Deutschen Reiches Nr. 41: Betriebsstruktur und Kostengestaltung in wichtigen Gewerbezweigen, Teil II und III, Berlin 1940.

gende[89, 91, 92, 93], aber auch anfänglich ab- und später zunehmende auf den Umsatz bezogene Vertriebs- bzw. Handelskosten[87, 88, 94] oder sogar erst steigende und dann sinkende Kosten[94] mit steigender Absatzkapazität.

Der zweite hervorstechende Punkt ist die häufige Verwendung des wertmäßigen Umsatzes als Maßstab der Kapazität des Vertriebs. Wie die Ausführungen des vorstehenden Abschnittes zeigen, kennzeichnen die Umsatzwerte jedoch in keiner Weise das maximale Leistungsvolumen des Vertriebs.

Zum dritten fällt auf, daß bei diesen Untersuchungen die Begriffe der *Leistungstiefe* und des *Leistungsquerschnittes* als den maßgebenden Faktoren des Leistungsvolumens, d. h. der Kapazität eines Unternehmens[95] vollständig fehlen. Vielmehr werden die sich aus der Leistungstiefe des Vertriebs ergebenden Absatzfunktionen beispielsweise unter dem Begriff der „funktionalen Absatzreichweite"[96] zum Teil als gesonderte Kostenbestimmungsgründe behandelt.

Zwar wird mit dem Umsatz als Maßstab der Absatzkapazität — vielfach wohl unbewußt — sowohl die Leistungsbreite als auch die Leistungstiefe eines Unternehmens erfaßt. Es ergeben sich jedoch, wie noch dazustellen sein wird, unterschiedliche Auswirkungen auf die Kosten, je nachdem, ob das maximale Absatzvolumen eines Unternehmens überwiegend durch die Breite oder aber durch die Tiefe der Markterfassung bestimmt wird. Daraus folgt, daß die funktionale Leistungstiefe des Vertriebs als wesentliche Bestimmungsgröße der Absatzkapazität eines Unternehmens in ihrer kostenmäßigen Auswirkung im Rahmen dieses Abschnitts zu untersuchen ist.

Fragen der Messung des maximalen Absatzvolumens interessieren im einzelnen entsprechend der Aufgabenstellung nicht[97]. Zu beachten sind jedoch folgende Momente:

Die ‚*technische*' Absatzkapazität wird sowohl im Hinblick auf die Leistungsbreite als auch in bezug auf die Leistungstiefe durch die volle

---

[92] Vgl. *Frank*, A.: a. a. O., S. 45 f.; *Kosiol*, E.: Kalkulation und Kostengestaltung im Warenhandel unter besonderer Berücksichtigung der deutschen Handels-Enquete, II. Bd., a. a. O., S. 76 f.; ders.: Der Einfluß der Betriebsgröße auf die Kostengestaltung im deutschen Einzelhandel, in: ZfhF., 24. Jg. 1930, S. 124 ff. und 141; *Hirsch*, J. und *Brandt*, K.: a. a. O., S. 42.

[93] *Sundhoff*, E.: a. a. O., S. 192.

[94] Vgl. *Schmaltz*, K.: Der Einfluß der Betriebsgröße auf Kosten und Gewinn im Handel, II. Der Einzelhandel, in: ZfHuH., 20.. Jg. 1927, S. 279.

[95] Vgl. *Schäfer*, E.: Die Unternehmung, a. a. O., S. 126.

[96] *Hessenmüller*, B.: Industrielle Vertriebskosten, a. a. O., ohne Seitenangabe.

[97] Es sei verwiesen beispielsweise auf die Ausführungen von E. *Schäfer*: Beschäftigung und Beschäftigungsmessung in Unternehmung und Betrieb, a. a. O., insb. S. 169 ff.

zeitliche Beanspruchung des Personals und bzw. oder der Betriebsmittel begrenzt. Deren Auslastung stellt also die technische Kapazitätsgrenze des Vertriebs dar. Als quantitative Maßgröße läßt sich eine derartige Maximalkapazität für das einzelne Unternehmen jedoch nicht festlegen, da sie von zu vielen, zum Teil schwer oder nicht meßbaren und darüber hinaus sich ständig ändernden Faktoren, wie beispielsweise der Struktur der Auftragsgrößen, der Struktur der vom Kunden beanspruchten Einkaufszeiten usw. abhängig ist. Die Absatzkapazität ist demnach keine Konstante. Sie ändert sich vielmehr mit der Leistungsintensität des Vertriebs[98].

Um die nachfolgenden Untersuchungen nicht unnötig zu erschweren, wird daher gedanklich neben einer konstanten Beschäftigung eine unveränderte Leistungsintensität, d. h. gleichbleibende Struktur der Auftragsgrößen und der Bearbeitungszeiten der Aufträge bzw. konstante Struktur der Einkaufszeiten der Abnehmer vorausgesetzt[99, 100].

Den nachfolgenden Untersuchungen wird eine ausschließlich statische Betrachtungsweise zugrunde gelegt, die den Einfluß unterschiedlicher Betriebsgrößen bzw. Absatzkapazitäten auf die Vertriebs- bzw. Absatzkosten darzustellen versucht. Die dynamische Betrachtung[101] des Einflusses von Änderungen der Absatzkapazität eines Unternehmens auf die Vertriebs- bzw. Absatzkosten ist zu sehr kostentheoretisch, als daß ihr wesentliche Bedeutung im Rahmen des gestellten Themas zukommen würde. Sie hätte insbesondere die kostenmäßigen Auswirkungen der bei Kapazitätsänderungen anfangs regelmäßig auftretenden Unvollkommenheit der neuen Betriebsmittelkombination des Vertriebs, die sich erst nach und nach auf ein neues Bestverhältnis einspielt, zu untersuchen. Das bedeutet also, daß nach einer Veränderung des Leistungsvolumens, insbesondere des Leistungsquerschnitts des Vertriebs, die Vertriebskosten sich nicht unmittelbar auf das neue, der veränderten Kapazität entsprechende Kostenniveau einspielen. Sie liegen anfangs in der Regel höher und vermindern sich mit wachsender Perfektion der Betriebsmittelkombination.

Es erübrigt sich aus dem obengenannten Grunde, dieses Problem weiter zu verfolgen.

aa) Der Einfluß des Leistungsquerschnitts auf die Vertriebs- bzw. Absatzkosten

Der maximale Leistungsquerschnitt des Absatzes kennzeichnet die äußerste Breite der Markterfassung eines Unternehmens. Mit größe-

---

[98] Vgl. *Gutenberg*, E.: Zum Methodenstreit, in: ZfhF., NF., 5. Jg. 1953, S. 352; *Schäfer*, E.: Die Unternehmung, a. a. O., S. 191.

[99] Grundsatz ausreichender Problemisolierung.

[100] Siehe hierzu die Ausführungen zu Beginn des vorstehenden Abschnittes III 2 c.

[101] Vgl. *Schäfer*, E.: Die Unternehmung, a. a. O., S. 239.

rem Leistungsquerschnitt steigen nun mit den durchzuführenden absatzwirtschaftlichen und verwaltungstechnischen Aufgaben der Betriebsmittel-, Personal- und Lagerbestand und damit die entsprechenden Zeitkosten, wie Personalkosten, Abschreibungen, kalkulatorische Zinsen, Wagniskosten usw. Weiterhin bedingt ein größerer Leistungsquerschnitt einen größeren Absatzradius und intensivere Markterfassung und damit eine umfangreichere Absatzorganisation, höhere Kosten für Werbung, Transport usw.

Die Vergrößerung des Absatzapparates und der Absatzorganisation mit steigendem Leistungsquerschnitt des Absatzes bedingt nur dann niedrigere Kosten je Verkaufseinheit, wenn ein Unternehmen größerer Leistungsbreite nicht lediglich ein Vielfaches eines kleineren Unternehmens darstellt, sondern sich durch eine leistungsfähigere Verwaltungs- und Absatzorganisation, wirtschaftlichere Betriebsmittel usw. auszeichnet. Die Kosten je Verkaufseinheit bleiben jedoch mit größerer Leistungsbreite konstant bzw. steigen, wenn ein Unternehmen lediglich das vergrößerte Spiegelbild eines kleineren Unternehmens darstellt[102].

In der Regel haben Unternehmen mit größerem Leistungsquerschnitt jedoch eine Absatzorganisation und Betriebsmittel, die leistungsfähiger sind als diejenigen kleinerer Unternehmen. In kleineren Unternehmen werden zahlreiche technisch ausgerichtete Absatzvorrichtungen von Hand oder nur mit mechanisierten Hilfsmitteln durchgeführt. Die Möglichkeit, diese Arbeitsverrichtungen rationeller zu gestalten, zu mechanisieren, maschinisieren und zu automatisieren, d. h. die wachsende Perfektion der Absatzapparatur läßt mit steigendem Leistungsquerschnitt des Absatzes vielfach eine starke Degression der Kosten je Verkaufseinheit erwarten.

Mit wachsendem Leistungsquerschnitt ergeben sich jedoch durch die Vergrößerung des Absatzradius bzw. die Notwendigkeit intensiverer Markterfassung erhöhte Kosten für Warentransport, Werbung, Außenorganisation, Kundendienst, Auftragshereinholung usw.

Eine generelle Aussage darüber, ob mit wachsendem Leistungsquerschnitt des Absatzes die Kosten je Verkaufseinheit insgesamt abnehmende oder steigende Tendenz zeigen, läßt sich nicht treffen. Je nach den Verhältnissen des einzelnen Unternehmens, seiner Leistungsstruktur, seinem Betriebsmitteleinsatz, der besonderen Marktlage usw. wird die Kostensituation ein unterschiedliches Bild zeigen. In der Regel werden die Kosten je Verkaufseinheit jedoch mit steigendem Leistungsquerschnitt sinken. Das Ausmaß dieser Kostensenkung wird mit steigendem Absatzradius durch erhöhte Kosten für Außenorganisation, Wer-

---

[102] Vgl. auch *Gutenberg*, E.: Erster Band, a. a. O., S. 297 f. u. 301 f.

bung, Transport usw. abgeschwächt. Ein Ansteigen der Vertriebs- bzw. Absatzkosten je Verkaufseinheit ist deshalb bei einer sehr ausgedehnten räumlichen Absatzreichweite denkbar.

bb) Der Einfluß der Leistungstiefe auf die Vertriebs- bzw. Absatzkosten

Die Leistungstiefe kennzeichnet ganz allgemein den Anteil eines Unternehmens an der „Reifeleistung“[103] eines Produktes auf seinem Wege vom Hersteller bzw. Erzeuger zum Verbraucher. Sie ist um so größer, je mehr Absatzfunktionen ein Unternehmen übernimmt. Derartige Unterschiede in der absatzwirtschaftlichen Leistungstiefe ergeben sich aus der Art der durchzuführenden Absatzleistung, beispielsweise im Hinblick auf den sortenmäßigen, mengenmäßigen, zeitlichen und räumlichen Ausgleich der Spannungen zwischen Produktion bzw. Erzeugung und Bedarf[104]. Zu denken ist an Absatzfunktionen, wie Lagerung, Transport, Versicherung, Werbung insbesondere informatorischer Art für nachgeschaltete Absatzstufen, Kundendienst, Beratung, Finanzierung usw. sowie an die Art der Sortierungsleistung u. a. m. Das erhellt die Tatsache, daß sich in der Regel mit steigender Leistungstiefe sowohl die Zeitkosten des Vertriebs bzw. Handels als auch die Vertriebs- bzw. Absatzkosten je Verkaufseinheit entsprechend der größeren Reifeleistung erhöhen.

Nachstehend ein Zahlenbeispiel aus dem amerikanischen Einzelhandel, das die kostenmäßigen Auswirkungen unterschiedlichr Leistungstiefe eindrucksvoll aufzeigt. Eine Kommentierung des Zahlenmaterials erscheint nicht erforderlich.

Funktionsbedingte Kostenunterschiede im amerikanischen Einzelhandel[a])

Einzelhandelsform	Kosten in % vom Umsatz
Einzelhandel (mit Lieferung frei Haus)	45,3
Selbständige Warenhäuser	35,4
Versandgeschäfte	28,1
Selbstbedienungsläden	9—10
Supermarkets	7— 9

Quelle: *Filone, Gubler & Brown:* Next Steps Forward in Retailing, New York and London 1937, S. 44 ff.
a) Auszugsweise entnommen: *Behrens,* K. C.: Senkung der Handelsspannen, a. a. O., S. 412.

Auch die in der Tabelle 7[105] wiedergegebenen Kosten für Streckengroßhandel einerseits und Lagergroßhandel andererseits bei Kohle,

[103] Vgl. *Schäfer,* E.: Die Unternehmung, a. a. O., S. 5.
[104] Vgl. *Schäfer,* E.: Die Aufgabe der Absatzwirtschaft, a. a. O., S. 12 und 38. Siehe auch Abschnitt IV der vorliegenden Arbeit.
[105] Siehe Anhang.

Eisen und Stahl, Holz und Baustoffe zeigen sehr deutlich den Einfluß einer unterschiedlichen Leistungstiefe auf die Vertriebs- bzw. Absatzkosten.

Mit steigender Leistungstiefe ergeben sich jedoch vielfach auch Verminderungen der auf die Verkaufseinheit bezogenen Vertriebs- bzw. Absatzkosten, und zwar aus der Konzentration der „technischen" Arbeitsverrichtungen, die sich, ähnlich wie bei steigendem Leistungsquerschnitt, durch den Einsatz leistungsfähigerer Betriebsmittel usw. wirtschaftlicher durchführen lassen. Dieser kostenmindernde Einfluß steigender Funktionstiefe wird jedoch in der Regel absolut gesehen schwächer sein, als der der kostenerhöhenden Momente. Er führt jedoch zu einer relativen Verbesserung des Kostenniveaus.

Weiterhin entfallen durch das Zusammenlegen von Absatzfunktionen, insbesondere beim Ausschalten einzelner Absatzstufen, vielfach Teilfunktionen mit den ihnen anhängenden technischen Arbeitsverrichtungen, wie Be- und Entladen, Ein- und Auslagern und Transportieren der Ware, die verwaltungsmäßigen Abrechnungsvorgänge usw. Auch hieraus können sich relative Kostensenkungen ergeben.

Andererseits bläht das Ausschalten ganzer Absatzstufen die aufnehmenden Unternehmen unter Umständen funktionell so sehr auf, daß sie ihre Kräfte zersplittern. Die sich daraus ergebenden Kostennachteile, beispielsweise aus der Struktur der Auftragsgrößen usw., vermindern die vor allem arbeitstechnisch bedingten Kostenvorteile der Funktionskonzentration und überkompensieren sie in extremen Fällen.

Bei Betrachtung des Einflusses unterschiedlicher Leistungstiefen und Leistungsquerschnitte, d. h. von Unternehmen mit unterschiedlicher Absatzkapazität auf die Vertriebs- bzw. Absatzkosten kann angenommen werden, daß diese Kosten auf die Verkaufseinheit bezogen mit wachsendem Leistungsquerschnitt bei konstanter Leistungstiefe sinken, vorausgesetzt, daß der Absatzradius nicht überdimensioniert wird. Steigende Leistungstiefe bei gleichbleibender Leistungsbreite wird eine absolute Erhöhung, aber vielfach relative Verminderung der Vertriebsbzw. Absatzkosten je Verkaufseinheit zur Folge haben.

Eine Überdimensionierung des Leistungsquerschnitts führt jedoch durch die Ausweitung der räumlichen Absatzreichweite ebenso zu steigenden Kosten je Verkaufseinheit wie eine zu starke Ausweitung der Leistungstiefe statt einer relativen Verbesserung, eine relative Verschlechterung dieser Kosten bedingt.

Es läßt sich demnach für den Einfluß steigender Absatzkapazität auf die Vertriebs- bzw. Absatzkosten keine allgemeine Regel aufstellen. Je nach Breite bzw. Tiefe der Markterfassung überwiegen die diese Kosten senkenden oder erhöhenden Einflüsse.

Bei der Betrachtung der Abhängigkeit der Vertriebs- bzw. Absatzkosten von der Absatzkapazität wurde und wird diese Tatsache immer wieder übersehen. Man trennt nicht die unterschiedlichen Einflüsse von Leistungstiefe und Leistungsquerschnitt auf diese Kosten und kommt so zu den widersprechendsten Ergebnissen.

Die für den Einzelhandel in Ladengeschäften vielfach angenommene Steigerung der Kosten mit wachsender Betriebsgröße[106] beruht im übrigen häufig auf einem Nichtansatz der Gehälter für mitarbeitende Familienangehörige, der Mieten für eigene Geschäftsräume, der Kapitalzinsen usw[107]. Das nachstehende Beispiel zeigt das sehr deutlich.

Kosten im deutschen Drogeneinzelhandel bei verschiedenen Betriebsgrößen 1931[a)]

Kostenart (in % vom Umsatz)	Betriebsgröße mit insgesamt			
	1	2—3	4—7	über 7
	beschäftigten Personen[b)]			
Personalkosten[c)]	1,8	4,6	7,5	11,9
Miete oder Mietwert	5,8	6,4	4,8	3,8
Heizung, Licht, Reinigung, Versicherung	3,0	2,3	2,2	2,2
Steuern und Abgaben	1,8	2,0	2,4	2,0
Reklame	1,0	0,9	1,2	1,6
Zinsen	1,8	1,7	1,4	1,4
Sonstige Kosten	2,8	3,2	2,8	3,3
Gesamtkosten[c)]	18,0	21,1	22,3	26,2
Gesamtkosten[c)] ohne Personalkosten	16,2	16,5	14,8	14,3

a) Ermittlungen der Forschungsstelle für den Handel beim RKW Berlin; entnommen *Hirsch*, J.: Kennzahlen zur Handelsforschung, a. a. O., S. 39 f.
b) Inhaber, mithelfende Familienangehörige und fremdes Personal.
c) Ohne Unternehmerlohn.

Hirsch schreibt hierzu: „Im kleineren Betrieb werden gewisse Aufwandsposten aus dem Gewinn gedeckt, die in Wirklichkeit beim Vergleich wie Kosten behandelt werden müßten. ... Man sieht, daß die Steigerung der prozentualen Kosten ausschließlich auf der lückenhaften Erfassung der Personalkosten beruht."

Die Frage nun, inwieweit die Einflüsse der Absatzkapazität auf die Vertriebs- bzw. Absatzkosten dem Verbraucher, insbesondere dem letz-

[106] Vgl. z. B. *Kosiol*, E.: Der Einfluß der Betriebsgröße auf die Kostengestaltung im deutschen Einzelhandel, a. a. O., S. 141.

[107] Vgl. *Tiburtius*, J.: Lage und Leistungen des deutschen Handels in ihrer Bedeutung für die Gegenwart, a. a. O., S. 135 f.; *Frank*, A.: a. a. O., S. 45 f.; *Hirsch*, J.: Kennzahlen zur Handelsforschung, a. a. O., S. 33 und 39 f.; *Hirsch*, J. und Brandt, K.: a. a. O., S. 42; *Ruberg*, C.: a. a. O., S. 159; *Sundhoff*, E.: a. a. O., S. 192.

ten Verbraucher zuzuschreiben sind und inwieweit sie von der Industrie oder vom Handel zu vertreten sind, kann wiederum nur beantwortet werden, wenn man Leistungstiefe und Leistungsbreite auseinanderhält.

Kostensteigerungen, die sich aus einer Ausdehnung der funktionalen Absatzreichweite, d. h. der absatzwirtschaftlichen Leistungstiefe eines Unternehmens ergeben, gehen nur dann zu Lasten des Absatzes, wenn sie zu einer relativen Erhöhung der Vertriebs- bzw. Absatzkosten führen.

Die sich aus einer Vergrößerung der Leistungsbreite und somit der räumlichen Absatzreichweite ergebenden Kostensteigerungen können als solche nicht isoliert betrachtet werden. Sie müssen vielmehr im Zusammenhang mit möglichen Verminderungen der Fertigungskosten auf Grund größerer Auflagen, wirtschaftlicherer Fertigungsverfahren, leistungsfähigerer Produktionsanlagen usw. gesehen werden. Kompensiert man beide Kostenverläufe bei steigender Leistungsbreite, so zeigt sich in der Regel eine Senkung der auf die Verkaufseinheit bezogenen Gesamtkosten von Fertigung und Absatz, die allenfalls bei einem relativ großen Anteil der Vertriebs- bzw. Absatzkosten, bedingt durch einen räumlich sehr großen Absatzmarkt, in die Progression umschlagen können[108]. Lediglich bei einer überdimensionierten Absatzbreite, bei der sich also die Erzeugung nur unter großem Kostenaufwand absetzen läßt und die Summe der auf die Verkaufseinheit bezogenen Fertigungskosten *und* Vertriebs- bzw. Absatzkosten aller Absatzstufen ansteigend verläuft, gehen die für den Absatz der überhöhten Produktion zusätzlich erforderlichen Kosten zu Lasten der Fertigung bzw. des Absatzes.

Das in diesem Zusammenhang interessierende Problem der *optimalen Absatzkapazität* erfährt in der Literatur eine unterschiedliche Beurteilung. Behrens[109] führt seine Untersuchungen für den Einzelhandel auf Grund der Handelsspannen durch, kommt also auf diese Weise nicht zur kostenoptimalen, sondern zur spannenoptimalen Absatzkapazität. *Ruberg*[110] hält diese Zusammenfassung von Kosten und Gewinn allerdings für „eher förderlich als nachteilig, weil in Kleinbetrieben die Natur von Kosten und Gewinn nicht scharf erkannt und unterschieden wird".

In seinen Untersuchungen kommt *Behrens*[111] zu dem Schluß, „daß bei fast 80 % der Branchen die größten Geschäfte zugleich diejenigen mit den niedrigsten Handelsspannen sind, daß also ihre optimale Betriebsgröße — im Sinne dieser Untersuchungen — eine klare Tendenz zum größeren Betrieb aufweist. Nur bei 20 % der Geschäftszweige läßt sich

---

108 Vgl. auch *Gutenberg*, E.: Erster Band, a. a. O., S. 309.
109 *Behrens*, K. C.: Senkung der Handelsspannen, a. a. O., S. 380 ff.
110 *Ruberg*, C.: a. a. O., S. 159.
111 *Behrens*, K. C.: Senkung der Handelsspannen, a. a. O., S. 389.

eine Tendenz zum kleineren Betriebe erkennen". Zu ähnlichen Ergebnissen kommt *Behrens*[112] jedoch auch bei der Untersuchung der kostenoptimalen Betriebsgröße im Einzelhandel. Die Auffassung von *Ruberg* dagegen ist die „Erscheinung des Fehlens einer optimalen Betriebsgröße"[113].

In fast allen Untersuchungen über dieses Problem, auch in den vorstehend genannten — sie beschränken sich auf den Handel, insbesondere den Einzelhandel —, sucht man die kostenoptimale Absatzkapazität branchenbezogen zu lösen. Letztlich kann diesen Bemühungen kein Erfolg beschieden sein. Es gibt im Vertriebsbereich keine kostenoptimalen Betriebsgrößenklassen[114], denn die Absatzbedingungen des einzelnen Unternehmens sind von Fall zu Fall zu differenziert, als daß sich eine derartige Klassifizierung durchführen ließe. Es läßt sich also allenfalls eine kostenoptimale Absatzkapazität für das einzelne Unternehmen ermitteln.

Im übrigen ist zu den statistisch-empirischen Untersuchungen[115] über die kostenoptimale Absatzkapazität zu sagen, daß sie zu keinem fundierten Ergebnis über dieses Problem kommen können, solange nicht Leistungstiefe und Leistungsbreite auseinandergehalten werden.

e) Der Einfluß der qualitativen Struktur des Kostengütereinsatzes auf die Vertriebs- bzw. Absatzkosten

Neben den Einflüssen, die durch Veränderungen bzw. Unterschiede im Sortiment, in den Auftragsverhältnissen, in der Beschäftigung und in der Absatzkapazität unterschiedliche Vertriebs- bzw. Absatzkosten bedingen, muß die qualitative Beschaffenheit aller im Absatzbereich eingesetzten Kostengüter als wesentlicher kostenbestimmender Faktor genannt werden[116, 117]. Nicht nur der sich aus der Beschäftigung und der Betriebsgröße ergebende quantitative Einsatz der Kostengüter, sondern auch deren qualitative Beschaffenheit beeinflußt das Niveau der Vertriebs- bzw. Absatzkosten.

---

112 *Behrens*, K. C.: Die Problematik der optimalen Betriebsgröße im Einzelhandel, in: ZfB., 22. Jg. 1952, S. 205 ff.

113 *Ruberg*, C.: Kostenprinzip und Wertprinzip bei der Kalkulation im Einzelhandel, in: ZfhF., NF., 1. Jg. 1949, S. 195.

114 So auch *Bankmann*, J.: Betriebsgröße und Kostenverlauf im Einzelhandel, in: ZfB., 22. Jg. 1952, S. 528.

115 Vgl. beispielsweise *Hoppmann*, E.: Zum Problem der statistischen Bestimmung der optimalen Betriebsgröße im Einzelhandel, in: ZfhF., NF., 9. Jg. 1957, S. 169 ff.

116 Vgl. auch *Gutenberg*, E.: Erster Band, a. a. O., S. 273 ff.

117 Dabei ist der Begriff der Qualität relativ, d. h. im Hinblick auf die jeweilige Zwecksetzung zu sehen.

Die unterschiedliche Leistungsfähigkeit des Verkaufs- und Verwaltungspersonals, der im Vertrieb bzw. im Handel eingesetzten Betriebsmittel und Fremddienste, der Organisation der „technischen" Verwaltungs-, Abrechnungs-, Versandverrichtungen usw., der äußeren Absatzorganisation und schließlich des „dispositiven Faktors"[118], d. h. der Unternehmensleitung führt auch unter der Voraussetzung konstanter Absatzkapazität zu Unterschieden der auf die Verkaufseinheit bezogenen Vertriebs- bzw. Absatzkosten. Die Unterschiede im Niveau dieser Kosten sind in der Regel um so ausgeprägter, je größer die qualitativen Unterschiede der eingesetzten Kostengüter sind.

Als erstes sind die Leistungsunterschiede des im Absatzbereich mit ausschließlich technischen Arbeitsverrichtungen oder im eigentlichen Verkauf beschäftigten *Personals* zu nennen. Soweit es sich um rein technisch-manuelle Arbeitsverrichtungen handelt, wie z. B. um Fakturieren, Verpacken, Verladen usw., ist der Effekt qualitativer Unterschiede des Arbeitsfaktors auf Leistung und Kosten etwa mit dem der Fertigung zu vergleichen. Er ist in der Regel geringer bei verwaltungstechnischen Arbeiten. Im eigentlichen Verkauf jedoch sind die sich aus der unterschiedlichen Leistung der Verkäufer ergebenden Einflüsse auf die Kosten unter Umständen außerordentlich stark. Je leistungsfähiger der Verkäuferstab eines Unternehmens ist, um so niedriger liegt das Niveau der auf die Verkaufseinheit bezogenen Kosten[119].

In ähnlicher Weise beeinflußt das Leistungsvermögen der im Vertrieb eingesetzten *Betriebsmittel* das Niveau der Kosten. Insbesondere ist hier an die im Versandbereich eingesetzten Maschinen (Verpackungs-, Frankier-, Fakturiermaschinen, innerbetriebliche Transport- und Förderanlagen, Verladeeinrichtungen usw.) und Fahrzeuge, die Einrichtungen zum Lagern empfindlicher bzw. verderblicher Waren (Kühl- und Klimaanlagen usw.), die Ausgestaltung der Verkaufs-, Lager- und Verwaltungsgebäude und -räume usw. in bezug auf arbeitstechnische Zweckmäßigkeit bzw. Werbe- und Verkaufswirksamkeit, die technische Ausrüstung der Verwaltung, der Verkaufsabrechnung, des Rechnungswesens u. a. m. zu denken.

Die Mechanisierung, Maschinisierung bzw. Automatisierung des Versandes, der Vertriebsverwaltung, aller mit dem Vertrieb zusammenhängenden rechnerischen Arbeiten, des Fakturierens, der Auftragsbearbeitung usw. führt, ähnlich wie im Fertigungsbereich, über Leistungssteigerungen zu erheblichen Kostenvorteilen gegenüber rein manueller Durchführung dieser Arbeiten. Die kostenmäßigen Vorteile zweckmäßiger Lagerräume und -einrichtungen liegen im geringeren Ver-

118 *Gutenberg*, E.: Erster Band, a. a. O., S. 5 und 99 ff.

119 Zum Teil handelt es sich hier um Momente, die in das Beschäftigungsproblem hinübergreifen bzw. die Auftragsverhältnisse beeinflussen.

derb, in Qualitätserhalt bzw. -verbesserung der Ware und somit in geringeren Wagniskosten für Lager- und Verkaufsverluste usw. Kostenunterschiede ergeben sich namentlich auch aus der Gestaltung der Verkaufs- und Verwaltungsgebäude und -räumlichkeiten usw. im Hinblick auf ihre arbeitstechnische Zweckmäßigkeit und dem davon abhängigen Arbeitseffekt. Die Werbe- und Verkaufswirksamkeit der Verkaufsräume, Warenauslagen, Schaufenster usw. schlägt sich zum Teil nicht unmittelbar in der Kostenhöhe nieder. Sie wirkt sich häufig über Beschäftigung und Auftragsgrößenstruktur auf das Kostenniveau aus.

Der relativ minimale Einsatz und die beschränkte Verwendungsmöglichkeit von *Betriebsstoffen* im Absatzbereich läßt deren Einfluß auf das Kostenniveau im Hinblick auf qualitative Unterschiede unbedeutend erscheinen.

Im Gegensatz dazu werden im Absatzbereich in starkem Maße *Dienstleistungen* fremder Unternehmen eingesetzt, vor allem für die Werbung, den Transport usw. Der Versand der Ware muß mit Transportmitteln erfolgen, die der Eigenart der Ware angepaßt sind. Zu denken ist beispielsweise an den Transport verderblicher Güter mit Kühlschiffen oder -wagen bzw. schnellen Transportmitteln. Bei größeren Gegenständen (Möbel, Maschinen, Fahrzeuge usw.) besteht die Gefahr, daß diese bei der Wahl eines ungeeigneten Transportmittels beschädigt und somit für den Verkauf unbrauchbar werden. Sperrige Güter und Massengüter, insbesondere Rohstoffe, werfen wiederum andere Transportprobleme auf, die in der Regel zugleich Kostenprobleme darstellen.

Ähnlich liegen die Verhältnisse im Bereich der Werbung. Die Frage, welche Werbeträger (Zeitung, Zeitschriften, Plakat, Post, Rundfunk, Fernsehen usw.) für den einzelnen Fall die besten sind, kann zwar nicht nach der Höhe der jeweiligen Werbekosten allein entschieden werden. Sie muß vielmehr im Zusammenhang mit dem Werbeerfolg gesehen werden. Die qualitativ richtige Auswahl der eingesetzten Werbeträger bestimmt jedoch, ganz abgesehen von der gleichzeitig möglichen Beeinflussung der Beschäftigung und der Auftragsverhältnisse, die Werbekosten und damit die Vertriebs- bzw. Absatzkosten in erheblichem Umfang. Qualitative Unterschiede in den beanspruchten Dienstleistungen fremder Unternehmen führen also in jedem Falle zu Unterschieden im Niveau der Vertriebs- bzw. Absatzkosten.

Wesentliche Einflüsse auf die Vertriebs- bzw. Absatzkosten gehen auch von der *Organisation* der technischen Arbeitsverrichtungen, d. h. der inneren Vertriebsorganisation und von der äußeren Absatzorganisation aus. Je besser sich die Organisation eines Unternehmens den vertriebstechnischen bzw. absatzwirtschaftlichen Erfordernissen anpaßt, um so günstiger liegt das Kostenniveau.

Für die technischen Arbeitsverrichtungen der Auftragsbearbeitung, des Fakturierens, der Auftragszusammenstellung, des Verpackens, Adressierens, Verladens usw. lassen sich beispielsweise Organisationsformen denken, ähnlich der Fließarbeit in der Fertigung, um nur eine Möglichkeit zu nennen. Von der intermittierenden bis zur kontinuierlichen Durchführung dieser Arbeiten ist eine breite Skala von Möglichkeiten der organisatorischen Gestaltung der inneren Vertriebsorganisation gegeben.

Für den Ausbau der äußeren Absatzorganisation gelten ähnliche Überlegungen. Die Entscheidung darüber, ob der Verkauf beispielsweise durch Vertreter oder eigene Reisende, durch feste oder fahrende Läden, durch Bedienungsladen oder in Selbstbedienungsgeschäften, in der nächsten Absatzstufe durch fremde Absatzmittler oder eigene Verkaufsstellen erfolgen soll, ist zugleich eine qualitative Auswahl. Sie bestimmt damit das Niveau der Vertriebskosten[120], das bei einer zweckentsprechenden äußeren Absatzorganisation auf die Verkaufseinheit bezogen niedriger liegt als bei einer Absatzorganisation, die den gestellten Aufgaben nicht gerecht wird oder aber qualitativ übersteigert ist.

Insbesondere die qualitativ übersteigerte Absatzorganisation eines Unternehmens, namentlich im industriellen Bereich, muß als eine beachtenswerte Kosteneinflußgröße angesehen werden. Mit Recht fordert daher *Schäfer*[121] „eine ... Rückbildung nicht nur im quantitativen, sondern auch im qualitativen Sinn, d. h. die Rückkehr zu ‚primitiveren' und weniger fixe Kosten fressenden Absatzeinrichtungen".

Schließlich und letztlich wirken sich auch qualitative Unterschiede im dispositiven Faktor, wie *Gutenberg*[122] die *Führungskräfte* eines Unternehmens bezeichnet, maßgebend auf das Niveau der Vertriebs- bzw. Absatzkosten aus. Je besser ein Unternehmen geleitet wird, d. h. je besser die vorhandenen Mittel koordiniert und auf das Unternehmensziel bzw. die absatzwirtschaftlichen Aufgaben ausgerichtet werden, um so günstiger liegen Leistung und Kosten.

Die sich aus Unterschieden im qualitativen Niveau des Kostengütereinsatzes ergebenden Einflüsse auf das Niveau der Vertriebs- bzw. Absatzkosten gehen in jedem Fall zugunsten bzw. zu Lasten der einzelnen Unternehmen, d. h. der Absatzwirtschaft selbst. Der Kritik der Verbraucher an überhöhten Vertriebskosten wird man überall da die Berechtigung nicht versagen können, wo die eingesetzten Kostengüter und

---

[120] Auch hier beeinflußt die qualitative Struktur des Kostengütereinsatzes das Kostenniveau weitgehend über die Beschäftigung und die Auftragsverhältnisse.

[121] *Schäfer*, E.: Stufen der Rationalisierung im Bereich der Absatzwirtschaft, a. a. O., S. 11.

[122] Vgl. *Gutenberg*, E.: Erster Band, a. a. O., S. 5 und 99 ff.

deren Organisation im Hinblick auf die durchzuführenden absatzwirtschaftlichen Aufgaben unter dem qualitativen Niveau liegen, das sich aus dem jeweiligen Stand der Technik und der Organisationserfahrung ergibt. Das gleiche gilt für den Fall, daß ein Absatzapparat geschaffen wird, dessen qualitatives Leistungsvermögen die Erfordernisse des Marktes übersteigt und somit ebenso zu überhöhten Vertriebs- bzw. Absatzkosten führt.

f) Der Einfluß der Kostengüterpreise auf die Vertriebs- bzw. Absatzkosten

Der Kostengüteraufwand eines Unternehmens bestimmt sich aus der eingesetzten Kostengütermenge und den Kostengüterpreisen. Die Bestimmungsgründe des mengenmäßigen Kostengütereinsatzes im Absatzbereich wurden vorstehend aufzuzeigen versucht. Die Kostengüterpreise beeinflussen die Vertriebs- bzw. Absatzkosten sowohl unmittelbar, unter Umständen aber auch mittelbar über Veränderungen der qualitativen Struktur der eingesetzten Kostengüter. Die letztgenannte Möglichkeit preislicher Beeinflussung dieser Kosten ist dann gegeben, wenn auf Grund von Preisveränderungen Kostengüter minderer bzw. besserer Qualität eingesetzt werden. Diese haben in der Regel Veränderungen im mengenmäßigen Kostengütereinsatz und in der vertriebstechnischen und auch absatzwirtschaftlichen Leistung zur Folge und beeinflussen dementsprechend die Vertriebs- bzw. Absatzkosten. Im einzelnen wurden die damit zusammenhängenden Fragen im vorausgegangenen Abschnitt aufgezeigt.

Die Preissituation für den Kostengütermarkt eines Unternehmens wird nun nicht allein durch das allgemeine Preisgefüge des Marktes bestimmt. Vielmehr haben Momente wie Standort, Betriebsgröße, Machtstellung und Ansehen des Unternehmens, Marktkenntnis und Verhandlungskunst seiner Einkäufer usw. vielfach einen wesentlichen Einfluß auf die Preisgestaltung der zu beschaffenden Kostengüter[123]. Insbesondere der Standort ist im Zusammenhang mit der Ortsgröße für den Einzelhandel als eine wesentliche Preis- und damit Kosteneinflußgröße bekannt. Er beeinflußt die Vertriebs- bzw. Absatzkosten vor allem über die Aufwendungen für Miete und Personal. Unterschiedliche Personalkosten ergeben sich aus den tariflichen Ortsklassenbildungen, während die Mieten in der Regel mit wachsender Ortsgröße und mit der Güte der Geschäftslage steigen.

Der Kostengüterpreis ist in seiner Eigenschaft als kostenbestimmender Faktor keine neutrale Größe in dem Sinne, daß die durch ihn bewirkten Einflüsse auf die Vertriebs- bzw. Absatzkosten weder vom ge-

[123] Vgl. *Schäfer*, E.: Die Unternehmung, a. a. O., S. 208.

werblichen oder privaten Verbraucher noch von der Absatzwirtschaft zu vertreten sind. Soweit die Kostengüterpreise von den allgemeinen Marktpreisen abweichen, insbesondere also auf Grund der oben aufgezeigten betrieblichen, subjektiven Momente, gehen die sich daraus unter Umständen ergebenden Kostennachteile zu Lasten des Absatzes. Das gleiche gilt für Kostenveränderungen, die sich auf Grund von Preisbewegungen über Veränderungen des qualitativen Kostengütereinsatzes auswirken.

g) Sonstige Bestimmungsgründe der Vertriebs- bzw. Absatzkosten

Mit den aufgezeigten Einflußgrößen der Vertriebs- und Absatzkosten sind die Faktoren, die die Kosten im Absatzbereich beeinflussen, nicht erschöpfend dargestellt. Lediglich die wichtigsten Bestimmungsgründe der genannten Kosten wurden skizziert mit der Blickrichtung auf das gestellte Thema, das unter anderem die Mängel einer globalen Beurteilung dieser Kosten aufzuzeigen versucht.

Von den nicht untersuchten Kosteneinflußgrößen sind vor allem erwähnenswert die Wettbewerbsverhältnisse und die Dichte des Absatzmarktes.

Die *Wettbewerbsverhältnisse* beeinflussen vielfach maßgebend die Kosten der Werbung. Sie stimulieren einzelne Unternehmen bzw. Branchen geradezu, einen Werbeaufwand zu treiben, der absatzwirtschaftlich nicht erforderlich ist, auf den also die Kritik zu hoher Vertriebskosten mit Recht zutrifft. Die sich daraus ergebenden, von *Hirsch* so genannten „toten Kosten der Konkurrenz"[124] beschränken sich jedoch nicht auf die Kosten der Werbung. Sie greifen vielfach auch über auf die übrigen Vertriebskosten, beispielsweise bedingt durch einen übertriebenen Kundendienst usw.

Die *Absatzdichte* beeinflußt über den Absatzradius weitgehend die Kosten des Warentransportes. Von der Dichte des Absatzmarktes hängt auch der Umfang der einzurichtenden Verkaufsstellen, Verkaufsbüros, Auslieferungsläger usw. und damit das Ausmaß der Kosten der äußeren Vertriebsorganisation ab. Mit steigender Absatzdichte sinkt — setzt man ein konstantes Absatzvolumen voraus — in der Regel der Absatzradius und damit der Umfang der äußeren Vertriebsorganisation und deren Kosten. Das gleiche gilt für die Transport- und Werbekosten.

Dem stehen jedoch die mit steigender Ortsgröße anziehenden Kostengüterpreise für Grundstücks- und Gebäudemieten und -pachten, Personal usw. gegenüber, wie im vorausgegangenen Abschnitt aufgezeigt wurde. Daraus ergeben sich, insbesondere für die Mehrzahl der Einzel-

---

[124] *Hirsch*, J. und *Brandt*, K.: a. a. O., S. 69.

handelsbetriebe, mit der Ortsgröße steigende Vertriebs- bzw. Absatzkosten[125].

Dem vorstehenden Versuch, die vom Markt und vom Unternehmen ausgehenden Einflüsse auf die Vertriebs- bzw. Absatzkosten in Grundzügen aufzuzeigen, liegt, wie bereits dargelegt, das Problem zugrunde, die Unhaltbarkeit einer Beurteilung aufzuzeigen, die lediglich auf einer globalen Betrachtung dieser Kosten beruht. Die Differenziertheit der Kosteneinflüsse im Absatzbereich und ihre unterschiedliche Stärke ist dabei Grundlage für die Beurteilung der Angemessenheit der Vertriebs- bzw. Absatzkosten als gesamtwirtschaftlicher Preisfaktor und ihrer Bedeutung als Kalkulations- und Erfolgsgröße des einzelnen Unternehmens.

Bei der Beurteilung der Angemessenheit der Vertriebs- bzw. Absatzkosten als *gesamtwirtschaftlicher Preisfaktor* wirft die Kritik der Absatzwirtschaft, vornehmlich aber dem Handel vor, zu Lasten des Konsumenten einen zu hohen Kostenaufwand zu treiben. Die These überhöhter Vertriebskosten wird dabei, gestützt auf globale Kostenspannen, vielfach unterschiedslos gegen alle Unternehmen und Branchen im Absatzbereich gerichtet.

Die Analyse der Vertriebs- bzw. Absatzkosten nach ihren Bestimmungsgründen nun zeigt eindeutig, daß die Kritik an der Absatzwirtschaft und ihren Kosten in dieser Form unhaltbar ist. Wesentliche Einflüsse auf die Vertriebs- bzw. Absatzkosten gehen nämlich vom Konsumenten selbst aus. Es sei erinnert an die Notwendigkeit einer ständigen Leistungsbereitschaft namentlich des Handels und die großen Schwankungen unterliegende Ausnutzung dieser Kapazität, die eine der gewichtigsten Kosteneinflußgrößen im Absatzbereich darstellt. Auch die von der Auftragsgestaltung her kommenden Einflüsse auf die Vertriebs- bzw. Absatzkosten sind hier zu nennen.

Zu Lasten der Absatzwirtschaft gehen dagegen die durch qualitative Fehldispositionen des Kostengütereinsatzes überhöhten Vertriebs- bzw. Absatzkosten, in der Regel auch die durch die ständige Ausweitung des Sortiments und den häufigen Sortimentswechsel entstehenden Kosten des Absatzes. Darüber hinaus belasten alle Kosten für Werbung, soweit die Werbemaßnahmen über den Rahmen einer notwendigen Information und Aufklärung des Marktes hinausgehen, das Konto der Absatzwirtschaft. Das gilt im übrigen ganz allgemein für alle durch den Wettbewerb bedingten überhöhten Vertriebs- bzw. Ab-

[125] Vgl. z. B. *Hirsch*, J.: Kennzahlen zur Handelsforschung, a. a. O., S. 39, 40 und 73; und Schriften zur Handelsforschung Nr. 1: Beschaffung, Lagerung, Absatz und Kosten des Einzelhandels in der Bundesrepublik Deutschland in den Jahren 1949, 1950 und 1951, a. a. O., S. 92.

satzkosten. Vor allem aber die sich aus der Überkapazität ergebenden Leerkosten des Vertriebs gehen verursachungsgemäß zu seinen Lasten.

Auch die zahlreichen Einflüsse von seiten der Kostengüterpreise und der Steuerbelastung (z. B. Umsatzsteuer), die weder vom Verbraucher noch von der Absatzwirtschaft zu vertreten sind, müssen bei dieser Gegenüberstellung berücksichtigt werden.

Die vorstehenden Untersuchungen zeigen aber auch, daß die Vertriebs- und Absatzkosten *als Kalkulationsgröße* nur dann richtig beurteilt werden, wenn der Differenziertheit der Kosteneinflüsse Rechnung getragen wird. Die Bedingungen, unter denen die einzelnen Unternehmen und Branchen im Absatzbereich arbeiten müssen und demgemäß die Einflüsse auf diese Kosten sind zu vielgestaltig, als daß sie sich in einer globalen Kostenspanne ausdrücken lassen. Folgerichtig muß die Verrechnung der Vertriebs- bzw. Absatzkosten auf die Absatzleistung nach Maßgabe der aufgezeigten Einflüsse erfolgen, d. h. soweit diese quantitativ erfaßbar sind bzw. sich über eine Auflösung der Absatzleistung in technisch-organisatorische Teilverrichtungen quantifizieren lassen.

In der Praxis der Vertriebskostenrechnung haben die Erkenntnisse, die die Kostentheorie vermittelt und die die Fertigungskostenrechnung so fruchtbar beeinflußt haben, jedoch nur in geringem Umfang Fuß gefaßt. Obwohl die Grundlagen für eine Vertriebskostenkalkulation von zahlreichen Autoren, wie *Küspert, Kosiol, Hessenmüsser, Tiburtius* u. a.[126] sehr weitgehend aufgezeigt wurden, nimmt in der Praxis der Vertriebskalkulation die kumulative Verrechnung der Vertriebs- bzw. Absatzkosten noch immer einen sehr breiten Raum ein. Im Groß- und Einzelhandel ist sie sogar die vorherrschende Verrechnungsmethode, wenn man nicht von einer Kostenverrechnung ganz absieht und lediglich eine globale Handelsspanne ansetzt.

---

[126] Vgl. beispielsweise *Behrens,* K. C.: Betriebsabrechnung und Kalkulation im Außenhandel, in: ZfhF., NF., 5. Jg. 1953, S. 35/42; *Gießen,* E.: a. a. O., S. 193/219; *Hessenmüller,* B.: Kalkulation industrieller Vertriebskosten, in: Rationalisierung, 7. Jg., Heft 4, 1956, S. 109/112; *Knoblauch,* H.: Grundlagen und Verfahren der Kostenstellenrechnung, Nürnberger Dissertation 1943, S. 135 ff., 265 ff.; *Koberstein,* G.: Die rechnerische Erfassung der Vertriebskosten, in: Der praktische Betriebswirt, 21. Jg. 1941, S. 24/28; *Kosiol,* E.: Warenkalkulation in Handel und Industrie, a. a. O.; *Küspert,* E.: Die kalkulatorische Behandlung der industriellen Vertriebskosten, in: RKW-Nachrichten, 12. Jg. 1938, S. 67/69; ders.: Industrielle Vertriebskosten-Bedingungen, Abrechnung und Kalkulation, a. a. O.; *Ruberg,* C.: Starre oder elastische Kalkulation im Handelsbetrieb, in: ZfhF., 31. Jg. 1937, S. 313/330; ders.: Kostenprinzip und Wertprinzip bei der Kalkulation im Einzelhandel, a. a. O., S. 193 bis 200; *Rügner,* W.: Abteilungsrechnung im Einzelhandelsgroßbetrieb, Mannheimer Dissertation 1954; *Tiburtius,* J., *Ziegler,* F. und *Zippel,* W.: a. a. O.; *Tiburtius,* J.: Grundfragen der Kalkulation im Warenhandel, in: Die Betriebswirtschaft, 31. Jg. 1938, S. 159/167 und 203/207.

Die Fiktion einer Proportionalität zwischen Industrievertriebskosten einerseits und den Fertigungs- bzw. Herstellkosten andererseits mag bei der Massenfertigung eines einzigen Artikels unter gleichzeitig statischer Betrachtungsweise eine gewisse Berechtigung haben. Unter dynamischem Aspekt entbehrt diese Rechenart jedoch jeder Grundlage. Das gilt in verstärktem Maße für Unternehmen mit ausgedehntem Fertigungsprogramm. Die mannigfachen Einflüsse quantitativer und qualitativer Art namentlich auf die Fertigungskosten sind ohne jede Beziehung zu der Höhe der Vertriebskosten, wenn man von den bei der Preiskalkulation einzusetzenden verkaufspreisproportionalen Sondereinzelkosten des Vertriebs absieht. Jede Veränderung der Fertigungs- bzw. Herstellkosten zerreißt die gedachte statische Proportionalität zu den Vertriebskosten.

Auch die in der Handelsspanne des Groß- und Einzelhandels eingeschlossene Kostenspanne ist keine unveränderliche, starre Größe. Sie unterliegt vielmehr ständigen Schwankungen, je nach Art und Ausmaß der kostenbeeinflussenden Faktoren[127]. Zu beachten ist jedoch, daß die durch die Leistungsbereitschaft insbesondere des Einzelhandels bedingten, zum Teil hohen fixen Kosten eine verursachungsgerechte Kostenzurechnung vielfach erschweren, wenn nicht unmöglich machen. Auch die Preisbindung der zweiten Hand und die erstarrten Handelsspannen zahlreicher Konsum- und Produktionsgüter verhindern weitgehend eine echte Preiskalkulation. An Stelle des Kostendenkens tritt das Rabatt- und Spannendenken, das im Handel vielfach zu einem regelrechten „Gebührenprinzip für Handelsleistungen“[128] entartet ist[129].

Die Bedeutung der Differenziertheit und der unterschiedlichen Stärke der Kosteneinflüsse schließlich für die Beurteilung der Vertriebs- und Absatzkosten als *Erfolgsgröße* des einzelnen Unternehmens ergibt sich zwangsläufig aus dem im allgemeinen relativ beachtenswerten Umfang dieser Kosten und der Möglichkeit ihrer Beeinflussung, insbesondere also ihrer Senkung, über die Sortiments- und Auftragspolitik, die quantitative und qualitative Rationalisierung der eingesetzten Kostengüter u. a. m.

---

[127] Vgl. z. B. *Schreiterer*, G.: Die rationelle Kalkulation ist anders, in: Handelsblatt vom 24. Juni 1957, S. 3.

[128] *Hirsch*, J. und *Brandt*, K.: a. a. O., S. 32.

[129] Vgl. auch *Pentzlin*, K.: Wer kann die Preise senken? in: FAZ. vom 2. Januar 1956, S. 7.

IV. Die Absatzleistung als Grundlage der Beurteilung der Vertriebs- bzw. Absatzkosten

Die Darstellung der Kosteneinflüsse im Absatzbereich zeigt, daß das Niveau der Vertriebs- bzw. Absatzkosten von zahlreichen marktlichen und betrieblichen Einflüssen abhängig ist. Die Kostenfaktoren lassen jedoch nicht eindeutig erkennen, inwieweit sie durch die Erfüllung der absatzwirtschaftlichen Leistung bedingt bzw. als leistungsfremd anzusprechen sind. Die Offenlegung des Zusammenhangs von Vertriebs- bzw. Absatzkosten einerseits und Absatzleistung andererseits ist jedoch für die Beurteilung sowohl der Angemessenheit dieser Kosten als *gesamtwirtschaftlicher Preisfaktor* als auch ihrer Bedeutung als einzelwirtschaftliche *Kalkulationsgröße* erforderlich.

Bei der Diskussion des Problems der Angemessenheit der Vertriebsbzw. Absatzkosten als gesamtwirtschaftlicher Preisfaktor wird als entscheidendes Pendant für die oft als unverhältnismäßig hoch empfundenen Kosten die in Erfüllung absatzwirtschaftlichen Aufgaben erbrachte Leistung genannt. „Die Beurteilung allein nach kostenwirtschaftlichen Maßstäben muß in die Irre führen, denn es kommt ebensosehr auf die Nutzenwirkung an, die bei dem jeweiligen Absatzweg hervorgerufen wird[1].“ Dem einseitigen Kostendenken, das der Kritik der Vertriebs- bzw. Absatzkosten als gesamtwirtschaftlicher Preisfaktor vielfach zugrunde liegt, hält *Schäfer* die Ertragsbetontheit der Absatzwirtschaft entgegen[2]. Er schreibt weiterhin: „Der Versuch, die Entgeltfrage allein von der Kostenseite her zu lösen, muß zudem an dem komplexhaften Charakter der absatzwirtschaftlichen Leistung, insbesondere im Handel, scheitern[2].“

Die Kenntnis der Leistungsbezogenheit der Vertriebs- bzw. Absatzkosten ist weiterhin erforderlich, um die Leistungsfaktoren ermitteln zu können, die maßgebend diese Kosten beeinflussen, nach denen also eine leistungsgerechte Kalkulation ausgerichtet werden muß.

Zunächst stellt sich jedoch die Frage nach dem *Wesen der Absatzleistung. Schäfer* kennzeichnet die absatzwirtschaftliche Leistung unter gesamtwirtschaftlichem Aspekt als Überbrückung räumlicher, quantitativer, zeitlicher und qualitativer Spannungen zwischen Produktion

---

[1] *Schäfer*, E.: Die Aufgabe der Absatzwirtschaft, a. a. O., S. 165.
[2] Ders.: a. a. O., S. 100.

und Verwendung[3]. Diese vier Teilaufgaben sieht Schäfer eingeschlossen in der gesamtwirtschaftlich umfassenden Aufgabe der Absatzwirtschaft als stufenweise Umgruppierung oder Umordnung der Sachmittel in Richtung auf die Bedarfsordnung[4].

Diesen abstrakten gesamtwirtschaftlichen Aufgaben bzw. Leistungen stehen, je nach der im einzelnen Fall durch die Art des Warenmarktes und des beteiligten Organs gegebenen Aufgabenstellung, konkrete betriebswirtschaftliche (= einzelwirtschaftliche) Funktionen gegenüber[5]. Innerhalb der betriebswirtschaftlichen Grundfunktionen, Beschaffung, Produktion, Lagerung, Absatz und Finanzierung, nennt *Schäfer* für den Absatz folgende Teilfunktionsgruppen: Absatzvorbereitung, Absatzanbahnung, Vorratshaltung für den Verkauf, Absatzdurchführung, finanzielle Durchführung des Absatzes und Erhaltung der Absatzbeziehungen[6].

Andere Autoren, wie beispielsweise *Seyffert*[7] und *Oberparleiter*[8] suchen die Absatzleistung durch eine Darstellung absatzwirtschaftlicher Teilfunktionen zu erklären. Sie unterscheiden jedoch nicht wie *Schäfer* scharf nach den abstrakten gesamtwirtschaftlichen Aufgaben und den konkreten einzelwirtschaftlichen Funktionen. So werden die gesamtwirtschaftlichen Teilaufgaben der Raumüberbrückungs-, Quantitäts-, Qualitäts- und Sortimentsfunktion neben den betriebswirtschaftlichen Teilfunktionen der Lagerung, Absatzfinanzierung, Werbung u. a. m. genannt. *Seyffert*[9] beispielsweise charakterisiert die Absatzleistung durch eine Reihe von Einzelfunktionen wie folgt:

„Überbrückungsfunktionen:

die Raumüberbrückungsfunktion
die Lagerfunktion } als Zeitüberbrückungsfunktionen
die Vordispositionsfunktion }
die Preisausgleichsfunktion

---

[3] *Schäfer*, E.: Absatzwirtschaft, in: Handbuch der Wirtschaftswissenschaften, hrsg. v. Hax, K. und Wessels, Th., Bd. I Betriebswirtschaft, Köln und Opladen 1958, S. 308 ff., insbes. S. 309 und 311; ders.: Die Aufgabe der Absatzwirtschaft, a. a. O., S. 38.

[4] Ders.: Absatzwirtschaft, a. a. O., S. 311 ff., insbes. S. 312; ders.: Die Aufgabe der Absatzwirtschaft, a. a. O., S. 12 vgl. auch S. 21 ff.

[5] Ders.: Absatzwirtschaft, a. a. O., S. 339 ff., insbes. S. 341; ders.: Die Funktionalbetrachtung in der Betriebswirtschaftslehre, in: Gegenwartsprobleme der Betriebswirtschaft, hrsg. v. Henzel, F., Frankfurt 1955, S. 11 ff., insbes. S. 14; ders.: Über die künftige Gestalt der Absatzlehre, in: Bergler und Schäfer: Um die Zukunft der deutschen Absatzwirtschaft, Berlin 1936, Bd. 1 der Schriftenreihe „Absatzwirtschaft" des Verbandes deutscher Diplom-Kaufleute, S. 41.

[6] Ders.: Absatzwirtschaft , a. a. O., S. 342.

[7] *Seyffert*, R.: Wirtschaftslehre des Handels, a. a. O., S. 8 ff.

[8] *Oberparleiter*, K.: Funktionen und Risikenlehre des Warenhandels, Berlin und Wien 1930; ders.: Funktionen und Risiken des Warenhandels, 2. Aufl. Wien 1955.

[9] *Seyffert*, R.: Wirtschaftslehre des Handels, a. a. O., S. 13.

die Kreditfunktion
Warenfunktionen:
die Quantitätsfunktion
die Qualitätsfunktion
die Sortimentsfunktion
Funktionen des Makleramtes:
die Markterschließungsfunktion
die Interessenwahrungs- und Beratungsfunktion."

Es erscheint nicht erforderlich, daß vorstehend skizzierte Wesen der Absatzleistung bzw. der im einzelnen aufgezeigten Funktionen eingehender zu erläutern. Es kann hier auf die einschlägige Literatur verwiesen werden. Allerdings werden die Komponenten der Absatzleistung in bezug auf ihre kostenbeeinflussende Eigenart noch näher untersucht werden müssen.

1. Die kostenbestimmenden Merkmale der Absatzleistung

Die Eigenart der von Fall zu Fall erbrachten Leistung beeinflußt weitgehend das Kostenniveau und drückt der Kostenstruktur ihre besonderen Merkmale auf. Auch das Wesen der Absatzleistung ist durch Eigentümlichkeiten gekennzeichnet, die zugleich bestimmend sind für die Höhe und die Struktur der Vertriebs- bzw. Absatzkosten. Diese kostenbestimmenden Merkmale der Absatzleistung ergeben sich

a) aus ihrer Umschalt- und Ausgleichsaufgabe,
b) ihrem Bereitschaftscharakter,
c) ihrem Dienstleistungscharakter und
d) ihrer weitgehend persönlichen Gebundenheit[10].

In der Folge soll versucht werden, diese Eigenarten der Absatzleistung herauszustellen und ihren Einfluß auf die Vertriebs- bzw. Absatzkosten und damit ihre Bedeutung für die Beurteilung dieser Kosten aufzuzeigen.

Die Einflußgrößen der Vertriebs- bzw. Absatzkosten wurden im einzelnen bereits aufgezeigt. Sie sind hier jedoch unter dem besonderen Aspekt der Absatzleistung darzustellen. Erschwerend wirkt sich allerdings aus, daß sich die Absatzleistung auf Grund ihres vorwiegend qualitativen[11], gewissermaßen abstrakten[12] Charakters kaum quantitativ erfassen läßt. Das gilt, wie noch zu zeigen sein wird, vor allem für die absatzwirtschaftliche Aufgabe des qualitativen Spannungsausgleichs zwischen Produktion und Bedarf, aber in etwa auch für den Mengen-

---

[10] Vgl. *Buddeberg*, H.: Die Kosten als Leistungsmaßstab des Handels, a. a. O., S. 303.

[11] *Schäfer*, E.: Das Absatzwesen und die Problematik seiner Wirtschaftlichkeit, a. a. O., S. 74.

und Zeitausgleich, weniger dagegen für die Aufgabe der Raumüberbrückung. Hier liegt auch der Grund, warum die Komponenten der Absatzleistung nicht zugleich als Kosteneinflußgrößen herausgestellt werden konnten.

a) Die absatzwirtschaftliche Umschalt- und Ausgleichsleistung

Unter gesamtwirtschaftlichem Aspekt ist das Wesen der Absatzleistung, wie bereits angedeutet wurde, gekennzeichnet durch

aa) den qualitativen,
bb) den quantitativen,
cc) den zeitlichen und
dd) den räumlichen Ausgleich der Spannungen zwischen Erzeugung bzw. Produktion und Bedarf[13].

In dieser Umschalt- und Ausgleichsaufgabe der Absatzwirtschaft ist zugleich ein wesentliches kostenbestimmendes Moment zu sehen.

aa) Die *qualitative Ausgleichsleistung* der Absatzwirtschaft besteht nun darin,

1. „die in der Naturgrundlage der Wirtschaft und innerhalb der Produktionswirtschaft vorherrschende Ordnung nach Mitteln überzuführen in die für die Bedarfsseite der Wirtschaft charakteristische Ordnung nach Zwecken[14]."

Schäfer bezeichnet diese Komponente der Absatzleistung als Sortengruppierung[14]. Weiterhin obliegt ihr die Aufgabe,

2. Unterschiede in der Anzahl der Marktpartner auszugleichen[15].

Was unter diesen Umschaltaufgaben im einzelnen zu verstehen ist und welchen Einfluß sie auf die Vertriebs- bzw. Absatzkosten haben, soll nachfolgend untersucht werden.

Zu 1.: Unter der sortenmäßigen Umgruppierung ist die Hin- und Umordnung des Güterangebotes auf die Sortimentswünsche und -bedürfnisse des Nachfragemarktes zu verstehen. Unabhängig davon, ob es sich um eine frühe oder späte Absatzstufe oder um den industriellen Vertrieb bzw. den Handel in einer seiner Formen handelt, sind grundsätzlich folgende vier typischen Fälle der Sortenumschaltung möglich[16]:

---

[12] *Auler*, W.: Die Plankostenrechnung in den Bereichen der Beschaffung und des Absatzes der industriellen Unternehmung, in: BFuP., 3. Jg. 1951, S. 416.

[13] *Schäfer*, E.: Absatzwirtschaft, a. a. O., S. 308 ff. und: Die Aufgabe der Absatzwirtschaft, a. a. O., S. 38.

[14] Ders.: Die Aufgabe der Absatzwirtschaft, a. a. O., S. 26.

[15] Ders.: Absatzwirtschaft, a. a. O., S. 310 und: Die Aufgabe der Absatzwirtschaft, a. a. O., S. 32.

[16] Ders.: Die Aufgabe der Absatzwirtschaft, a. a. O., S. 26 ff.

1. eine Herkunftsart der Ware und eine Hinkunftsart,
2. eine Herkunftsart und mehrere Hinkunftsarten,
3. mehrere Herkunftsarten und eine Hinkunftsart,
4. mehrere Herkunfts- und mehrere Hinkunftsarten.

Unter Herkunft wird dabei die Beschaffungs- bzw. Angebotsseite, unter Hinkunft die Vertriebs- bzw. Nachfrageseite verstanden.

Je nach der Lage im Wirtschaftsablauf ergibt sich für das einzelne Unternehmen eine der genannten Aufgabestellungen.

Die absatzwirtschaftliche Umschaltaufgabe ist beim ersten Typ, der eine Warenart an eine Bedarfsart weiterleitet, gering. Diese Art der Sortengruppierung ist praktisch nur in der Industrie denkbar. Ein derart einfacher, durchgängiger Umschaltprozeß rechtfertigt nicht die Zwischenschaltung einer eigenen Absatzstufe[17].

Auch bei einer Sortengruppierung der zweiten Art, die die Ware einer Herkunftsart auf verschiedene Bedarfe zuordnet, ist die Umschaltaufgabe noch relativ gering. Im Bereich der Industrie ergibt sie sich aus der Erstellung einer bestimmten technischen Leistung, bei der offengelassen wird, welcher Bedarf im einzelnen sich dieser Leistung bedienen wird (z. B. Bleche, Formeisen, Draht, Papier usw)[17]. Im Handel finden sich derartige Umschaltvorgänge vor allem in naturnahen frühen Stufen des Wirtschaftsablaufs, also im Rohstoff- und Halbzeughandel (z. B. bei Alt- u. Abfallstoffen, Fellen u. a. m.)[18].

Sehr ausgeprägt ist dagegen die Umgruppierungsleistung dort, wo zahlreiche Mittel auf eine Bedarfsart ausgerichtet werden[19]. In der Regel handelt es sich um konsumnahe Unternehmen. Beim Handel spricht man hier auch vom *sortimentsbildenden Handel*[20]. Zu denken ist hierbei auch an die Zusammenfassung unterschiedlicher Qualitäten einer Ware zu einer neuen Sorte, so z. B. bei Tabak, Tee, Kaffee u. ä., um eine bestimmte Geschmacksrichtung zu erhalten oder im Schrotthandel, um eine bestimmte Schrottqualität zu erzielen[21].

Eine Sortenumschaltung schließlich, die Güter verschiedener Herkunftsarten sammelt und auf mehrere Bedarfsarten umgruppiert, ist vor allem in konsumnahen Absatzstufen des Handels, beispielsweise im Warenhaus, Einheitspreisgeschäft, in der Drogerie u. ä. zu finden[22].

---

[17] *Schäfer*, E.: Die Aufgabe der Absatzwirtschaft, a. a. O., S. 27 und: Absatzwirtschaft, a. a. O., S. 309 f.

[18] Ders.: Die Aufgabe der Absatzwirtschaft, a. a. O., S. 27 f. und: Absatzwirtschaft, a. a. O., S. 309 f.

[19] Die entsprechenden Branchen sind auch zumeist nach der jeweiligen Bedarfsart benannt, z. B. kosmetische Industrie, Schreibwarenhandel, Handel in Automobilzubehör, Sportartikeln usw.

[20] Vgl. *Schäfer*, E.: Die Aufgabe der Absatzwirtschaft, a. a. O., S. 28 ff.

[21] Ders.: Absatzwirtschaft, a. a. O., S. 309 f.

[22] Ders.: Die Aufgabe der Absatzwirtschaft, a. a. O., S. 30 ff.

Zu 2.: Die Umschaltaufgabe der Absatzwirtschaft besteht weiterhin im *Ausgleich der Unterschiede in der Anzahl der Marktpartner*. Hierbei handelt es sich um eine vorwiegend auf den Handel bezogene Aufgabestellung, bei der die Waren einer Vielzahl von Anbietern für wenige Nachfrager gesammelt werden, die Erzeugnisse weniger Unternehmen auf viele Abnehmer verteilt werden oder aber das Angebot zahlreicher Anbieter an viele Nachfrager weitervermittelt wird. Dementsprechend lassen sich auseinanderhalten[23]:

1. aufkaufender oder sammelnder Handel,
2. aufteilender Handel,
3. Handel, bei welchem beide Tätigkeiten etwa gleich stark ausgeprägt sind.

Zusammenfassend läßt sich festhalten, daß bei stark differenzierter Sortenumschaltung bzw. beim Ausgleich von erheblichen Unterschieden in der Zahl der Marktpartner die absatzwirtschaftliche Leistung größer ist als im Falle einer relativ geringen sortenmäßigen Umgruppierung bzw. bei einer Vermittlung zwischen verhältnismäßig wenigen Wirtschaftsstufen. Entsprechend unterschiedlich ist ganz allgemein gesehen mit der erbrachten Leistung der Kosteneinsatz, unbeschadet ob es sich um eine natur- oder konsumnahe Absatzstufe handelt.

Bei sortimentsbildenden und aufkaufenden Absatzstufen erfordert die ausgeprägte Beschaffungsorganisation den Einsatz entsprechender personeller und sachlicher Kostengüter. Auch das Lager ist, vor allem bei einer starken Sortengruppierung im Beschaffungsbereich, in aller Regel sehr umfangreich und verursacht erhebliche Kosten, wie Zinsen, Wagniskosten für Schwund, Verderb, technisches und modisches Veralten, Lagerbetriebskosten usw. Bei einer auf den Bedarf ausgerichteten vielfältigen Sortenumschaltung und beim aufteilenden Handel liegt der Schwerpunkt der absatzwirtschaftlichen Tätigkeit im Vertrieb. Daraus ergeben sich anteilmäßig hohe Kosten der inneren und äußeren Vertriebsorganisation, der Werbung, des Transports usw. Ist dagegen die Sortenumschaltung bzw. die Vermittlung zwischen der Anzahl der Betriebe auf beiden Marktseiten ausgeprägt, so erfordert das den Ausbau einer Absatzorganisation, die sich sowohl auf die Herkunfts- als auch die Hinkunftsseite einer Absatzstufe erstreckt. Entsprechend hoch ist selbstverständlich das Niveau der Vertriebs- bzw. Absatzkosten. Die stärksten kostenmäßigen Auswirkungen schließlich sind dort zu erwarten, wo eine umfangreiche Sortengruppierung zugleich mit der Vermittlung einer erheblichen Anzahl von Marktpartnern durchzuführen ist.

---

[23] Vgl. *Schäfer*, E.: Die Aufgabe der Absatzwirtschaft, a. a. O., S. 32 ff., insbesondere S. 36; ders.: Absatzwirtschaft, a. a. O., S. 310.

Die mit diesen Umgruppierungsvorgängen zusammenhängenden Kosteneinflüsse wurden zum Teil bereits bei der Darstellung der Leistungstiefe und der Sortiments- und Auftragsverhältnisse auf die Vertriebs- und Absatzkosten aufzuzeigen versucht[24]. Die Sortenvielfalt und die Sortimentsstruktur sind dabei in ihrer Eigenschaft als Kostenfaktoren vor allem Probleme der Sortengruppierung, während das Auftragsgrößenproblem in erster Linie den aufteilenden Handel bzw. Absatz betrifft, aber auch für die Sortenumschaltung auf mehrere Bedarfsarten eine gewisse Bedeutung hat.

Es würde den Rahmen der vorliegenden Arbeit sprengen, sollte diesen Fragen im einzelnen weiter nachgegangen werden.

bb) Die absatzwirtschaftliche Aufgabe des *quantitativen Ausgleichs* ist einerseits erforderlich durch die industrielle Massenproduktion. Aus Gründen kostengünstiger Gütererstellung ist man bestrebt, große Mengen auszustoßen. Der Bedarf dagegen ist in aller Regel auf kleinere Mengen der industriellen und anderer gewerblicher Verbraucher und auf Kleinstmengen des Konsumenten ausgerichtet. Der Ausgleich zwischen den großen Produktionsserien usw. und den kleinen und kleinsten Einzelbedarfen wird durch die Absatzwirtschaft vermittelt. Zum Teil erfordert dieser Mengenausgleich das Einschalten mehrerer Absatzstufen, wie beispielsweise bei dem für zahlreiche Konsumgüter typischen Absatzweg: industrieller Vertrieb, Großhandel, Einzelhandel, Konsument.

Zum anderen obliegt es der Absatzwirtschaft, kleinere Angebotsmengen, denen vielfach ein konzentrierter Bedarf gegenübersteht, zusammenzufassen (z. B. im Schrotthandel).

Die kostenmäßigen Auswirkungen lassen sich am besten dadurch erklären, daß unterschiedliche Mengenausgleichsleistungen eine unterschiedliche Höhe der Lagerbestände und Unterschiede im Ausbau der Vertriebsorganisation bedingen. Ein starker Mengenausgleich erfordert höhere Lagerbestände und damit höhere Lagerkosten und zum Teil einen aufwendigeren Verteilungsapparat als eine weniger ausgeprägte Mengenausgleichsleistung. Vor allem aber die bereits dargestellte Abhängigkeit der Vertriebs- bzw. Absatzkosten von der Auftragsgröße und der Auftragsgrößenstruktur, aber auch vom Leistungsquerschnitt ist in unmittelbarem Zusammenhang mit der Mengenausgleichsfunktion der Absatzwirtschaft zu sehen.

cc) Auch die *zeitlichen Unterschiede* zwischen dem zum Zwecke der Kostensenkung kontinuierlich gesteuerten oder aber dem naturbedingt stoßweisen Güterstrom von der Erzeugung bzw. Produktion einerseits und den zahlreichen Einflüssen unterliegenden Bedarfsschwankungen

---

[24] Vgl. Abschnitt III 2 a, b, d.

andererseits werden durch die Absatzwirtschaft ausgeglichen. Die Einflüsse des Ausgleichs dieser zeitlichen Spannungen zwischen Produktion und Bedarf auf die Vertriebs- bzw. Absatzkosten wurden bereits eingehend mit der Untersuchung des Beschäftigungsproblems im Absatzbereich dargestellt. Ganz allgemein erfordert diese Ausgleichsaufgabe des Absatzbereichs sowohl die lagermäßige Übernahme der produzierten Gütermengen unabhängig vom Bedarf als auch das Aufstokken eines Lagervorrates, der allen Bedarfsstößen gerecht wird. Die Größe des Lagers und damit die Höhe der Lagerkosten wird also wesentlich durch das Ausmaß dieser zeitlichen Spannungen zwischen Produktion und Bedarf bestimmt. Aber auch der Personal- und Betriebsmitteleinsatz wird, wie bereits aufgezeigt, durch diese zeitlichen Anspannungen, vor allem auf Grund der Bedarfsrhythmen in starkem Maße beeinflußt. Er muß auf bestimmte Spitzenbelastungen ausgerichtet sein. Daraus ergibt sich eine gewisse Unelastizität des Kostengütereinsatzes, die die Struktur der Vertriebs- bzw. Absatzkosten, insbesondere im Einzelhandel weitgehend bestimmt. Im übrigen kann auf die Darstellung dieses Problems im Abschnitt III 2 c zurückverwiesen werden.

dd) Die absatzwirtschaftliche Aufgabe des *räumlichen Ausgleichs* zwischen Produktion bzw. Erzeugung und Bedarf schließlich hat in Einzelfällen einen erheblichen Einfluß auf die Höhe der Transportkosten. Insgesamt gesehen kommt ihr jedoch, bedingt durch die Vervollkommnung des Transportwesens, vielfach eine relativ abnehmende Bedeutung zu.

b) Die Leistungsbereitschaft der Absatzwirtschaft

Der Bereitschaftsbegriff ist bekannt aus der Kostentheorie. Bei der Untersuchung der Abhängigkeit der Kosten, insbesondere der Fertigungskosten von der Beschäftigung werden diejenigen Kosten, die bei einem unbeschäftigten Unternehmen, d. h. lediglich für die Aufrechterhaltung seiner Leistungsbereitschaft anfallen, als Bereitschaftskosten[25] bezeichnet. Das gilt grundsätzlich auch für die beschäftigungslose Bereitschaft im Absatzbereich.

Mit dem Terminus Leistungsbereitschaft wird hier jedoch nicht die Bereitschaft des Vertriebs- bzw. Absatzbereichs eines Unternehmens bei ruhender Beschäftigung, ohne Einsatz von Personal usw. verstanden, sondern die vom Markt aufgezwungene und somit leistungsbedingte Bereitschaft mit dem jeweils erforderlichen Einsatz an Personal und Betriebsmitteln bei unterschiedlicher Beschäftigung. Wäh-

[25] Vgl. *Lehmann*, M. R.: Industriekalkulation, a. a. O., S. 70.

rend in der beschäftigungslosen Bereitschaft personelle und sachliche Kräfte nur in geringem Umfang zur Intakthaltung der Anlagen, Einrichtungen usw. eines Unternehmens eingesetzt werden, erfordert der hier als Leistungsbereitschaft bezeichnete Beschäftigungszustand der Absatzwirtschaft in der Regel vollen Personal- und Betriebsmitteleinsatz usw. bei unterschiedlicher Beschäftigung.

Der Bereitschaftszustand, bei dem lediglich ein Minimum an personellen und sachlichen Kräften zur Aufrechterhaltung der technischen Betriebsbereitschaft eingesetzt wird, kann als *technische Leistungsbereitschaft* bezeichnet werden. Die hier interessierende, vor allem im Absatzbereich anzutreffende Leistungsbereitschaft mit vollem Personal- und Betriebsmitteleinsatz wird wohl am treffendsten mit *wirtschaftlicher Leistungsbereitschaft* gekennzeichnet.

Die Leistungsbereitschaft der Absatzwirtschaft ist ein wesentliches Kriterium der absatzwirtschaftlichen Leistung überhaupt. Sie ist eine Notwendigkeit, die sich aus der Aufgabe des Ausgleiches der zeitlichen, mengen- und sortenmäßigen Unterschiede der Produktion bzw. Erzeugung einerseits und des Bedarfs andererseits ergibt.

Die Bedarfsstöße treffen den Vertrieb unmittelbar, zeitlich ungleichmäßig und nur bedingt bestimmbar, zudem mengenmäßig zersplittert und sortenmäßig differenziert. Das gilt um so mehr, je konsumnaher eine Absatzstufe liegt. Die stärksten Beschäftigungsschwankungen, die weitestgehende Auftragszersplitterung und Sortendifferenzierung finden sich deshalb auch im Einzelhandel. Der Zustrom der Bedarfsgüter von der Produktion bzw. Erzeugung zum Vertrieb bzw. von Absatzstufe zu Absatzstufe erfolgt dagegen zeitlich relativ konstant und mengen- und zum Teil auch sortenmäßig konzentriert. Zeitliche Angebotskonzentration findet sich allerdings auch bei naturnahen, saisonabhängigen Unternehmen. Der Absatzwirtschaft obliegt es nun, die sich so ergebenden Spannungen zwischen Produktion bzw. Erzeugung und Bedarf zu überbrücken.

Das Leistungsvermögen der einzelnen Absatzstufen im Einsatz von Personal und Betriebsmitteln, vor allem auch im Hinblick auf die Kapazität seiner Einrichtungen usw., weiterhin im Warenangebot, kann deshalb nicht auf ein durchschnittliches Leistungsvolumen ausgerichtet sein. Es muß vielmehr in der Kapazität seiner personellen und sachlichen Kräfte auf bestimmte mengenmäßige und zeitliche Spitzenbelastungen aus beiden Marktseiten und zudem auf eine marktentsprechende Sortimentsbreite ausgerichtet sein. Diese Leistungsbereitschaft erfordert den Ausbau eines relativ starren Vertriebsapparates mit seinen durch Personal, Betriebsmittel, Warenlager usw. bedingten, weitgehend unbeweglichen Kosten[26].

---

[26] Vgl. z. B. *Schäfer*, E.: Die Aufgabe der Absatzwirtschaft, a. a. O., S. 121.

Das gilt in erster Linie für den Einzelhandel in Ladengeschäften und in abgeschwächtem Maße auch für Großhandels- und Industrieunternehmen, insbesondere für solche Unternehmen, die im Verkaufsgespräch einen persönlichen Kontakt mit ihren Abnehmern suchen. In Versandhäusern und Handels- und Industrieunternehmen, die es mit einem weitgehend anonymen Markt ohne unmittelbare Fühlungnahme mit dem Kunden zu tun haben, ist die Notwendigkeit einer konstanten Leistungsbereitschaft weniger stark.

Die Frage der Leistungsbereitschaft im Absatzbereich bedarf im übrigen keiner eingehenderen Untersuchung. Sie wurde im vorhergehenden Abschnitt bei der Besprechung der Umschalt- und Ausgleichsaufgaben der Absatzwirtschaft angeschnitten und im Abschnitt III 2 c im Zusammenhang mit der Untersuchung des Problems der Anpassung des Vertriebs an die Beschäftigungsschwankungen eingehend dargestellt.

c) Der Dienstleistungscharakter der Absatzleistung

Die absatzwirtschaftliche Umgruppierungs- und Ausgleichsleistung ist, abgesehen von einer vor allem beim Handel mit Rohstoffen und Halbzeugen anzutreffenden Manipulation und Bearbeitung der Ware und der bisweilen auch im Einzelhandel erforderlichen Bearbeitung der abzusetzenden Güter, als reine Dienstleistung anzusprechen[27]. Diese Besonderheit der Absatzleistung zeigt sich in einer gewissen Starrheit der bei der Leistungserfüllung anfallenden Arbeitsverrichtungen. Für die Vorbereitung, Durchführung und Abwicklung der absatzwirtschaftlichen Vermittlungsaufgabe ist ein je nach den Absatzbedingungen des einzelnen Unternehmens variierender, relativ starrer Komplex einzelner Teilverrichtungen erforderlich. Das gilt sowohl für das eigentliche Verkaufsgespräch als auch für die mehr technische Bearbeitung des einzelnen Auftrags und seine rechnerische Abwicklung, um nur die wichtigsten Momente zu nennen. Der Umfang der jeweils erbrachten Leistung ist demnach weitgehend unabhängig vom Wert der Ware und von der Größe des Auftrags. Auch die vorstehend dargestellte Leistungsbereitschaft der Absatzwirtschaft, vornehmlich im Bereich des Einzelhandels, und die noch zu besprechende personelle Aufwendigkeit im Absatz, sind Merkmale des Dienstleistungscharakters der Absatzleistung[28].

Die geringe Beweglichkeit der Vertriebs- bzw. Absatzkosten Veränderungen der Auftragsgröße bzw. der Beschäftigung gegenüber ist somit

---

[27] Vgl. z. B. *Schäfer*, E.: Die Aufgabe der Absatzwirtschaft, a. a. O., S. 121 f.

[28] Ders.: S. 121 f. Vgl. auch *Meyer*, G.: Der funktionsgemäße Preis als Instrument einer Ökonomisierung der Distribution, a. a. O., S. 252.

ein Ausdruck des Dienstleistungscharakters der Absatzleistung. Die relative Starrheit der mit dem einzelnen Verkaufsakt durchzuführenden Dienstleistungen ist zudem — abgesehen von der Leistungsbereitschaft vornehmlich des Einzelhandels — eine der charakteristischsten Eigenarten der absatzwirtschaftlichen Tätigkeit überhaupt.

d) Der persönliche Charakter der Absatzleistung

Das wohl ausgeprägteste kostenbestimmende Merkmal der Absatzleistung ist ihre weitgehend personelle Gebundenheit. Die Durchführung der absatzwirtschaftlichen Vermittlungsaufgabe hängt in starkem Maße von der persönlichen Leistung des im Absatzbereich tätigen Menschen ab. Die Notwendigkeit der persönlichen Fühlungnahme mit dem Kunden, des Verkaufsgesprächs, der Information und Beratung des Käufers läßt die technisch betonten Absatzverrichtungen als Bestandteil der Absatzleistung vielfach in den Hintergrund treten. Das Verkaufsgespräch ist in aller Regel Voraussetzung der Umgruppierung der Ware von der Produktion bzw. Erzeugung zum Verbraucher.

Die Dauer des einzelnen Verkaufsgesprächs ist zudem abhängig von Unwägbarkeiten, die im wesentlichen vom Käufer ausgehen. Der Verkäufer selbst kann darauf nur in beschränktem Maße Einfluß nehmen. Dazu kommt, daß der Käufer vielfach auch den Termin des Verkaufsgesprächs bestimmt. Das gilt insbesondere für den Einzelhandel, wo sich die Verkäufe auf bestimmte Stunden im Ablauf eines Tages, auf wenige Wochentage usw. konzentrieren.

Nur in relativ wenigen Fällen ist eine Entpersönlichung der absatzwirtschaftlichen Tätigkeit möglich bzw. bis heute praktisch durchgeführt, wie beispielsweise beim Automatenverkauf, im Selbstbedienungsladen, im Versandhandel, in bestimmten Branchen des Großhandels und der Industrie, die keinen oder nur geringen persönlichen Kontakt mit ihren Abnehmern pflegen und wo gewissermaßen ‚anonym' auf Bestellung gekauft wird. Hier läßt sich allerdings häufig eine Mechanisierung, Maschinisierung und sogar Automatisierung des ‚Verkaufs', ähnlich wie bei den rein technischen Absatzverrichtungen, durchführen.

Die weitgehende Abhängigkeit der absatzwirtschaftlichen Leistungserfüllung von der persönlichen Leistungsfähigkeit der im Absatzbereich tätigen Menschen hat zur Folge, daß die Struktur der Vertriebs- bzw. Absatzkosten vor allem durch einen starken Anteil der Personalkosten bestimmt wird[29].

Als Ergebnis des vorstehenden Versuchs, die wichtigsten kostenbestimmenden Merkmale der Absatzleistung darzustellen, kann fest-

---

[29] Vgl. Tabellen 22—28 des Anhangs.

gehalten werden, daß die Vertriebs- bzw. Absatzkosten unbeschadet anderer Kosteneinflüsse sehr weitgehend durch die sich unmittelbar aus der Erfüllung absatzwirtschaftlicher Aufgaben ergebenden Leistungsfaktoren beeinflußt werden und daß diese Einflüsse im Einzelfall sehr differenzierter Natur sein können.

Daraus folgt, daß eine Beurteilung dieser Kosten im Hinblick auf ihre Angemessenheit als gesamtwirtschaftlicher Preisfaktor oder ihre Verrechnung in der Kalkulation diese leistungsbedingten Einflüsse berücksichtigen muß, wenn sie nicht zu falschen Ergebnissen führen soll. Sowohl für die Beantwortung der sich häufig aus der Höhe und den Unterschieden der Kostenspannen ergebenden Frage, ob die Vertriebskosten ungerechtfertigt hoch sind als auch für die kalkulatorische Verrechnung dieser Kosten ist es deshalb erforderlich, die über die Leistung wirksamen Kosteneinflüsse in Ansatz zu bringen.

Die Stärke des Einflusses dieser leistungsbedingten Faktoren auf das Kostenniveau läßt sich jedoch wegen des vorwiegend qualitativen Charakters der Absatzleistung und der Schwierigkeit der Trennung der einzelnen Leistungskomponenten vielfach nur schwer oder aber gar nicht feststellen. Es kann jedoch auf Grund der teilweisen Übereinstimmung von Leistungsfaktoren und Kosteneinflüssen der Grad der Leistungsbezogenheit der Vertriebs- bzw. Absatzkosten schlechthin weitgehend nachgewiesen werden.

2. Die teilweise Übereinstimmung von Absatzleistung und Kostenabhängigkeiten

Der vorstehende Versuch einer Darstellung der kostenbestimmenden Merkmale der absatzwirtschaftlichen Tätigkeit hat den Zusammenhang von Kosteneinflüssen und Leistungsgrößen sehr deutlich kenntlich gemacht.

Im einzelnen wurde darzustellen versucht, daß die Kosteneinflußgrößen in erheblichem Maße unter dem unmittelbaren Einfluß der Absatzleistung stehen. Sie sind insgesamt gesehen jedoch keinesweges mit dieser kongruent. Geht man allerdings die Skala der Kosteneinflüsse durch, so läßt sich feststellen, daß diese in der Mehrzahl, wenn auch im Einzelfall nur teilweise, unmittelbar leistungsabhängig sind. In der nachfolgenden Übersicht wird versucht, den wichtigsten Kostenfaktoren die leistungsbedingten Einflüsse gegenüberzustellen bzw. anzudeuten, welche Kosteneinflußgrößen auch durch nicht leistungsabhängige Momente beeinflußt werden können.

Die Beschäftigung als Kostenfaktor wird durch die absatzwirtschaftliche Aufgabe des zeitlichen Ausgleichs der Spannungen zwischen Produktion bzw. Erzeugung und Bedarf beeinflußt. Die qualitative Struktur der im Absatzbereich eingesetzten Kostengüter und die Kostengüterpreise dagegen sind ausschließlich von nicht leistungsbedingten Faktoren abhängig, wie der unternehmerischen Disposition einerseits bzw. den Marktverhältnissen, der Machtstellung eines Unternehmens und seinen Erfahrungen usw. andererseits.

Die übrigen Kostenbestimmungsgründe sind sowohl von leistungsbedingten als auch von andersgearteten Einflüssen abhängig. Die nicht leistungsbedingten Faktoren ergeben sich vornehmlich aus dem unternehmerischen Dispositionsvermögen, durch das Sortimentsgröße, Sortimentsstruktur, Sortimentswechsel, Leistungsbreite, Leistungstiefe, Auflagengröße und Auflagenstruktur und damit die Vertriebs- bzw. Absatzkosten zum Teil in erheblichem Umfang beeinflußt werden können.

Im übrigen kann auf die Darstellung dieser Fragen in den Abschnitten III 2 und IV 1 zurückverwiesen werden, so daß es sich erübrigt, diese Probleme eingehender zu untersuchen.

Übersicht 5

Berührungspunkte von Kostenfaktoren und Absatzleistung

Kostenfaktoren	beeinflußt durch
Sortimentsverhältnisse	leistungsbedingte Sortengruppierung und Unterschiede in der Anzahl der Marktpartner nicht leistungsbedingte Faktoren
Auftragsverhältnisse	leistungsbedingte Sortengruppierung usw. leistungsbedingten Mengenausgleich nicht leistungsbedingte Faktoren
Beschäftigung	leistungsbedingten Zeitausgleich
Leistungsbreite	leistungsbedingten Mengenausgleich nicht leistungsbedingte Faktoren
Leistungstiefe	leistungsbedingte Sortengruppierung usw. leistungsbedingten Raumausgleich leistungsbedingten Zeitausgleich nicht leistungsbedingte Faktoren
Qualitative Struktur des Kostengütereinsatzes	nicht leistungsbedingte Faktoren
Kostengüterpreis	nicht leistungsbedingte Faktoren

V. Weitere Gesichtspunkte für die Beurteilung der Vertriebs- bzw. Absatzkosten

Der Versuch, die Einflußfaktoren der Vertriebs- bzw. Absatzkosten offenzulegen und diese Kosten der Absatzleistung gegenüberzustellen, vermittelt zweifellos Erkenntnisse, die eine weitgehend richtige Beurteilung der Kosten der Absatzwirtschaft sowohl als einzelwirtschaftliche Erfolgs- und Kalkulationsgröße als auch im Hinblick auf ihre Angemessenheit als gesamtwirtschaftlicher Preisfaktor ermöglichen. Doch wird die ausschließlich auf das einzelne Unternehmen, d. h. auf die einzelwirtschaftlichen Vertriebs- bzw. Absatzkosten zugeschnittene Betrachtung der Bedeutung des Problems, vor allem für die gesamtwirtschaftlich ausgerichtete Frage der Angemessenheit dieser Kosten, nicht gerecht.

Die absatzwirtschaftliche Tätigkeit des einzelnen Unternehmens ist lediglich Teil der gesamtwirtschaftlichen Absatzleistung. Innerhalb dieses Leistungskomplexes jedoch sind leistungs- und dementsprechend auch kostenmäßige Verschiebungen zwischen den Vertriebsbereichen der einzelnen Absatzstufen, zwischen Beschaffung und Vertrieb verschiedener Leistungsstufen und somit leistungs- und kostenmäßige Konzentrationen bei einzelnen Absatzstufen möglich. Die einzelwirtschaftlichen Vertriebs- bzw. Absatzkosten dürfen also ebensowenig wie die Absatzleistung des einzelnen Unternehmens isoliert, d. h. als selbständige Größe gesehen werden. Sie sind vielmehr integrierender Bestandteil des gesamtwirtschaftlichen Verteilungsaufwandes. Sieht man die funktionellen Verschiebungen nur unter dem engen einzelwirtschaftlichen Aspekt — sie können hier kosten- und leistungsmäßig gewichtige Veränderungen hervorrufen —, so drängen sich nur zu leicht Eindrücke auf, die die kosten- und leistungswirtschaftliche Situation des Absatzes innerhalb der untersuchten Absatzstufe vollkommen falsch beurteilen lassen. Je nach Art des zur Diskussion stehenden Zahlenmaterials ist man geneigt, das Problem zu unterschätzen oder aber, beispielsweise auf Grund einer Leistungs- und damit Kostenkonzentration bei einer Absatzstufe, die angefallenen Kosten im Hinblick auf die Frage ihrer Angemessenheit als *gesamtwirtschaftlicher Preisfaktor* als überhöht anzusehen. Sieht man diese Vorgänge aus der gesamtwirtschaftlichen Ebene, so zeigen sich zwar strukturelle Veränderungen der Kosten innerhalb der Einzelglieder der Absatzwirtschaft, die aber notwendigerweise nicht nach „außen" zu dringen brauchen und somit gesamtwirtschaftlich vielfach neutral bleiben.

Auch die wechselseitige Beeinflussung von Produktion und Absatz, die im einzelnen noch darzustellen ist, läßt sich in ihren leistungs- bzw. ertrags- und kostenmäßigen Auswirkungen nur aus der gesamtwirtschaftlichen Perspektive richtig beurteilen.

Die Vertriebs- bzw. Absatzkosten können daher im Hinblick auf die Frage ihrer Angemessenheit als *gesamtwirtschaftlicher Preisfaktor* und auch in bezug auf ihre Bedeutung als *Erfolgsgröße* des einzelnen Unternehmens nur in der Wechselwirkung bzw. im ganzheitlichen Zusammenhang mit den Kosten der Fertigung beurteilt werden. Die Veränderungen der Kosten der Fertigung einerseits und des Absatzes andererseits bleiben somit wegen ihrer gegenläufigen Entwicklung unter Umständen ebenso wie die leistungsmäßigen Verschiebungen im Absatzbereich ohne Einfluß auf die Gesamtkosten eines Produktes.

Zur besseren Veranschaulichung der weiteren Untersuchungen, insbesondere aber auch, um schon rein zahlenmäßig die Notwendigkeit einer ganzheitlichen Betrachtung der Kosten bzw. des Aufwandes der Warenverteilung aufzuzeigen, wird nun zunächst

1. die Aufwendigkeit der absatzwirtschaftlichen Tätigkeit

darzustellen versucht. In den zur Erläuterung dienenden Tabellen wird das aktuellste greifbare Zahlenmaterial über die Intensität des Verteilungsaufwandes, d. h. den Anteil des gesamten Verteilungsaufwandes am Warenpreis wiedergegeben. Anschließend ist nachzuweisen, daß

2. auf Grund der funktionellen Dynamik der Absatzwirtschaft und
3. der gegenseitigen Abhängigkeit der Entwicklung von Fertigungs- bzw. Herstellkosten *und* Vertriebs- bzw. Absatzkosten

eine Beurteilung der letztgenannten Kosten im Hinblick auf das Problem ihrer Angemessenheit als gesamtwirtschaftlicher Preisfaktor und ihrer Bedeutung als einzelwirtschaftliche Erfolgsgröße nur dann möglich ist, wenn man diese Kosten ergänzend zu den bisherigen Untersuchungen als integrierenden Bestandteil des Verteilungsaufwandes bzw. des Gesamtaufwandes einer Ware sieht.

1. Die Intensität des gesamtwirtschaftlichen Verteilungsaufwandes

Der Grad der Belastung der Konsumgüter mit Verteilungsaufwand, d. h. der Anteil der Industrievertriebskosten und der Handelsspannen am Endverkaufspreis einer Ware beträgt nach Ansicht *Sundhoffs* in Deutschland etwa 45—50 % des Verbraucherpreises[1]. Untersuchungen *Seyfferts* ermittelten aus 270 Einzelwerten bei Konsumgütern einen Anteil des Verteilungsaufwandes von rd. 40 % des Konsumentenprei-

[1] *Sundhoff*, E.: a. a. O., S. 249.

ses[2]. In Amerika entfallen etwa 59 Cents des Verbraucherdollars auf die Warenverteilung und nur 41 Cents auf die Produktion[3], während für England im Jahre 1938 bei Konsumgütern ein Anteil des Verteilungsaufwandes von ca. 50 % am Verbraucherpreis festgestellt wurde[4]. Die von *Jefferys* für England durchgeführte Untersuchung erstreckte sich auf 113 repräsentative Waren, die etwa 90 % der Ausgaben des Verbrauchers im Konsumgüterbereich beanspruchen.

Die Intensität des Verteilungsaufwandes liegt bei den Gütern des lebensnotwendigen Bedarfs, wie Nahrungsmittel und Bekleidung, unter den genannten Durchschnittssätzen, übersteigt diese jedoch bei Konsumgütern minderer Dringlichkeit zum Teil erheblich, wie aus den Tabellen 29—34[5] zu ersehen ist.

Über den Verteilungsaufwand im Produktionsgüterbereich werden keinerlei Angaben gemacht. Auch hier entstehen jedoch durch die absatzwirtschaftliche Tätigkeit Aufwendungen, die somit Bestandteil des gesamtwirtschaftlichen Verteilungsaufwandes sind. Absatzwege vom Hersteller über den Zwischenhandel zum gewerblichen Verbraucher oder vom Hersteller über den A-Großhandel und den B-Großhandel zum Facheinzelhandel, Handwerker oder industriellen Verarbeiter sind unter Umständen ebenso aufwendig wie der im Konsumgütermarkt übliche Absatzweg Hersteller, Großhandel, Einzelhandel.

Die Vorstellungen vom Wirtschaftsablauf und somit auch von der Intensität des Verteilungsaufwandes entsprechen jedoch vielfach nicht den tatsächlichen Gegebenheiten. Sie beruhen vielmehr auf der Fiktion der Parallelschaltung der Absatzwege[6]. Man arbeitet mit einem System von Handelsketten, das auf Grund seiner vereinfachten Darstellung — das Modell eines derartigen Warenweges beschränkt sich im allgemeinen auf die Wiedergabe der Absatzstufen des Konsumgüterbereichs Hersteller, Groß- und Einzelhandel — ein unwirkliches Bild des Absatzsystems, insbesondere aber der absatzwirtschaftlichen Leistung und des Verteilungsaufwands wiedergibt.

Wie der Wirtschaftsablauf zwischen Natur- und Bedarfsordnung tatsächlich vonstatten geht, hat *Schäfer*[7] überzeugend dargestellt. Nicht als einfaches System nebeneinanderlaufender, also parallelgeschalteter Abläufe zeigt sich die Wirtschaft und somit auch die Absatzwirtschaft, sondern als ein dichtes Netz von Parallel- und Querverbindungen. An jeder Zwischenstufe eines Warenweges, sei sie produktions- oder ab-

---

[2] *Seyffert*, R.: Die Problematik der Distribution, a. a. O., S. 9.
[3] *Hobart*, D. M. und *Wood*, J. P.: a. a. O., S. 108.
[4] *Jefferys*, J. B.: a. a. O.
[5] Siehe Anhang.
[6] Vgl. *Schäfer*, E.: Die Aufgabe der Absatzwirtschaft, a. a. O., S. 24.
[7] Vgl. ders.: Die Unternehmung, a. a. O., S. 1 ff.; ders.: Die Aufgabe der Absatzwirtschaft, a. a. O., S. 9 ff.

satzwirtschaftlicher Art, vereinen sich die Leistungen zahlreicher Unternehmen mit dem vorhandenen Leistungsstrom, der sich schließlich nach Vollendung des Leistungsprozesses selbst aufspaltet und aktiv mit anderen Warenwegen verbindet. Fast könnte man hier von einer Verfilzung der Absatz- und Warenkanäle sprechen, die auf direktem und indirektem Wege immer neue Leistungsströme in ihr System einbeziehen.

Unter diesem Gesichtspunkt muß auch die Intensität des Verteilungsaufwandes gesehen werden. Der Anteil des Verteilungsaufwandes am Preis einer Ware ist demnach höher als auf Grund der einfachen Handelskettenrechnung[8] ermittelt. Die in jeder Leistungsstufe hinzutretenden Vorleistungen an Kostengütern und Dienstleistungen enthalten Verteilungsaufwand, der anteilmäßig auf die zu erbringende neue Leistung übertragen wird und somit die Intensität von Kosten und Aufwand der Warenverteilung laufend erhöht.

Das Zahlenmaterial der vorstehend angeführten Tabellen bedarf im einzelnen keiner weiteren Erläuterung. Bemerkenswert ist jedoch der teilweise unterschiedliche Anteil des Verteilungsaufwandes der einzelnen Absatzstufen, selbst innerhalb der gleichen Warengruppe (vgl. Tabellen 29 und 30[9]). Das deutet auf die noch darzustellende funktionelle Dynamik der Absatzwirtschaft hin. Zu beachten ist vor allem aber der im allgemeinen relativ hohe Anteil des Verteilungsaufwandes am Endverbraucherpreis. Dieser Aufwendigkeit zahlreicher Absatzwege stehen vielfach nur geringe Rationalisierungsbemühungen der Absatzwirtschaft gegenüber.

2. Funktionelle Veränderungen in der Absatzwirtschaft

Die Notwendigkeit einer ganzheitlichen bzw. gesamtwirtschaftlich umfassenden Betrachtung der Kosten der Absatzwirtschaft ergibt sich aus der engen, aber doch äußerst elastischen leistungswirtschaftlichen Verflechung der einzelnen Absatzstufen. Die funktionelle Struktur der Absatzwirtschaft ist in keiner Weise starr oder unbeweglich. Sie stellt vielmehr ein sehr anpassungsfähiges Gebilde dar, das durch funktionelle Verschiebungen immer wieder verändert wird[10]. Diese Veränderungen zeigen sich

---

[8] Auch die als Verteilungsaufwand ausgewiesenen Zahlen der Tabellen 29—34 sind insoweit unvollständig, als der Herstellungsaufwand aus Vorleistungen früherer Absatzstufen Verteilungsaufwand enthält.

[9] Siehe Anhang.

[10] Vgl. z. B. *Gross*, H.: Der Handel geht neue Wege, a. a. O.; ders.: Von der Bruttospanne zur rationellen Kostenberechnung, in: DB., 10. Jg. 1957, S. 661.

a) in der „organisatorischen Austauschbarkeit“[11] von Vertrieb und Beschaffung und
b) in der Verlagerung von Vertriebsfunktionen u. ä. auf vor- oder nachgeschaltete Absatzstufen.

Sie können zur starken Konzentration von Leistung und Kosten bei einzelnen Absatzstufen führen.

a) Die organisatorische Austauschbarkeit von Vertrieb und Beschaffung

Die organisatorische Austauschbarkeit von Vertrieb und Beschaffung ist, wie im einzelnen bereits erläutert wurde[12], so zu verstehen, daß sich die Verkaufstätigkeit eines Unternehmens und die Einkaufstätigkeit seiner Abnehmer in ihrer funktionellen Leistung ergänzen: „einer weit vorstoßenden Verkaufsorganisation des Anbieters entspricht zumeist ein gering entwickeltes Einkaufswesen der Nachfrager[13]“ und umgekehrt.

Diese enge leistungswirtschaftliche Verflechtung bewirkt, daß der Vertrieb einer Absatzstufe und die Beschaffung der nachgelagerten Absatzstufe im gesamtwirtschaftlichen Leistungsprozeß eine Funktionseinheit bilden, die lediglich dadurch aufgespalten wird, daß sie sich über zwei Absatzstufen, d. h. zwei im wirtschaftlichen Leistungsprozeß hintereinander geschaltete Unternehmen, erstreckt.

Das typische Beispiel für eine Funktionsverlagerung zwischen Vertrieb und Beschaffung zeigt sich im Bestreben zahlreicher Branchen des Großhandels, die Lagerfunktion im Einkauf auf die Industrie bzw. ihre Zulieferer und im Verkauf auf die industriellen Abnehmer, vor allem aber, wie bei den Kettenbildungen (ratio-Zentrale, Spar u. a.), auf den Einzelhandel abzuwälzen[14]. Andererseits versucht aber auch die Industrie, durch Gewährung von Funktionsrabatten, Staffelpreisen usw. die Aufgabe der Warenlagerung ihren Abnehmern, vornehmlich also dem Großhandel, aufzudrängen. Das gilt insbesondere für den Konsumgütermarkt. Auch die Aufgabe des Warentransportes wird häufig vom Vertrieb der einen auf die Beschaffung der nachgelagerten Absatzstufe abgewälzt oder umgekehrt[15, 16].

Ähnlich sind auch die Funktionsverlagerungen zwischen Handel und dem Konsumenten zu werten. Aufgaben, die früher vom Einzelhandel

---

[11] *Schäfer*, E.: Die Aufgabe der Absatzwirtschaft, a. a. O., S. 13, vgl. auch S. 90 ff.
[12] Vgl. Abschnitt I 2 b.
[13] *Schäfer*, E.: Die Aufgabe der Absatzwirtschaft, a. a. O., S. 13, vgl. auch S. 90 ff.
[14] Vgl. *Gross*, H.: Der Handel geht neue Wege, a. a. O., S. 252 ff.
[15] Vgl. insbes. ders.: S. 252 ff.
[16] Zum Beispiel beim sogenannten cash- and carry-Geschäft.

erbracht wurden, gehen heute vielfach zu Lasten des letzten Verbrauchers. Der Konsument verzichtet auf Verkaufsgespräch und Beratung und bedient sich selbst. Er verzichtet vielfach auch auf Kundendienst, Garantieleistung usw. Der zuerst in Amerika, heute aber auch in Europa verbreitete Supermarkt und das Diskonthaus sind dafür ähnliche Beispiele absatzwirtschaftlicher Funktionsdynamik, wie der Selbstbedienungsladen, der Beziehungshandel und der Direktverkauf bei uns[17].

Die leistungsmäßige Einheit von Vertrieb und Beschaffung bedingt, daß auch die Kosten beider Bereiche als Einheit gesehen werden müssen. Das bedeutet aber, daß eine Beurteilung der Kosten der Absatzwirtschaft im Hinblick auf ihre Angemessenheit als gesamtwirtschaftlicher Preisfaktor nur unter Einbeziehung des gesamtwirtschaftlichen Aspektes, der Vertrieb und Beschaffung als Einheit sieht, möglich ist. Bei einer isolierten Betrachtung des Vertriebs verleiten die entsprechend der Art und dem Ausmaß der einzelwirtschaftlichen Vertriebsleistung variierenden Vertriebskosten nur zu leicht zu einer falschen Beurteilung, je nachdem, welcher Anteil der absatzwirtschaftlichen Leistung vom Einkaufswesen des Abnehmerbetriebes übernommen wird.

b) Funktionsverlagerungen im Vertriebsbereich

Eines der auffallendsten Beispiele der Verlagerung von Vertriebsaufgaben auf vor- oder nachgelagerte Absatzstufen zeigt sich in der Tendenz, Werbung und Kundeninformation im Konsumgütermarkt statt vom Handel vollständig vom industriellen Erzeuger durchführen zu lassen. Das geht so weit, daß beispielsweise Markenartikelhersteller für den Großhändler die Information der Einzelhändler übernehmen, die Schaufensterdekoration des Einzelhandels durchführen und in den Einzelhandelsgeschäften den Verbraucher unterrichten[18]. Andererseits schiebt die Konsumgüterindustrie den Kundendienst, Montageleistungen, Änderungsarbeiten (z. B. bei Bekleidung), Garantieverpflichtungen und Reparaturleistungen in steigendem Ausmaß auf den Facheinzelhandel ab[19]. Zum Teil handelt es sich hier jedoch, wie beispielsweise bei den Änderungsarbeiten, Reparaturleistungen u. ä., um ein Ab-

---

[17] Vgl. z. B. *Gross*, H.: Der Handel geht neue Wege, a. a. O., S. 94 ff.

[18] Vgl. insbesondere: *Schäfer*, E.: Wandlungen im Binnenabsatz und in der Exportorganisation, in: Gestaltwandel der Unternehmung. Nürnberger Abhandlungen zu den Wirtschafts- und Sozialwissenschaften, Heft 4, Berlin 1954, S. 251 ff., insbes. S. 254 ff.; ders.: Wandlungen in der absatzwirtschaftlichen Organisation des Fertigwarenexports, in: Bd. 10 der Schriften des Vereins für Sozialpolitik, Berlin 1954, S. 201 ff., insbes. S. 208 f. und 219 ff.

[19] Vgl. z. B. *Gross*, H.: Verschmelzung der Absatzstufen, in: Handelsblatt vom 20./21. Dezember 1957, S. 13.

wälzen von Fertigungsleistungen bzw. fertigungsähnlichen Leistungen auf den Vertrieb, die im einzelnen noch dargestellt wird.

Weiterhin sei an die Kettenbildungen zwischen Lebensmittelgroß- und -einzelhandel (Spar, ratio u. a.) erinnert. Hier werden Werbung, Vorverpacken der Ware und ähnliche Aufgaben, ja selbst die Buchführung und andere Verwaltungsarbeiten des Einzelhandels vom Kettengroßisten übernommen[20].

Auch in diesen Beispielen zeigt sich die enge leistungsmäßige Verflechtung der Absatzwirtschaft und die Problematik, die einer einzelwirtschaftlichen Betrachtung der Absatzleistung und somit der Vertriebs- bzw. Absatzkosten innewohnt.

Kosten bzw. Aufwand und Leistung der Absatzwirtschaft sind demnach in ihrem ganzheitlichen Zusammenhang, d. h. als Ganzes zu beurteilen. Die funktionellen Verschiebungen im Bereich der Absatzwirtschaft bewirken, daß deren leistungsmäßige Struktur von Branche zu Branche, ja sogar von Unternehmen zu Unternehmen variiert. Das schließt einen kostenmäßigen Vergleich in der Regel aus und macht eine Beurteilung der Vertriebs- bzw. Absatzkosten im Hinblick auf ihre Angemessenheit als gesamtwirtschaftlicher Preisfaktor nur zu oft illusorisch, weil die Vergleichsmaßstäbe aus den vorstehend aufgezeigten Gründen verzerrt sind bzw. vollkommen fehlen. Zudem ist man nur zu leicht geneigt, relativ ungünstig oder aber günstig erscheinende einzelwirtschaftliche Kostensituationen verallgemeinernd dem Werturteil für eine ganze Branche oder die Absatzwirtschaft schlechthin zugrunde zu legen.

3. Die Interdependenz der Entwicklung von Fertigungskosten und Vertriebs- bzw. Absatzkosten

Die Kritik, die vielfach an der Höhe der Kosten der Absatzwirtschaft geübt wird, findet ihr eigentliches Stimulans in der augenscheinlichen Tendenz ständig steigender Vertriebs- bzw. Absatzkosten[21], einer Begleiterscheinung des Technisierungs- und Industrialisierungsprozesses der vergangenen Jahrzehnte. Die Folgerung nun, daß bei einer derartigen Entwicklungstendenz der Vertriebs- bzw. Absatzkosten deren Anteil am Warenpreis ungerechtfertigt hoch sein müsse, drängt sich geradezu auf.

---

[20] Vgl. insbesondere *Gross*, H.: Der Handel geht neue Wege, a. a. O., S. 252 ff.

[21] Vgl. *Behrens*, K. C.: Die Senkung der Handelsspannen, a. a. O., S. 363; *Guth*, E.: Das Problem der Vertriebskosten, in: DB., 7. Jg. 1954, S. 237; *Hirsch*, J. und *Brandt*, K.: a. a. O., S. 19; *Hirsch*, J.: Kennzahlen zur Handelsforschung, a. a. O., S. 1, 7 und 73; *Küspert*, E.: Industrielle Vertriebskosten-Bedingungen, Abrechnung und Kalkulation, a. a. O., S. 1; *Mellerowicz*, K.: a. a. O., S. 148 und 151; *Prieß*, F.: a. a. O., S. 541; *Sundhoff*, E.: a. a. O., S. 258.

Die Ursachen dieser Vertriebskostenentwicklung sind jedoch, abgesehen von marktbedingten Einflüssen, einerseits in der Industrialisierung, insbesondere in der Verwirklichung des Grundsatzes ‚wirtschaftlicher' Gütererzeugung durch industrielle Massenproduktion, und andererseits in der Wesensart der Absatzleistung zu suchen. Sowohl Konzentration und Spezialisierung der Fertigung, Typisierung und Standardisierung der Produkte und der Produktionsprogramme, Mechanisierung, Maschinisierung und Automatisierung des Fertigungsablaufs als auch die Forderung nach Individualisierung und Differenzierung der Absatzleistung führten und führen auch heute noch zu einer laufenden Steigerung der Leistung der Absatzwirtschaft, die zwangsläufig auch zu einer Ausweitung ihrer Kosten führen muß.

Während also die Vergrößerung des Fertigungsvolumens eine Tendenz sinkender Leistungskosten der Fertigung zur Folge hat, führt die Leistungssteigerung der Absatzwirtschaft zu einem Anwachsen der auf die Verkaufseinheit bezogenen Vertriebs- bzw. Absatzkosten.

Die Tatsache, daß wesentliche Impulse der Tendenz steigender Kosten der Absatzwirtschaft von der Fertigung ausgehen, die Fertigungskosten dagegen eine von der Organisations- und Leistungsstruktur usw. her bedingte, den Vertriebs- bzw. Absatzkosten entgegengesetzte Entwicklungstendenz aufweisen, zeigt die Unhaltbarkeit einer Beurteilung der letztgenannten Kosten allein auf Grund ihrer ansteigenden Entwicklung. Das gilt sowohl für die Frage der Angemessenheit dieser Kosten als gesamtwirtschaftlicher Preisfaktor als auch für ihre Bedeutung als Erfolgsgröße des einzelnen Unternehmens. Die offensichtlich ständig steigenden Kosten der Absatzwirtschaft werden, wenn man die Gesamtkosten einer Wareneinheit betrachtet, durch die sinkenden Kosten der Herstellung ganz oder teilweise ausgeglichen, unter Umständen sogar überkompensiert. Deshalb ist eine ganzheitliche Betrachtung der Kosten bzw. des Aufwandes von Fertigung und Vertrieb bzw. Verteilung erforderlich. „Es ist daher nicht richtig, den Preis einer Ware in Herstellungs- und Absatzkosten streng aufzuteilen. Richtig ist, die Kosten als eine unteilbare Einheit anzusehen, die sowohl die Herstellung als auch den Absatz umfaßt ...[22, 23]."

Zu berücksichtigen ist dabei auch, daß die Vertriebs- bzw. Absatzkosten zum Teil zwar relativ steigen, absolut gesehen aber konstant bleiben. Die Ursache einer derartigen, lediglich relativen Steigerung der auf den Warenpreis oder die Herstellkosten bezogenen Kosten des Absatzes ist in einer Senkung der Produktionskosten zu suchen, die zu

---

[22] *Frerichs*, G. D.: a. a. O., S. 5.

[23] Vgl. auch *Hessenmüller*, B.: Diskussion über die Handelsspanne, a. a. O., S. 762: „Jede Rationalisierung der Güterverteilung hat ... die Ganzheit der Zusammenhänge in den Organisationsgebilden im Auge zu behalten."

einer Verminderung der Berechnungsbasis, d. h. des Warenpreises oder der Herstellkosten führt[24]. Insbesondere dieses ausschließlich relative, rein optische Anwachsen der Vertriebs- bzw. Absatzkosten führt leicht zu deren falscher Beurteilung.

Nachstehend soll versucht werden, die durch die Wechselbeziehungen und die Unterschiede der kostenorientierten Fertigungswirtschaft und der ertragsorientierten Absatzwirtschaft bedingte gegenläufige Entwicklung der Kosten dieser beiden Bereiche in ihren wichtigsten Ursachen und Wirkungen aufzuzeigen. Entgegen der Ansicht von *Prieß*[25] ist somit zu zeigen, daß ein gewisser kausaler Zusammenhang zwischen der Entwicklung von Fertigungskosten und Vertriebs- bzw. Absatzkosten besteht.

Die angedeutete, rein rechnerische Beeinflussung der prozentualen Vertriebs- bzw. Absatzkosten durch Verminderung der Bezugsbasis bedarf dagegen keiner weiteren Erläuterung.

a) Wechselbeziehungen des Prinzips wirtschaftlicher Fertigung und steigender Absatzleistung

Die Verwirklichung des Prinzips der Wirtschaftlichkeit in der Produktion — diese läßt sich nur relativ, d. h. entsprechend dem jeweiligen Stand der Technik und der Organisationserfahrung beurteilen — setzt unabdingbar die Anwendung der durch den technischen und, wenn man die ungewohnte Formulierung nicht scheut, organisatorischen Fortschritt geschaffenen Möglichkeiten und eine entsprechende Anpassung der Leistungsstruktur voraus.

Die Auswirkungen des technischen Fortschrittes zeigen sich in der Verwendung neuartiger Rohstoffe, vor allem aber in der weitgehenden Mechanisierung, Maschinisierung und Automatisierung der Fertigung. Die organisatorischen Maßnahmen laufen dagegen auf eine Konzentration der Produktionskräfte und eine Verbesserung des Produktionsablaufs hinaus. Die Anpassungsmaßnahmen in der Leistungsstruktur dagegen führen zur Typisierung und Standardisierung der Erzeugnisse und zur Spezialisierung der Fertigung. Letztlich handelt es sich also um Einflüsse, die zur industriellen Massenproduktion führen, die ihrerseits wiederum eine Ausweitung des Produktionsvolumens, d. h. eine Erhöhung der Kapazität der Fertigung mit sich bringt.

Zugleich ergibt sich die Notwendigkeit der Auflage möglichst großer Fertigungslose und der Verminderung des Sortiments. Der anlagenintensive und somit hohe Bereitschaftskosten verursachende Produk-

---

[24] Vgl. auch *Törnquist*, G.: Kostenstruktur und Preissetzung im Warenhandel, in: ZfhF., NF., 7. Jg. 1955, Fußnote auf S. 458.

[25] *Prieß*, F.: Die Vertriebskosten als Problem des Handels, a. a. O., S. 543.

tionsapparat drängt zudem auf möglichst hohe und gleichmäßige Beschäftigung.

Mit der durch die technische Entwicklung ermöglichten Verbesserung der Fertigungsmethoden, aber auch durch die immer stärkeren Konzentrationsbestrebungen der Industrie werden die Fertigungsbedingungen vom kostenmäßigen Standpunkt aus gesehen immer günstiger. Betriebsgrößen-, Beschäftigungs- und Auflagendegression, um nur die wichtigsten zu nennen, führen so zu einer Tendenz zumindest relativ, d. h. am Preis gesehen sinkender Leistungseinheitskosten der Fertigung. Doch diese Tatsachen sind zu bekannt, als daß es erforderlich erschiene, sie eingehender zu erörtern.

Die industrielle Massenproduktion nun bleibt auch auf die Absatzwirtschaft nicht ohne Einfluß. Die Ausweitung der fertigungstechnischen Betriebsgröße bedingt zugleich eine Vergrößerung des Absatzvolumens. Die infolge der Starrheit des technischen Produktionsapparates notwendige hohe Beschäftigungskonstanz der Fertigung und die Vergrößerung der Fertigungslose führt zu Diskrepanzen zwischen der fertigungs- und der absatzwirtschaftlichen Beschäftigung, die durch Lagerung der Ware ausgeglichen werden müssen. Die Verringerung der Warensortimente, die Standardisierung und Typisierung der Produkte und die Spezialisierung der Fertigung auf bestimmte Erzeugnisse hat zudem eine Vergrößerung des Absatzgebietes der einzelnen Unternehmen zur Folge, oder aber sie bedingt das Einschalten von Absatzstufen, die die sich daraus ergebenden Unterschiede von Angebot und Nachfrage ausgleichen. Auch die Verwendung neuer Rohstoffe, die vielfach zum Ausgangspunkt neuartiger Erzeugnisse werden, stellt der Absatzwirtschaft ständig neue Aufgaben. Selbst fertigungstechnische Leistungen, wie Montage, Reparaturen, Abänderungen, Verpacken der Ware in Verkaufseinheiten u. ä. werden dem Vertriebsbereich im Zusammenhang mit den Bestrebungen zur Rationalisierung der Fertigung zugeschoben[26].

Die kostenmäßigen Auswirkungen der hier angedeuteten Ausweitung der absatzwirtschaftlichen Leistung wurden bereits eingehend dargestellt, so daß es sich erübrigt, sie in diesem Zusammenhang erneut aufzuzeigen. Es steht jedoch fest, daß die der Absatzwirtschaft von der Fertigung in immer stärkerem Maße aufgedrängten Aufgaben die wesentlichste Ursache für die laufende Steigerung der Vertriebs- bzw. Absatzkosten darstellen. *Schäfer* schreibt dazu: „Unseres Erachtens ist die immer stärkere Verwirklichung der geschilderten Produktionstendenzen in der modernen Industrie die wichtigste Ursache für den seit Jahrzehnten anwachsenden Verteilungsapparat der westlichen Volkswirtschaften und für den viel kritisierten hohen Anteil der Verteilungs-

[26] Vgl. z. B. *Gross*, H.: Verschmelzung der Absatzstufen, a. a. O., S. 13.

kosten in den gesamten Kosten der Fertigwaren[27]." „Die Kosten des Vertriebs sind eine Folge der Massenproduktion und der Massenverteilung der Waren[28, 29]."

Wurden mit diesen Einflüssen, die von der Technik her über die Fertigung die eigentlichen Impulse der Vergrößerung der Absatzleistung und der steigenden Vertriebs- bzw. Absatzkosten darstellen, die ursprünglichen Beziehungen zwischen Produktion und Absatz aufgezeigt, so zeigt sich in neuerer Zeit auch die umgekehrte Entwicklung: Die Anstöße zur Massenproduktion gehen weitgehend vom Markt und von der Absatzwirtschaft selbst aus. Das Beispiel vieler Markenartikel des Konsumgütermarktes (Zigaretten, Getränke, Kosmetika, Wasch- und Reinigungsmittel usw.) zeigt, wie der Markt durch intensive und großzügige Werbung erschlossen, ja, mit Hilfe der Mittel des sogenannten Marketing[30] ‚gemacht'[31] wird, um so die Grundlage für eine Massenproduktion zu schaffen.

Während also die ursprüngliche Entwicklung zur Massenproduktion aus der technischen Produktionssphäre ihre Anstöße erhielt und die Tendenz sinkender Fertigungskosten steigende Vertriebs- bzw. Absatzkosten nach sich zog, kamen die Impulse in der Folgezeit vielfach aus der entgegengesetzten Richtung, vom Markt bzw. von der Absatzwirtschaft her[32]. Dementsprechend sind in dieser Phase die steigenden Vertriebs- bzw. Absatzkosten nicht ausschließlich eine Folgeerscheinung steigender Anforderungen der Fertigung. Vielmehr ermöglichen die verstärkten Bemühungen der Absatzwirtschaft um die Erschließung des Marktes, die zwangsläufig zu erhöhten Vertriebs- bzw. Absatzkosten führen, eine Vergrößerung des Produktionsvolumens und geben damit den Anstoß zu einer Tendenz abnehmender Fertigungskosten[33].

Die eigentliche Ursache der vorstehend an den äußeren Symptomen dargestellten unterschiedlichen Auswirkung eines steigenden Leistungsvolumens auf die Leistungseinheitskosten der Fertigung einerseits und auf die Vertriebs- bzw. Absatzkosten je Verkaufseinheit andererseits ist im Wesensunterschied beider Wirtschaftsbereiche innerhalb des

---

[27] *Schäfer*, E.: Das Absatzwesen und die Problematik seiner Wirtschaftlichkeit, a. a. O., S. 72.

[28] *Hobart*, D. M. und *Wood*, J. P.: a. a. O., S. 111.

[29] Vgl. auch *Hundhausen*, C.: Die Vertriebskosten als Problem der Industrie, a. a. O., S. 527 und *Seyffert*, R.: Wirtschaftslehre des Handels, a. a. O. S. 485.

[30] d. h. der Marktschaffung.

[31] Vgl. *Gross*, H.: Der Handel geht neue Wege, a. a. O., S. 32 ff.

[32] Man wird dabei jedoch berücksichtigen müssen, daß die offensichtlich durch den Markt erfolgten Anstöße zur Massenfertigung ihren Ursprung letztlich in der durch die Technik gegebenen Möglichkeiten dieses Fertigungssystems mit seinen kostenmäßigen Vorteilen haben. Also auch hier liegt in der Idee die Tendenz zur Massenfertigung zugrunde.

[33] Vgl. *Frerichs*, G. D.: a. a. O., S. 5.

Spannungsfeldes von Natur- und Bedarfsordnung zu suchen. Die Überführung der Naturordnung in die Bedarfsordnung, letztlich die Aufgabe alles Wirtschaftens, zeigt sich im Produktionsbereich als technisch-körperliche *Umformung bzw. Umwandlung*, im Absatzbereich dagegen vor allem als geistig-dispositive *Umgruppierung bzw. Umordnung*[34]. Die *Absatzwirtschaft* ist dabei vorwiegend *ertragsorientiert*. Ihre Aufgabe ist die „möglichst genaue qualitative und quantitative Einfügung der spezifischen Leistungen des Betriebs"[35] in dessen übergeordnete Ziele. Die Absatzwirtschaft ist demnach als *Ertragswirtschaft* auf die Bewirtschaftung von *Zwecken* ausgerichtet[36]. Die *Fertigung* dagegen ist *kostenorientiert*. Sie hat „die dem Betrieb zur Verfügung stehenden Mittel in sorgsamster Weise auf dieses bedarfsorientierte Ziel des einzelnen Unternehmens abzustimmen"[36]. Die Fertigung ist somit als *Kostenwirtschaft* auf die Bewirtschaftung von *Mitteln* ausgerichtet[36].

Die Forderungen der Kostenwirtschaft werden in dem von der Technik beherrschten Fertigungsbereich mit seiner Tendenz zur Vereinheitlichung, Gleichförmigkeit, Standardisierung, Mechanisierung, Maschinisierung und Automatisierung[37] wenn nicht immer optimal verwirklicht, so doch erstrebt. Das der Ertragswirtschaft wesenseigene Kriterium der Differenzierung und Individualisierung der Leistung[37] entsprechend dem Wandel der Bedürfnisse des Marktes findet seinen stärksten Ausdruck in der modernen Absatzwirtschaft der Gegenwart. Dabei zeigten die genannten Wesensmerkmale der Kostenwirtschaft kostensenkenden, die der Ertragswirtschaft kostenerhöhenden Charakter.

Die Tendenz zur Kostensenkung in der Fertigungswirtschaft wird durch das Vorherrschen der Technik, d. h. der technischen Mittel, deren sich die Produktion zur Durchführung des Umformungsprozesses im Mittel-Zweck-Zusammenhang der Wirtschaft[38] bedient, verstärkt. Die Ursache ist im ständigen technischen und organisatorischen Fortschritt auf allen Gebieten der Fertigung zu suchen, der zu immer neuen Kostenminima bzw. Leistungsmaxima führt.

Die Absatzwirtschaft dagegen, die im Spannungsfeld der Natur-Bedarfsordnung den Umgruppierungsprozeß durchführt[38], bedient sich vielfach bis heute noch als Mittel nur in geringem Umfange der Technik, in starkem Maße jedoch der geistig-dispositiven Fähigkeiten des arbeitenden Menschen (vgl. die nachfolgende Übersicht 6). Auf Grund

[34] Vgl. *Schäfer*, E.: Die Aufgabe der Absatzwirtschaft, a. a. O., S. 9 ff.; ders. Die Unternehmung, a. a. O., S. 9 f.
[35] Ders.: Die Aufgabe der Absatzwirtschaft, a. a. O., S. 126.
[36] Ders.: Die Aufgabe der Absatzwirtschaft, a. a. O., S. 126.
[37] Ders.: Das Absatzwesen und die Problematik seiner Wirtschaftlichkeit, a. a. O., S. 72.
[38] Ders.: Die Aufgabe der Absatzwirtschaft, a. a. O., S. 13.

dieser weitgehend persönlichen Leistung bietet der Vertrieb häufig äußerst wenig Ansatzpunkte für eine technische Rationalisierung[39].

Übersicht 6

Mittel und Zwecke von Fertigung und Absatz und ihr Einfluß auf die Kostengestaltung

Fertigung als Kostenwirtschaft		Absatz als Ertragswirtschaft	
Mittel	Zwecke	Mittel	Zwecke
vorwiegend *Technik*	Umformung der Natur- in die Bedarfsordnung	vorwiegend *geistig dispositive Fähigkeiten;* Technik bis heute vielfach noch in geringem Umfang	*Umgruppierung* der Natur- in die Bedarfsordnung
Tendenz starker *Kostensenkung* durch technischen Fortschritt und technische Rationalisierung (Mechanisierung, Maschinisierung und Automatisierung der Fertigung usw.).	Tendenz starker *Kostensenkung* durch die Forderungen der Fertigungswirtschaft: Massenproduktion; Vereinheitlichung und Standardisierung der Produkte.	Tendenz geringfügiger *Kostensenkung* durch Rationalisierung des Arbeitsfaktors ‚Mensch‘; Tendenz starker *Kostensenkung* durch Rationalisierung der technischen Betriebsmittel und ihrer Organisation usw.	Tendenz starker *Kostensteigerung* durch die Forderungen des Absatzmarktes: Differenzierung, Individualisierung der Leistung usw. Marketing

Zusammenfassend kann festgehalten werden, daß die Gegensätzlichkeit der Mittel und Zwecke der kostenbetonten Fertigungswirtschaft einerseits und der ertragsorientierten Absatzwirtschaft andererseits als die eigentlichen Verursachungsmomente der gegenläufigen Kostenentwicklung beider Bereiche angesprochen werden müssen. Sie zeigt aber auch, daß und warum die Entwicklung der Vertriebs- bzw. Absatzkosten nicht mit der der Fertigungskosten verglichen werden kann, insbesonderer aber, daß die absatzwirtschaftliche Aufgabe, für möglichst großen Verwendungsnutzen der ‚bewirtschafteten Zwecke‘ zu sorgen, unvereinbar ist mit den Grundsätzen der Kostenwirtschaft[40].

[39] Vgl. z. B. *Buddeberg,* H.: Die Kosten als Leistungsmaßstab des Handels, a. a. O., S. 303; *Hirsch,* J. und *Brandt,* K.: a. a. O., S. 19; *Seidel,* H.: Die Handelsspanne, in: Der Volkswirt, Beilage zu Nr. 42 vom 16. Oktober 1954, Deutsche Wirtschaft im Querschnitt, 28. Folge, Einzelhandel, S. 11.

[40] Vgl. *Schäfer,* E.: Das Absatzwesen und die Problematik seiner Wirtschaftlichkeit, a. a. O., S. 72.

Die Tendenz steigender Vertriebs- bzw. Absatzkosten, die als eines der auffallendsten Merkmale der heutigen Absatzwirtschaft, ja, als Zentralproblem der Verteilung überhaupt angesehen wird[41], wird in der Literatur nur durch unwesentliche Zahlenangaben belegt. Lediglich die Entwicklung der Gesamtkosten einiger Zweige des Groß- und Einzelhandels wird zahlenmäßig nachgewiesen (vgl. Tabellen 11, 17 und 18)[42]. Angaben über die Entwicklung der Vertriebskosten der Industrie dagegen fehlen vollständig.

Die in den Tabellen 35 und 36[42] wiedergegebenen Kostenindexzahlen des Einzelhandels wurden nicht, wie allgemein üblich, auf Grund der prozentualen Abschlagsspannen errechnet, sondern unter Berücksichtigung der zum Teil sehr unterschiedlichen Preisentwicklung der einzelnen Branchen. Die ausschließlich mit Hilfe der prozentualen Kostenauf- oder -abschlagsspannen ermittelten Indices ergeben ein vollkommen falsches Bild der tatsächlichen Entwicklung der Kosten[43]. Die Kosten nehmen bei unveränderten relativen Auf- oder Abschlagsspannen absolut zu, wenn die Preise anziehen. Sie nehmen jedoch ab, wenn die Preise sinkende Tendenz aufweisen.

Für den Einzelhandel zeigen die Indices der relativen Kostenabschlagsspannen ohne Berücksichtigung von Änderungen der Warenpreise in den ersten Nachkriegsjahren gegenüber der Vorkriegszeit im allgemeinen sinkende, ab etwa 1951 jedoch steigende Tendenz (vgl. Tabelle 11[44]). Die ergänzende Einbeziehung der Preisänderungen legt die zum Teil beachtenswerten effektiven Erhöhungen der Kosten dar. Ähnlich dürften die Verhältnisse auch bei den anderen Absatzstufen liegen.

Zu beachten ist jedoch, daß die aufgezeigten Kostendaten unter dem Einfluß einer Vielzahl von Kosteneinflüssen stehen, also auch von Faktoren, die nicht leistungsbedingt sind. Das Ausmaß dieser Einflüsse wird nicht genannt. Insoweit sind die Vergleichszahlen für den Nachweis der Tendenz steigender Kosten der Absatzwirtschaft auf Grund des Einflusses der Fertigung selbstverständlich nur bedingt brauchbar bzw. unbrauchbar.

b) Die Übernahme von Vertriebsaufgaben durch die Fertigung

Die gegenseitige Beeinflussung von Fertigung und Vertrieb erschöpft sich nun nicht darin, daß die Verwirklichung der Prinzipien rationeller Fertigung der Absatzwirtschaft ständig steigende Leistungen aufbürdet. Auf dem Konsumgütermarkt lassen sich vielmehr Tendenzen er-

---

41 Vgl. *Seyffert*, R.: Die Problematik der Distribution, a. a. O., S. 13.
42 Siehe Anhang.
43 Das gilt auch für die in den Tabellen 11, 17 und 18 wiedergegebenen Indices.
44 Siehe Anhang.

kennen, die eindeutig auch die umgekehrte Entwicklung zeigen. Die Fertigung übernimmt Aufgaben des Vertriebs[45]. Diese Entwicklung geht Hand in Hand mit der Verdrängung der ‚anonymen‘ Ware durch Markenartikel. Die früher in großen Verpackungseinheiten über den Großhandel an den Einzelhandel gelangenden Waren, die dort in kleinere Packeinheiten abgefüllt werden mußten, werden heute vielfach in der Fertigung in kleine verkaufsfertige Einheiten abgewogen, dosiert, verkaufsgerecht verpackt usw. Hinzu kommt, daß die Verkaufsverpackung durch ihre Aufmachung einen Teil der Verkaufs- und Werbebemühungen des Händlers übernimmt.

Auch diese Momente, die steigende Kosten der Fertigung bei abnehmenden Kosten des Absatzes bedingen, müssen bei einer Beurteilung der Vertriebs- bzw. Absatzkosten berücksichtigt werden.

c) Der kompensatorische Effekt gegenläufiger Entwicklung von Fertigungskosten und Vertriebs- bzw. Absatzkosten

Es steht somit fest, daß die industrielle Entwicklung über die durch technischen und organisatorischen Fortschritt ermöglichte Massenproduktion bzw. die vom Markt und der Absatzwirtschaft ausgehenden Impulse zur Ausweitung des Produktionsvolumens zu einer Tendenz sinkender Fertigungskosten und steigender Vertriebs- bzw. Absatzkosten führt. Die gegenläufige Entwicklung der Kosten dieser beiden Bereiche nun bedingt, daß sich die preissteigernde Tendenz der Vertriebs- bzw. Absatzkosten gegen die preissenkende Tendenz der Fertigungskosten, auf die Wareneinheit bezogen, ganz oder teilweise aufhebt.

Die Übernahme von Teilleistungen vom Absatzbereich in die Fertigung dagegen bedingt steigende Fertigungskosten bei abnehmenden Vertriebs- bzw. Absatzkosten. Auf den Warenpreis bezogen, gleichen sich die entgegengesetzt verlaufenden Kosten beider Bereiche vielfach nicht nur aus. Die rationellere Durchführung dieser vor allem technischen Arbeitsverrichtungen in der Fertigung kann vielmehr zu Preissenkungen führen.

Eine generelle Aussage darüber, bei welchen Artikeln bzw. in welchen Branchen man durch die ausgleichende Wirkung der gegenläufigen Entwicklung von Fertigungs- und Vertriebs- bzw. Absatzkosten — wenn man von dem durch Geldentwertung und andere Momente bedingten Preisauftrieb absieht — von einer Preiskonstanz oder sogar Preissenkung sprechen kann, läßt sich mangels konkreter Zahlenunterlagen nicht machen. Die von G. D. *Frerichs*[46] vertretene Auffassung:

---

[45] Vgl. *Schäfer*, E.: Wandlungen im Binnenabsatz und in der Exportorganisation, a. a. O., S. 254 ff.

[46] *Frerichs*, G. D.: a. a. O., S. 5.

„Hohe Absatzkosten verbilligen die Ware“, gilt daher, wie im übrigen auch nachgewiesen, nicht uneingeschränkt. Insbesondere bei einer Übernahme von Absatzaufgaben durch die Fertigung trifft diese These nicht zu. Sie müßte für dieses Teilproblem vielmehr lauten: Niedrige Absatzkosten verbilligen die Ware. Insgesamt gesehen überwiegt jedoch die Tendenz steigender Kosten des Absatzbereichs bei abnehmenden Produktionskosten, so daß man der Auffassung Frerichs in aller Regel zustimmen kann. Voraussetzung ist dabei die Verwirklichung des ökonomischen Prinzips sowohl im Absatzbereich als auch in der Produktion.

Auch die Tatsache, daß sich der durchschnittliche Herstellaufwand am Verbraucherendpreis in den USA auf 40 % gegenüber 60 % Verteilungsaufwand beläuft, während in Europa das Verhältnis Herstellaufwand zu Verteilungsaufwand 60 : 40 beträgt, wobei in den südeuropäischen Ländern der Anteil des Herstellaufwandes 70 % gegenüber 30 % Verteilungsaufwand, in Nordeuropa dagegen 50 % : 50 % ausmacht[47], zeigt in etwa, daß durch eine Verstärkung der Absatzbemühungen und somit durch eine Erhöhung der Vertriebs- bzw. Absatzkosten eine Verminderung der Warenpreise zu erreichen ist.

Der höhere Verteilungsaufwand, der beispielsweise in den USA gegenüber Europa oder in den nordeuropäischen gegenüber den südeuropäischen Ländern ausgewiesen wird, ist weniger durch seinen absolut hohen Anteil am Warenpreis bedingt. Er ist vielmehr in den durch günstigere Herstellkosten relativ niedrigeren Warenpreisen zu suchen, die zwangsläufig den Anteil des Verteilungsaufwandes relativ höher erscheinen lassen[47].

Frerichs[47] führt dazu aus, „daß diese niedrigen Absatzkosten[48] dem Handel dieser Länder keine wirklich verkaufsfördernde Arbeit zur Erhöhung des Absatzes der Industrieprodukte erlauben“ und daß die Waren „in so kleinen Quantitäten hergestellt“ werden, „daß die Produktionskosten sehr hoch liegen und deshalb auch der Preis, den der Verbraucher bezahlen soll, sehr hoch ist“. Weiter schreibt er: „Trotz der hohen amerikanischen Absatzkosten besteht Einmütigkeit, daß kein anderes Land der Welt imstande ist, seinen Verbrauchern Waren zu so niedrigen Preisen anzubieten. Trotz der für europäische Begriffe geradezu phantastischen Summen, die für verkaufsfördernde Zwecke ausgegeben werden, wie Inseratenwerbung, Fernsehreklame, Ausstellungen, Prospekte usw., erhalten alle Verbraucher Gelegenheit, Waren zu kaufen, die in Europa in vielen Fällen als ausgesprochene Luxusartikel angesehen werden[47].“

Mit den vorstehenden Ausführungen wurde darzustellen versucht, daß die Tendenz steigender Vertriebs- bzw. Absatzkosten in keiner Weise

[47] *Frerichs*, G. D.: a. a. O., S. 5.
[48] Gemeint sind die der südeuropäischen Länder.

eine Überhöhung der Kosten der Absatzwirtschaft beweist. Solange diese Entwicklung durch sinkende Fertigungs- bzw. Herstellkosten ausgeglichen oder sogar überkompensiert wird, kann nicht von einer Überdimensionierung des Verkaufsapparates und einer ungerechtfertigten Belastung des Warenangebotes mit Vertriebs- bzw. Absatzkosten gesprochen werden. Erst dann, wenn die Tendenz steigender Vertriebs- bzw. Absatzkosten keinen Ausgleich in sinkenden Fertigungs- bzw. Herstellkosten findet und so zum Preisauftrieb führt, kann diese Kritik unter Umständen berechtigt sein.

Die vorstehenden Ausführungen zeigen weiterhin sehr deutlich, daß auch die Beurteilung der Vertriebs- bzw. Absatzkosten als Erfolgsgröße die Möglichkeit gegenseitiger Beeinflussung der Kosten von Fertigung und Absatz berücksichtigen muß.

Die Überlegungen dieses Abschnittes zeigen schließlich, daß die Fertigungs- bzw. Herstellkosten nicht als Kalkulationsbasis der Vertriebskosten verwendet werden können. Die Kosten von Fertigung und Vertrieb verlaufen nicht proportional, sondern gegenläufig. Wie stark dabei der Grad der Gegenläufigkeit der Kostenentwicklung ist, läßt sich nicht generell, sondern nur von Fall zu Fall feststellen. Sinkenden Fertigungskosten entsprechen nicht sinkende, sondern anziehende Vertriebskosten und umgekehrt. Die unter statischen Gesichtspunkten aufgestellten Kostenrelationen und Kalkulationsgrößen werden demnach bei der angedeuteten, in der Praxis weitgehend üblichen Ermittlung der Zuschlagsätze vollkommen verzerrt wiedergegeben, wenn sich eine der beiden Beziehungsgrößen ändert.

VI. Möglichkeiten der Verbesserung der absatzwirtschaftlichen Verhältnisse

In den bisherigen Untersuchungen wurde aufzuzeigen versucht, daß die Vertriebs- bzw. Absatzkosten von mannigfachen betriebs- und marktbedingten Faktoren, insbesondere aber von der Absatzleistung beeinflußt werden. Weiterhin wurde dargelegt, daß die Tendenz steigender Kosten des Absatzbereichs durch die gegenläufige Entwicklung der Produktionskosten weitgehend ausgeglichen, ja sogar überkompensiert wird und daß die leistungs- und kostenmäßigen Verschiebungen zwischen einzelnen Absatzstufen, auf den gesamten Verteilungsaufwand einer Ware bezogen, vielfach neutral bleiben.

Damit sind die Grundlagen der Beurteilung der Vertriebs- bzw. Absatzkosten jedoch nicht erschöpfend dargestellt. Das Vertriebskostenproblem kann, insbesondere im Hinblick auf die Frage der einzelwirtschaftlichen und der gesamtwirtschaftlichen Wirtschaftlichkeit, nicht aus der Sicht der vielfach mit antiquierten Absatzmethoden und -organisationen arbeitenden und in einer erstarrten Denk- und Rechenweise verharrenden Absatzwirtschaft beurteilt werden. Das Problem muß vielmehr unter Berücksichtigung der Möglichkeiten zur Rationalisierung und Preissenkung gesehen werden, die offensichtlich im Absatzbereich vorhanden sind.

Derartige Verbesserungsmöglichkeiten der absatzwirtschaftlichen Verhältnisse sind eindeutig

1. in den durch Preisbindung und starre relative Handelsspannen fixierten Preisen und
2. in der mangelhaften Ökonomisierung weiter Bereiche der Absatzwirtschaft

vorhanden.

Die Preisreserven beeinflussen dabei über die Handelsspannen die Höhe des Verteilungsaufwandes, während der Grad der Ökonomisierung des Absatzes auf die Höhe der Vertriebs- bzw. Absatzkosten und damit gleichermaßen auf den Verteilungsaufwand einwirkt. Die angedeuteten Möglichkeiten zur Verbesserung der einzel- bzw. gesamtwirtschaftlichen Wirtschaftlichkeit des Absatzes sind daher von entscheidender Bedeutung für die Beurteilung der Vertriebs- bzw. Absatzkosten in ihrer Bedeutung als *einzelwirtschaftliche Erfolgsgröße* und bzw. oder im Hinblick auf ihre Angemessenheit als *gesamtwirtschaftlicher Preisfaktor*.

1. Möglichkeiten der Veränderung auf dem Preisstellungsgebiet

Die Preisgestaltung des Handels bzw. das weitgehende Fehlen einer markt- und leistungsgerechten Preispolitik ist seit langem Zielscheibe heftiger Kritik. Die Angriffe des Konsumenten und seiner Interessenverbände, der Presse und auch der Literatur richten sich dabei vorwiegend gegen die angeblich überhöhten ‚Verdienstspannen' des Handels, insbesondere des Einzelhandels. So vertritt beispielsweise der wirtschaftspolitische Experte und jetzige Vorsitzende des DGB, Ludwig Rosenberg, die Auffassung: „Die Handels- und Gewinnspannen in der Bundesrepublik sind in keiner Weise mit denen anderer Länder oder den früher in Deutschland üblichen Sätzen vergleichbar. Ganz allgemein liegen sie höher als vertretbar ...[1]."

Der Handel wehrt sich entschieden gegen diese Auffassung und bestreitet das Vorhandensein überhöhter Handels- und Gewinnspannen[2].

Falsch ist an einer derartigen Kritik, daß sie sich vielfach unterschiedslos gegen den Handel in seiner Gesamtheit richtet, ohne die differenzierten Absatzbedingungen und Absatzleistungen zu berücksichtigen[3]. Man übersieht also, daß die Handelsspanne vorwiegend *Kostenspanne* ist[4].

Die Kritik ist aber andererseits auch nicht so abwegig, wie sie vornehmlich von den Verbänden des Groß- und Einzelhandels hingestellt wird. Durch die unelastische Denk- und Rechenweise, insbesondere des traditionellen Handels, der unbeschadet aller Kosteneinflüsse einerseits mit *starren relativen Spannen* arbeitet und andererseits in seiner Preisgestaltung der *Preisbindung* der Industrie unterliegt, ergeben sich vielfach, wie noch zu zeigen sein wird, zwangsläufig Handelsspannen, von denen man geneigt ist anzunehmen, sie seien überhöht[5].

Von zahlreichen Kritikern der Aufwendigkeit der Verteilungswirtschaft wird daher die mangelnde Individualität der Handelsspannen, d. h. ihre weitgehend leistungsfremde Uniformität angegriffen[6]. Auch die relative Starrheit dieser Spannen und ihre Fixierung durch die

---

[1] Quelle: *Leihner*, E.: Gibt es Preisreserven im Einzelhandel? in: Industriekurier vom 31. Dezember 1955.

[2] Vgl. z. B. *Leihner*, E.: a. a. O.; ferner: Denkschrift der Hauptgemeinschaft des Deutschen Einzelhandels: Handelsspanne und Preisentwicklung, Köln 1951, S. 6 ff.

[3] Vgl. z. B. *Schäfer*, E.: Fragwürdiges Urteil über die Spanne, in: Wirtschaftszeitung vom 1. Juli 1949.

[4] Vgl. z. B. *Seidel*, H.: a. a. O.

[5] Vgl. auch *Mellerowicz*, K.: Die Handelsspanne ..., a. a. O., S. 164, 166, 189.

[6] Vgl. z. B. *Gross*, H.: Von der Bruttospanne zu rationeller Kostenberechnung, a. a. O., S. 661 f.; *Eick*, J.: Kann man Absatzwege vorschreiben?, in: FAZ. vom 6. Dezember 1956, S. 9; *Pentzlin*, K.: a. a. O., S. 7.

Preisbindung zweiter Hand wird zum Gegenstand heftiger Kritik gemacht[7].

Es ist also zu untersuchen, ob

a) die Erstarrung der prozentualen Handelsspannen und

b) die Preisbindung der zweiten Hand

zu ungerechtfertigt hohen Handels- und Gewinnspannen führen können und somit der Angemessenheit des Verteilungsaufwandes als gesamtwirtschaftlicher Preisfaktor entgegenstehen. Das ist insbesondere auch deshalb von besonderem Interesse, weil vor allem die Einzelhandelspreise zahlreicher Güter, ähnlich den Preisen für Kohle und Stahl oder den Berg- und Metall- bzw. Stahlarbeiterlöhnen, als sogenannte ‚politische Preise' anzusprechen sind[8]. Ihr Stand wird im allgemeinen sehr kritisch registriert. Gegenüber Veränderungen dieser Preise ist die Wirtschaft sehr empfindlich.

a) Erstarrung der Handelsspannen

Man wirft dem Handel gelegentlich vor, seine Rechenweise sei vielfach noch immer dem zünftischen Denken der ‚standesgemäßen Nahrung' verhaftet. Vergleicht man die zum Teil primitiven Kalkulationsmethoden, in denen mit jahrzehntealten[9], sozusagen erstarrten prozentualen Handelsspannen gearbeitet wird, oder die Preispolitik des Handels mit dem sehr differenzierten Kostenverhalten und der variierenden Absatzleistung, so ist man in der Tat geneigt, einer derartigen Ansicht beizupflichten. Weite Kreise des Handels glauben, einen Anspruch auf eine feste Spanne zu haben. Diesen Anspruch versucht man trotz aller Kritik aufrechtzuerhalten. Deshalb hält der Handel, vor allem der traditionelle Handel[10], unbeschadet ob er

aa) inzwischen Teilfunktionen an andere Absatzstufen abgegeben hat oder ob

bb) Preis- und Umsatzsteigerungen eine Korrektur der Spanne erforderlich machen,

vielfach an den starren prozentualen Handelsspannen fest.

Auf dem Konsumgütermarkt ist es vor allem der Handel mit Textilien, Schuhen, Haushaltsgegenständen, Spielwaren, Möbeln, Kosmetika, Drogen u. a., lange Zeit auch der Elektrohandel, der erfolgreich

---

[7] Vgl. z. B. *Behrens*, K. C.: Senkung der Handelsspannen, a. a. O., S. 366; *Hirsch*, J. und *Brandt*, K.: a. a. O., S. 32; *Henzler*, R.: Zur Kritik an der Handelsspanne, in: ZfB., 20. Jg. 1950, S. 136 f.

[8] Vgl. Denkschrift der Hauptgemeinschaft des Deutschen Einzelhandels, a. a. O., S. 5 f.

[9] Vgl. auch *Mellerowicz*, K.: Die Handelsspanne . . ., a. a. O., S. 27.

[10] Zu diesen gehören auf der Einzelhandelsstufe vor allem die Fachgeschäfte, nicht aber die Warenhäuser, Einheitspreisgeschäfte, Konsumgenossenschaften, Versandhäuser, Selbstbedienungsläden, Diskonthäuser u. ä.

an den traditionellen Spannen festhält. *Jefferys* schreibt hierzu: „Practically all the old and established distributive trades such als clothing, furniture, ironmongery, chemists' goods, greengrocery, and many of the new trades such as radios and bicycles which have grown out of older trades, have traditional wholesale and retail mark-ups or margins[11]."

Ähnlich liegen bzw. lagen die Verhältnisse zum Teil auch auf dem Produktionsgütermarkt, so beispielsweise beim Großhandel mit Eisen und Stahl[12].

aa) Die Erfahrung zeigt nun, daß zahlreiche Unternehmen, die *absatzwirtschaftliche Teilfunktionen an vor- oder nachgelagerte Absatzstufen abgeben,* ihre Handelsspannen nicht verringern. Es kann hier zu einer leistungs- und somit auch kostenmäßigen Aushöhlung der Spanne kommen, wenn diese Unternehmen nicht auch ihrerseits Absatzfunktionen von anderen Absatzstufen übernehmen. Über längere Zeiträume hinweg mögen sich für viele Unternehmen derartige funktionelle Verschiebungen, die im einzelnen im vorhergehenden Abschnitt aufgezeigt wurden, kostenmäßig in gewissem Umfang ausgleichen. Aber abgesehen davon, daß Funktionsverlagerungen in jedem Falle zu einer wenn auch vorübergehenden Diskrepanz von Spanne und Leistung und somit zu überhöhten Handelsspannen führen, erfolgt der leistungs- und kostenmäßige Ausgleich vielfach überhaupt nicht.

Hieraus ist auch weitgehend die Auflehnung des Konsumenten gegen den traditionellen Einzelhandel zu erklären, die im sogenannten Beziehungskaufsystem oder in Institutionen wie der Käufer-I. G.[13] ihren Ausdruck findet. Der letzte Verbraucher lehnt eine Preisgestaltung des Einzelhandels ab, die ihm, gemessen an der Absatzleistung, ungerechtfertigt erscheint. Er kauft deshalb beim Großhändler zu wesentlich günstigeren Preisen und verzichtet dabei auf weiteren Service. In Amerika hat diese Entwicklung, die seit einigen Jahren auch in Deutschland zu beobachten ist, mit der Entstehung der sogenannten Diskonthäuser schon lange eingesetzt. *Eick* beispielsweise schreibt hierzu: „Aber besteht hier in den Augen der Konsumenten nicht ein Mißverhältnis zwischen dem, was der Handel für seine Dienste fordert und dem, was sie dem Verbraucher wert sind? Man verzichtet doch offensichtlich ganz allgemein — wo und wie auch immer — nur dann auf eine Handelsfunktion, wenn sie gemessen an der Gegenleistung zu teuer scheint. Das ist des Pudels Kern, und es hat wenig Sinn, darum herumzureden[14]."

---

[11] *Jefferys,* J. B.: a. a. O., S. 109.

[12] Vgl. hierzu Tabelle 37 des Anhangs.

[13] Vgl.: Ohne Verfasser: Das Experiment des Herrn Schui, in: Handelsblatt vom 11. Dezember 1957, S. 6.

[14] *Eick,* J.: Kann man Absatzwege vorschreiben?, a. a. O., S. 9.

Die neuere Entwicklung des Einzelhandels zum Selbstbedienungs- und Diskontladen oder die vorausgegangene Entwicklung der Warenhäuser, Einheitspreisgeschäfte u. a. m. sind Anpassungsmaßnahmen fortschrittlicher Einzelhändler an die Ablehnung der traditionellen Absatzwege, der ausgehöhlten Absatzleistungen und der überlieferten Handelsspannen durch den Konsumenten[15].

Auch im Einzelhandel finden sich im übrigen ähnliche Abwehrreaktionen, die aus der Ablehnung traditioneller Absatzwege und Spannen vor allem gegen den Großhandel gerichtet sind. Es sei erinnert an die Entwicklung der Einkaufsgenossenschaften.

Die Kettenbildungen des Einzelhandels und das Cash-and-carry-Geschäft dagegen sind neue Vertriebsformen zwischen Groß- und Einzelhandel, die durch die Initiative des Großhandels geschaffen wurden[16].

Ganz allgemein führt also die leistungsmäßige Aushöhlung der Handelsspanne zu einem Mißverhältnis von Absatzleistung und Spanne. *Schäfer* führt dazu aus: „... die Beibehaltung traditioneller Kalkulationsaufschläge oder -rabatte bei veränderter Struktur der Funktionen des Handels, wie Ausfall oder Minderung der Lagerhaltung oder aber erhöhte werbliche und finanzielle Funktionen, führt zu einem solchen Mißverhältnis[17]."

Das starre Festhalten an den überlieferten Handelsspannen kann demnach Preisreserven bedingen, die sich aus den durch die verminderten Kosten erhöhten prozentualen Gewinnspannen ersehen lassen.

bb) Die erstarrten Handelsspannen enthalten aber nicht nur bei einem Abbau der Handelsleistung Preisreserven. Auch bei *steigenden Preisen und bzw. oder erhöhten Umsätzen* birgt der durch die starre relative Spanne fixierte Gewinnanteil beachtenswerte Möglichkeiten zur Preissenkung. Bei Preisaufschlägen der Hersteller bzw. bei Umsatzerhöhungen behält der Handel im allgemeinen seine prozentualen Auf- und Abschlagsspannen bei, erhöht damit also die absolute Handelsspanne im Verhältnis der Preis- bzw. Umsatzsteigerung. Ein derartiges Festhalten an den prozentualen Spannen bei steigenden Grundpreisen der Absatzgüter bzw. bei steigenden Umsätzen führt zu steigendem Verteilungsaufwand für den Käufer der Ware, für den Ab-

---

[15] Vgl. z. B. *Gross*, H.: Der Handel geht neue Wege, Düsseldorf 1957; ders.: Die Preisbindung des Handels, Düsseldorf 1957; ders.: Von der Bruttospanne zu rationeller Kostenberechnung, a. a. O., S. 661 f.; *Eick*, J.: a. a. O., S. 9; ders.: Nochmals Beziehungskäufe, in: FAZ. vom 5. Februar 1957, S. 7; *Steindorff*, E.: Differenzierung der Einkaufsmöglichkeiten, in: FAZ. vom 7. Januar 1957, S. 9; *Schreiterer*, G.: Die alten Spannen sind nicht tabu, in: Handelsblatt, Beilage Nr. 8 vom 19. August 1957, S. 3.

[16] Vgl. z. B. *Nieschlag*, R.: Die Dynamik der Betriebsformen im Handel, Schriftenreihe des Rheinisch-Westfälischen Instituts für Wirtschaftsforschung, Neue Folge Nr. 7, Essen 1954, insbes. S. 15.

[17] *Schäfer*, E.: Fragwürdiges Urteil über die Spanne, a. a. O.

satzmittler jedoch vielfach zu einer Ausweitung der absoluten Gewinnspanne. Der absolute Gewinn nimmt also, relativ konstanter Kostenanfall vorausgesetzt, nach Maßgabe der Preis- bzw. Umsatzsteigerung zu[18]. *Schäfer* schreibt hierzu: „So wird ... der branchenübliche Kalkulationsaufschlag bei starken strukturellen Preisverschiebungen außer Verhältnis zur Handelsleistung geraten[19]." Ganz eindeutig ist beispielsweise auch die Stellungnahme von *Henzler* zu diesem Problem: „Das starre Festhalten ... an den prozentualen Handelsaufschlägen konnte in der Regel mit eigenen Kostensteigerungen nicht begründet werden; es führte also zu steigenden Gewinnen. Die absoluten Handelsspannen sind weitgehend in ein Mißverhältnis zur Handelsleistung geraten[20]."

Welches Ausmaß die Ausweitung der absoluten Handelsspannen durch Preiserhöhungen in praxi annehmen kann, zeigt beispielsweise die Tabelle 37[21]. Trotz einer etwa vierfachen Erhöhung der Herstellerpreise innerhalb weniger Jahre hat der Eisengroßhandel die im Strekkengeschäft übliche Handelsspanne von 4 % des Verkaufspreises beibehalten und auf diese Weise die absolute Spanne im gleichen Zeitraum gleichermaßen vervierfacht[22].

Ähnliche Ergebnisse zeigt eine Untersuchung des Wirtschaftsministeriums des Landes Nordrhein-Westfalen, in der die teilweise in Tabelle 38[23] wiedergegebene Entwicklung der Preise und absoluten Handelsspannen von etwa 300 Konsumartikeln festgestellt wurde. Bei etwa einem Drittel der Waren folgten Groß- und Einzelhandel einer Erhöhung der Herstellerpreise mit dem gleichen prozentualen Preisaufschlag. Nur bei etwa einem Fünftel der untersuchten Artikel setzte der Handel niedrigere prozentuale Preisaufschläge an, die dennoch in der überwiegenden Anzahl der Fälle zu erheblichen Steigerungen der absoluten Handelsspannen führten.

Noch treffender kennzeichnen vielleicht die Zahlen, die die Hauptgemeinschaft des Deutschen Einzelhandels in ihren Jahresberichten veröffentlicht, das Ausmaß der Ausweitung der absoluten Handelsspannen. Hier wird außerdem auch die Entwicklung der Kosten- und Gewinnspannen aufgezeigt[24, 25]:

---

[18] Vgl. z. B. *Hirsch*, J. und *Brandt*, K.: a. a. O., S. 32; *Henzler*, R.: Zur Kritik an der Handelsspanne, a. a. O., S. 136 f.
[19] *Schäfer*, E.: Fragwürdiges Urteil über die Spanne, a. a. O.
[20] *Henzler*, R.: Zur Kritik an der Handelsspanne, a. a. O., S. 136 f.
[21] Siehe Anhang.
[22] Zur Zeit beträgt die Handelsspanne nur noch rd. 2,5 % vom Umsatz.
[23] Siehe Anhang.
[24] Vgl. z. B. Hauptgemeinschaft des Deutschen Einzelhandels, Arbeitsbericht für 1959, S. 25 und für 1961, S. 28.
[25] Vgl. im einzelnen auch Tabelle 39 im Anhang.

Entwicklung von Handelsspanne und Gewinn im deutschen Einzelhandel 1950—1955

Deutscher Einzelhandel insgesamt	Durchschnitt in % vom Umsatz		
	1950	1955	1960
Handelsspanne	20,7	24,0	26,4
ausgewiesener Aufwand	20,1	23,3	24,0
steuerlich abzugsfähiger Aufwand..	15,3	18,3	19,1
steuerlicher Gewinn	5,4	5,7	7,3

Der Zunahme der prozentualen Handelsspannen und des steuerlichen Gewinns des Einzelhandels steht darüber hinaus seit 1950 eine Umsatzsteigerung von 67 % für 1955[26] und von 166 % für 1960[24] gegenüber, so daß sich die absoluten Bruttoerlöse nahezu verdreifacht und die Gewinne fast vervierfacht haben[27].

Interessant ist auch die Tatsache, daß nach außen hin Kostendaten ausgewiesen werden, die weit über den steuerlich absetzbaren Werten liegen. Der Handel setzt hier Unternehmerlohn und kalkulatorische Zinsen als Kosten ein. Für eine Kostenrechnung und für den Kostenvergleich ist eine derartige Handhabung richtig. Für die Unterrichtung der Öffentlichkeit und für eine Beurteilung der Angemessenheit der Handelsspannen als Bestandteil des gesamtwirtschaftlichen Verteilungsaufwandes ist sie jedoch abzulehnen. Diese vom Handel zusätzlich als Kosten verrechneten Erfolgsgrößen sind vom Standpunkt der Unternehmenserfolgsrechnung aus gesehen eindeutig Gewinnbestandteil[28]. Die steuerlich abzugsfähigen Betriebsausgaben übersteigen darüber hinaus vielfach den echten Kostengüterverzehr. Die steuerlichen Bewertungsvorschriften lassen zum Teil Absetzungen zu, die im Rahmen einer Kostenrechnung bzw. Betriebserfolgsrechnung nicht als Kosteneinsatz gewertet werden können[29].

Häufig wird jedoch die Entwicklung der prozentualen Handelsspannen mit der der Kostenspannen verglichen. Im Vergleich zu den Vorkriegsjahren ergeben sich daraus in der Regel steigende Kosten und abneh-

[26] *Kleine*, E.: Einzelhandel setzte über 56 Mrd. DM um, in: Beilage zum Handelsblatt, 8. Jg. vom 17. Dezember 1956.

[27] Einschränkend ist jedoch zu sagen, daß die Umsatzausweitung die absolute Einzelhandelsspannen usw. nur dann erhöht, wenn sich der größere Umsatz nicht auf eine größere Anzahl von Unternehmungen verteilt. Die Erfahrung zeigt aber, daß die erhöhten Umsätze zum weitaus größten Teil zugunsten bereits vorhandener Unternehmen angefallen sind.

Vgl. hierzu auch Hauptgemeinschaft des deutschen Einzelhandels, Arbeitsbericht für 1960, S. 120 und für 1961, S. 127. Nach Angaben der Hauptgemeinschaft hat sich die Anzahl der steuerpflichtigen Einzelhandelsunternehmen von 423 973 in 1955 lediglich auf 440 522 in 1960 erhöht, d. h. um rd. 4 %.

[28] Vgl. Abschnitt II 2 b/bb/α.

[29] Vgl. hierzu die Ausführungen in Abschnitt I 2 a/cc.

mende relative Handelsspannen. So werden beispielsweise für den Einzelhandel folgende Daten genannt[30]:

Entwicklung der Handels- und Kostenspannen

Einzelhandelsbranche	Handels- spannenindex		Kostenindex	
	1937	1960	1937	1960
Nahrungs- und Genußmittel..	100,0	102,2	100,0	127,1
Textilien und Bekleidung....	100,0	101,6	100,0	110,1
Hausrat und Wohnbedarf	100,0	101,0	100,0	103,3
Einzelhandel insgesamt	100,0	100,8	100,0	112,1

Die Entwicklungsreihen der Kosten einerseits und der Handelsspannen andererseits gehen jedoch von Relativzahlen unterschiedlicher Basis aus. Die Handelsspannen liegen höher als die Kostenrelationen. Dadurch liegt der Index der prozentualen Handelsspannen bei absolut gleicher Veränderung beider Prozentspannen auf Grund der höheren Ausgangsbasis niedriger. Die beiden Indexreihen lassen sich also insoweit nur bedingt miteinander vergleichen. Im übrigen sagt eine derartige Gegenüberstellung nichts über die Höhe und die Entwicklung der absoluten Spannen aus, auf die es in erster Linie ankommt.

Darüber hinaus ist zu diesen Kosten und Spannengrößen und ihrer Verwendung als Grundlage der Beurteilung der Erfolgslage einer Absatzstufe bzw. einer Branche zu bemerken, daß diese Durchschnittswerte unter Einschluß auch der unwirtschaftlich arbeitenden Unternehmen gebildet wurden. Derartige, durch Unternehmen mit veralteten, unwirtschaftlichen Organisations- und Verkaufstechniken usw. verfälschte Vergleichszahlen sind jedoch vollkommen ungeeignet zur Beurteilung der Kosten- und Ertragslage der betreffenden Branchen im Hinblick auf die Angemessenheit ihrer Kosten bzw. ihrer Handelsspannen als gesamtwirtschaftlicher Preisfaktor. Das gilt vor allem dann, wenn mit diesen Daten die Berechtigung erstarrter oder überhöhter Spannen usw. nachgewiesen werden soll. Diese Durchschnittszahlen sind unter dem letztgenannten Gesichtspunkt vor allem deshalb abzulehnen, weil für die Absatzwirtschaft, insbesondere für den Bereich des Einzelhandels, gegenüber der Vorkriegszeit bedeutend verbesserte,

---

[30] Vgl. Hauptgemeinschaft des deutschen Einzelhandels, Arbeitsbericht für 1961, S. 137.

wirtschaftlichere Organisationstechniken, technische Hilfsmittel u. a. m. entwickelt worden sind[31].

In einem unter dem Titel „Im Durchschnitt" veröffentlichten Artikel schreibt die Frankfurter Allgemeine Zeitung zu den veröffentlichten Durchschnittsdaten über den Erfolg des Einzelhandels: „Der Leser wird mit einer Nachricht überrascht, wonach der ‚betriebswirtschaftliche Gewinn' des Einzelhandels im Durchschnitt aller Branchen für 1955 mit 0,7 % errechnet worden ist. Für die Richtigkeit dieser Berechnung steht ein angesehenes Institut einer westdeutschen Universität gerade, das sich um die Erforschung des Handels große Verdienste erworben hat. Dennoch regt sich die gesunde Skepsis gegenüber statistischen Durchschnittswerten. Diese Skepsis ist denn wohl auch am Platze. Im Durchschnitt aller Branchen des Einzelhandels wird um Bruchteile eines Prozents mehr verdient als gar nichts. Nun, im Durchschnitt besitzen ein Millionär und ein Habenichts jeder eine halbe Million... Damit soll die Statistik als eine unentbehrliche wissenschaftliche Disziplin nicht diffamiert noch die Lage des Einzelhandels bagatellisiert werden. Aber den Finger legen sollte man auf statistische Sünden... Dazu gehören vor allem Durchschnittszahlen, die die zugrunde gelegte statistische Masse vergewaltigen...[32]"

Die Folgerung aus diesen Überlegungen ist, daß die Handelsspannen unter dem Gesichtspunkt ihrer Angemessenheit als gesamtwirtschaftlicher Preisfaktor mit steigenden Umsätzen bzw. Preisen und nicht gleichermaßen anziehenden Kosten entsprechend dem Grundsatz marktgerechter Preispolitik ‚großer Umsatz, kleiner Nutzen' vermindert werden müßten. Viele Handelsunternehmen sind jedoch der Auffassung, „einen Anspruch auf eine feste Handelsspanne zu haben, und zwar ohne Rücksicht darauf, ob ihre Umsätze auf das Zwei- oder Dreifache ansteigen"[33]. Sie ziehen dementsprechend auch nicht die preispolitische und kalkulatorische Konsequenz, die von der Hauptgemeinschaft des Deutschen Einzelhandels zumindest für Preissteigerungen im Prinzip erkannt und anerkannt wird: „Wenn man auch im Grundsatz keine Regeln aufstellen kann, so läßt sich doch klar herausstellen, daß in Zeiten steigender Preise und nicht im gleichen Verhältnis ansteigender Handelskosten eine Kalkulation gefunden werden muß, die als Minimum die Übernahme der bisherigen absoluten Handelsspannen... und als Maximum die bisherige prozentuale Handelsspanne verwendet[34]."

---

[31] Vgl. hierzu Abschnitt VI 2 a.

[32] Ohne Verfasser: Im Durchschnitt, in: FAZ. vom 18. September 1957, S. 11.

[33] *Pentzlin*, K.: a. a. O., S. 7.

[34] Denkschrift der Hauptgemeinschaft des Deutschen Einzelhandels 1951, a. a. O., S. 13 f.

Das Problem der erstarrten Handelsspannen ist jedoch unvollständig dargestellt, wenn nicht die gleichfalls weitgehend erstarrten *Provisionsspannen* der freiberuflichen Vertreter, Agenten und Kommissionäre erwähnt werden. Auch diese Spannen sind vielfach leistungsmäßig ausgehöhlt und auf Grund der Umsatz- und Preissteigerungen überhöht. So werden vor allem die hohen Provisionen, die bei der Einführung eines Artikels bzw. bei der Ausweitung des Marktes eine gewisse Berechtigung haben mögen, auch dann beibehalten, wenn die Waren ohne besondere Verkaufsanstrengungen des Herstellers vom Käufer nachbestellt werden. So erhalten die sogenannten Gebietsvertreter zahlreicher Branchen — es sei insbesondere erinnert an die Vertreter für Kraftfahrzeuge, Maschinen, Textilien u. a. m. — auch dann ihre Provisionen, wenn die Ware vom Kunden unmittelbar beim Hersteller in Auftrag gegeben wird.

b) Preisbindung zweiter Hand

Muß die Angemessenheit der Handelsspannen auf Grund der Erstarrung der Kalkulationsaufschläge und des sich daraus vielfach ergebenden Mißverhältnisses von Verteilungsaufwand und Handelsleistung grundsätzlich in Frage gestellt werden, so gilt das in gleicher Weise von den durch die Preisbindung zweiter Hand fixierten Handelsspannen. Die sich aus der Preisbindung ergebende Nivellierung und Fixierung der Spannen ist weitgehend kosten- und leistungsfremd. Die Handelsspannen werden vielfach nicht nach dem Kostengüterverzehr und entsprechend der Vermittlerleistung des Handels bemessen, sondern, insbesondere bei preisgebundenen Waren, nach Gutdünken der Industrie. Die Errechnung des Endverkaufspreises und damit der Handelsspanne erfolgt dementsprechend sehr häufig durch einen Aufschlag von 100 % auf die Herstellerpreise. Bei relativ teueren Waren ist dieser Aufschlag teilweise niedriger. Ganz gleich also, welche Leistung eine Absatzstufe im Wirtschaftsprozeß übernimmt, die Spanne ist weitgehend uniform.

Schon 1930 umriß *Hirsch* dieses Problem sehr prägnant: „Zweifellos geht die Entwicklung dahin, daß wir eine gewisse Erstarrung der Handelsaufschläge haben. Das kommt einmal von der Ausbreitung der Markenartikel ... Je mehr unser Handel von der Denkweise des gebundenen Marktes durchdrungen wird — und es ist sehr seltsam, wie die ‚Rabattdenkweise' auch ohne äußere Notwendigkeit immer weiter geht —, desto mehr kommen wir vom Kampf um den Preis zum Kampf um den Rabatt. Wir sind gleichsam zu einem Gebührenprinzip für Handelsleistungen gelangt ... Das ist eine der eigentümlichsten Wandlungen unserer Vertriebswirtschaft, die ganz unter der Hand vor sich gegangen ist[35]."

Die Preisbindung bzw. eine dieser ähnliche Festlegung der Preise durch die Industrie ist bei vielen Markenartikeln und bei zahlreichen anderen Konsumgütern, für die das Brutto-Preis-System angewandt wird (Textilien, Möbel, Nahrungsmittel, Haushaltwaren, Rundfunkgeräte, Spielwaren, Fahrräder usw.), zu finden[35]. Gemessen am Verbrauch der Indexfamilie beträgt der Anteil dieses Warenkreises nach Angaben der Hauptgemeinschaft des Deutschen Einzelhandels rd. 20—25 % der Lebenshaltungskosten[36, 37].

Darüber hinaus werden die Preise für verschiedene Grundnahrungsmittel (Zucker, Butter, Margarine, Konsumbrot und Milch) durch staatliche Reglementierung festgesetzt. Der Anteil dieser Waren am Verbrauch der Indexfamilie beläuft sich nach Angaben der Hauptgemeinschaft auf etwa 20 % der Gesamtausgaben[36].

Abgesehen davon, daß sich aus der Preisbindung durch übermäßige „Differenz-Gewinne“[38] Preisreserven ergeben können, hemmen die starren Preise und Handelsspannen eine Rationalisierung des Absatzes und damit ein weiteres Ausschöpfen von Möglichkeiten zur Verbesserung der Preisstellung[39]. *Gross* ist der Ansicht, daß die Preisbindung vor allem überalterte Vertriebsformen zu Lasten neuer Absatzwege erhalte. „Die Aufrechterhaltung der Preisbindung aber stützt überholte Vertriebsformen und verhindert doch nicht deren langsamen Verfall[40].“

Das im vorstehenden Abschnitt bereits angeschnittene Problem der Beziehungskäufe[41], ja die seit langem schon in Amerika und seit eini-

---

[35] *Hirsch*, J. und *Brandt*, K.: a. a. O., S. 32; ähnlich auch: *Sölter*, A.: Brutto- oder Nettopreise, in: Industriekurier, Sonderbeilage Preisbindung, April 1962, S. 10.

[36] Denkschrift der Hauptgemeinschaft des Deutschen Einzelhandels 1951, a. a. O., S. 9 f.

[37] *Mellerowicz*, K.: Markenartikel — Die ökonomischen Gesetze ihrer Preisbildung und Preisbindung, München und Berlin 1955, S. 14 ff. zeigt an Beispielen die Anteile preisgebundener Markenartikel. Ein Vergleich mit den Zahlen der Hauptgemeinschaft des Deutschen Einzelhandels ist nicht möglich, da dessen Zahlenangaben nicht auf die tatsächlich preisgebunden Artikel, sondern generell auf alle Waren aufbauen, die irgendwie preislich „von den Herstellerwerken festgelegt“ (36) sind. Mellerowicz (a. a. O., S. 18) nennt als Anteil preisgebundener Markenartikel für den Einzelhandel aller Fachzweige, bezogen auf den Gesamtumsatz, 11,8 %, den Anteil der durch das Tabaksteuergesetz, die Zuckerverordnung und das Zündwarenmonopol staatlich geregelten Preise mit 12,2 %.

Vgl. auch ders.: Die Handelsspanne . . ., a. a. O., S. 142 ff.

[38] Vgl. *Lehmann*, M. R.: Gerechtigkeit im Wirtschaftsleben, a. a. O., S. 28; s. auch *Hax*, H.: Vertikale Preisbindung in der Markenartikelindustrie, Köln und Opladen 1961, S. 18 f.

[39] So auch *Hax*, H.: a. a. O., S. 120 f. und 127 ff.

[40] *Gross*, H.: Ende der Preisbindung letzter Hand?, in: Handelsblatt vom 24. August 1956, S. 2.

[41] Vgl. hierzu die Beispiele bei *Hax*, H.: a. a. O., S. 151 ff.

ger Zeit auch bei uns zu beobachtende, immer stärker werdende Dynamik der Vertriebsformen, insbesondere im Einzelhandel, ist auch als Ablehnung der Preisbindung zweiter Hand durch den Konsumenten bzw. zahlreiche Unternehmen des Absatzbereiches zu werten. Andererseits sind jedoch der traditionelle Handel und die Industrie bestrebt, diese Preisbindung aufrechtzuerhalten. Es sei erinnert an das Verhalten des Einzelhandels und seiner Verbände anläßlich der sogenannten Kühlschrankaktion der Konsumgenossenschaften im Sommer 1957[42]. Auch der durch das Beziehungskaufsystem stimulierte sogenannte ‚Rundfunk- und Fernsehkrieg' zwischen der Rundfunkindustrie und dem Einzelhandel einerseits und den Diskont-Grossisten andererseits[43] oder der sogenannte ‚Uhrenkrieg' zwischen dem Frankfurter Uhrenhändler *Weiß* einerseits und dem übrigen Uhrenhandel und der Uhrenindustrie andererseits[44] ist hier zu erwähnen. In jüngster Zeit sind weiterhin bekannt geworden der sogenannte Duisburger Schokoladenkrieg, die gerichtlichen Maßnahmen eines bekannten Waschmittelherstellers gegen Preisbrecher insbesondere im Ruhrgebiet (Dortmunder Waschmittelkrieg) u. a. m.[45].

Als Ergebnis der vorstehenden Überlegungen kann festgehalten werden, daß die Erstarrung der prozentualen Handelsspannen und die Preisbindung zweiter Hand zur Bildung von überhöhten absoluten Handelsspannen führen können[46] und vielfach offensichtlich auch geführt haben. Die sich daraus ergebenden überhöhten Gewinnspannen erhöhen den Verteilungsaufwand und verschlechtern die gesamtwirtschaft-

---

[42] Vgl. auch *Trescher*, K.: Gesunde Reaktion auf Mißstände, in: Handelsblatt vom 29. Juli 1957, S. 2.

[43] Vgl. z. B. *Eick*, J.: Kann man Absatzwege vorschreiben? a. a. O.; ders.: Nochmals Beziehungskäufe, a. a. O.; *Gleiss*, A.: Beziehungskauf ein neuer Absatzweg? in: FAZ. vom 28. Dezember 1956, S. 7 f.; *Oppe*, H. K.: Der Beziehungskauf im Einzelhandel, in: FAZ. vom 19. Januar 1957, S. 7.

[44] Der Uhrenhändler *Weiß* hatte Elastofix-Uhrenbänder und Uhren unter den gebundenen Preisen verkauft und war von den Herstellern auf Einhaltung der Preisbindung verklagt worden (vgl. z. B. FAZ. vom 17. Januar 1958, S. 10).

[45] Vgl. auch *Deist*, H.: Dramatische Kämpfe um die Preisbindung, in: Handelsblatt v. 5./6. Januar 1962, S. 11; *Krüger*, O.: Hintergründe der Preisbindungsdebatte, in: Handelsblatt v. 16./17. Februar 1962, S. 13; *Roidl*, W.: Das Preisbewußtsein entscheidet, in: Handelsblatt v. 19. April 1961, S. 2. *Hussel*, R.: Markenschokoladen doch zu teuer, in: Industriekurier vom 2. Dezember 1961, S. 6; ohne Verfasser: Nach dem Alleingang, in: Handelsblatt vom 12. April 1961, Beilage „Der Deutsche Handel"; *Reinke*, H.: Der graue Markt wird weißer, in: Bild am Sonntag vom 30. April 1961, S. 4; ohne Verfasser: Großangriff auf den Grauen Markt, in: Industriekurier vom 6. Mai 1961, S. 1; ohne Verfasser: Auch die grauen Schokoladenpreise sinken, in: Handelsblatt vom 1. März 1962, S. 1.

[46] So auch der Bericht der Bundesregierung über „Änderungen des Gesetzes gegen Wettbewerbsbeschränkungen" vom 22. August 1962, Bundestagsdrucksache IV/617, S. 26 f. Ferner: *Lutz*, H.: Sind überhöhte Handelsspannen unantastbar?, in: Frankfurter Allgemeine vom 9. Februar 1961, S. 11. Vgl. auch die Beispiele bei *Hax*, H.: a. a. O., S. 63 ff.

liche Wirtschaftlichkeit des Absatzes. Sie stellen damit auch die Angemessenheit des Verteilungsaufwandes als gesamtwirtschaftlicher Preisfaktor in Frage. *Schäfer* fordert daher, „die Spannenerstarrung durch gründliche Überprüfung der Leistungs- und Kostenverhältnisse im Warenabsatz aufzulockern“[47]. Er führt weiter aus: „Es liegt heute zunächst im wohlverstandenen Interesse der Handelszweige selbst, eine solche Generalrevision durchzuführen. Aber auch die von der Industrie unterhaltenen Absatzeinrichtungen, wie Verkaufsfilialen, Auslieferungslager, Vertreter- und Reisendenapparat sowie die selbständigen Handelsvertretungen scheinen heute einer derartigen Selbstprüfung zu bedürfen[47].“

Voraussetzung einer derartigen Bereinigung der Handels- und Vertriebsspannen ist dabei vor allem eine Revision der traditionellen Denk- und Rechenweise. „Wer in starren Spannen und starren Zuschlägen denkt und die entsprechenden veralteten Rechentechniken anwendet, von dem kann kaum erwartet werden, daß er eine konsequente Politik der Preissenkung betreibt[48].“

Die Tendenz für eine Auflockerung der Handelsspannen und eine Individualisierung der Preisbemessung ist jedoch, wie bereits angedeutet, vorhanden. Die modernen Vertriebsformen des Beziehungskaufs, des Diskont-Systems, der Selbstbedienung usw., aber auch die älteren Organisationsformen der Warenhäuser, Einheitspreisgeschäfte u. a. m. sind ein Ausdruck einer derartigen Leistungs- und Spannendifferenzierung, die immer weitere Kreise zieht[49].

2. Rationalisierungsmöglichkeiten der Absatzwirtschaft

Ganz im Gegensatz zu der auf höchste technische Wirtschaftlichkeit hinarbeitenden Fertigung bietet der Absatz mit seinen vielfach offensichtlich antiquierten, unwirtschaftlichen Organisations- und Arbeitstechniken, mit einem in quantitativer und qualitativer Hinsicht häufig fehlgeleiteten Kostengütereinsatz nach häufig vertretener Auffassung erhebliche Rationalisierungsmöglichkeiten. Die Fertigung ist in starkem Maße mechanisiert, maschinisiert und automatisiert. Sie wird in aller Regel nach den bestmöglichen Organisationsprinzipien auszurichten versucht. Die Fertigungsleistung selbst ist weitgehend genormt bzw. typisiert. Die Absatzwirtschaft dagegen bedient sich bis heute noch in ihrer Arbeitsverrichtung vielfach nur in geringem Umfange

---

47 *Schäfer*, E.: Fragwürdiges Urteil über die Spanne, a. a. O.

48 *Pentzlin*, K.: a. a. O., S. 7.

49 Vgl. z. B. *Gross*, H.: Die Preisbindung im Handel, a. a. O., insbes. S. 135 ff.; ders.: Von der Bruttospanne zu rationeller Kostenberechnung, a. a. O., S. 661 f.; ders.: Der Handel geht neue Wege, a. a. O.; ders.: Verschmelzung der Absatzstufen, a. a. O., S. 13. *Nieschlag*, R.: Die Dynamik der Betriebsformen im Handel, a. a. O.; ders.: Strukturwandlungen im Großhandel, Deutscher Industrie- und Handelstag, Schriftenreihe Nr. 42 ohne Jahr.

der Technik und ihrer Organisationsmethoden. Die Absatzleistung ist zudem sehr differenziert und auf individuelle Bedarfswünsche des Marktes abgestellt.

Aus der Tatsache, daß die Durchführung der Absatzleistung in technischer und organisatorischer Hinsicht vielfach keineswegs als optimal angesehen werden kann, ist man geneigt, die absatzwirtschaftliche Tätigkeit schlechthin als unwirtschaftlich anzusehen. Es wird jedoch sehr oft übersehen, daß die Absatzleistung, wie bereits dargelegt wurde[50], einen überwiegend persönlichen, geistig-dispositiven Charakter hat und sich nur in ihren technisch betonten Arbeitsverrichtungen in Betriebsmitteln und Organisation ähnlich rationell ausrichten läßt wie die Fertigung[51]. „Der gänzlich andere Verlauf, den die Rationalisierung in der Distributionssphäre genommen hat, erklärt sich aus der geringen Bedeutung der Technik für die Betriebsprozesse der Beschaffung und des Absatzes, die sich im wesentlichen immer noch in den altgewohnten Formen vollziehen[52]."

Es ist also nicht so, als ob die Absatzwirtschaft schlechthin ähnliche Möglichkeiten zur Rationalisierung bieten würde wie die Fertigung. Die durch die persönliche Leistung des im Absatzbereich tätigen Menschen gekennzeichnete, weitgehend geistig-dispositive Absatzleistung läßt sich generell nicht ebenso weitgehend technisieren bzw. nach technisch-wirtschaftlichen Gesichtspunkten rationalisieren wie die Fertigung. Allerdings ist auch heute schon in Einzelfällen, wie beispielsweise im Falle des Großversandhauses Quelle oder in Teilbereichen einzelner Unternehmen, eine Organisation, Technisierung, Automatisierung usw. durchgeführt mit einem Rationalisierungseffekt, wie er von der Fertigung her bekannt ist. Im einzelnen wird auf diese Frage noch näher einzugehen sein.

Zweifellos gibt es im Absatzbereich jedoch Rationalisierungsmöglichkeiten[53]. Ihre Bedeutung wird sehr unterschiedlich beurteilt. Während vielfach die Auffassung herrscht, daß auf Grund der weitgehend persönlichen Gebundenheit der Absatzleistung nur geringe Möglichkeiten zur Rationalisierung vorhanden sind, wird andererseits bestätigt, daß der Absatzbereich erhebliche Verbesserungsmöglichkeiten aufweist.

So führt beispielsweise *Sundhoff* aus: „Ohne daß die Bedeutung einer gründlichen Betriebsökonomisierung für die Verteilungsbetriebe ver-

---

[50] Vgl. Abschnitt IV 1.

[51] Vgl. *Schäfer*, E.: Stufen der Rationalisierung im Bereich der Absatzwirtschaft, a. a. O., S. 1.

[52] *Sundhoff*, E.: Über den Stand der Ökonomisierung, in: Mitteilungen des Instituts für Handelsforschung an der Universität zu Köln, Nr. 7, 1951, S. 110.

[53] Vgl. *Schäfer*, E.: Stufen der Rationalisierung im Bereich der Absatzwirtschaft, a. a. O., S. 1.

kleinert werden soll, ist es doch unverkennbar, daß man im Distributionsbereich nur begrenzte Erfolge von ihr erwarten darf, denn das Schwergewicht der Handelstätigkeit liegt nicht bei den vorwiegend innerbetrieblichen Funktionen, wie zum Beispiel der Lagerung, sondern vor allem bei den über die Betriebsgrenzen hinausgreifenden[54]." Andererseits wird zum Beispiel jedoch selbst von den Einzelhandelsverbänden eine mangelhafte Ökonomisierung und Rationalisierung zugegeben. Man spricht von „einer längst überfälligen Rationalisierung"[55] und gibt zu, daß „viele Fehler- und Verlustquellen"[56, 57] vorhanden sind[58].

Buddeberg beweist an einigen eindrucksvollen Vergleichszahlen das zum Teil erhebliche Ausmaß dieser Rationalisierungsmöglichkeiten[59]:

Streubreite von Leistungsmerkmalen im Einzelhandel

Merkmal	Wert	Lebensmittel-einzelhandel	Schuh-einzelhandel
Umsatz je beschäftigte Person DM	Maximal	99 000	95 000
	Mittel	44 300	42 300
	Minimum	18 300	18 500
Umsatz je qm Raum DM	Maximal	8 900	6 800
	Mittel	2 300	2 600
	Minimum	300	700
Wertmäßiger Lagerumschlag ....mal	Maximal	46,8	13,1
	Mittel	15,7	4,9
	Minimum	5,6	1,2
Gesamtkosten in % des Umsatzes	Maximal	26,5	32,9
	Mittel	17,9	22,0
	Minimum	11,3	14,5

Er spricht in diesem Zusammenhang von „verborgenen Rationalisierungsreserven"[60] im Vertrieb. Eine nähere Erläuterung der Zahlen, die im übrigen für sich sprechen, erscheint nicht erforderlich. Auch

[54] *Sundhoff*, E.: Über den Stand der Ökonomisierung, a. a. O., S. 110 f.

[55] Auszug aus dem 9. Arbeitsbericht der Hauptgemeinschaft des Deutschen Einzelhandels, in: Beilage zum Handelsblatt vom 24. Juni 1957, S. 2.

[56] *Leihner*, E.: a. a. O.

[57] Vgl. auch *Schreiterer*, G.: Rationalisierende Analyse der Verlustquellen, in: Der Volkswirt, Beilage zu Nr. 42 vom 16. Oktober 1954, Deutsche Wirtschaft im Querschnitt, 28. Folge, Einzelhandel, S. 27 ff.

[58] Vgl. auch Hauptgemeinschaft des deutschen Einzelhandels, Arbeitsbericht für 1958, S. 11, der vom „veralteten Typ des Klamottenladens" oder Arbeitsbericht für 1957, S. 11, der von „Tante Anna-Betrieben" spricht.

[59] *Buddeberg*, H.: Starkes Leistungsgefälle im Vertrieb, in: Beilage zum Handelsblatt vom 22. Oktober 1956, S. 1. Es wird dabei vorausgesetzt, daß es sich um vergleichbare Betriebe handelt.

[60] Ders.: a. a. O., S. 1.

von den Großhandelsverbänden wird das Vorhandensein bedeutender Rationalisierungsreserven zugegeben[61,62].

Die Möglichkeiten der Rationalisierung im Absatzbereich liegen einzelwirtschaftlich gesehen vor allem in einer Verbesserung der quantitativen und qualitativen Struktur der technischen und personellen Absatzorganisation und der Leistungsstruktur[63]. Das eigentliche Marketing dagegen bietet relativ geringe Möglichkeiten zur Rationalisierung. Überhaupt setzt sich die Erkenntnis immer mehr durch, daß die *'technische' Verteilung* (z. B. Lagerung, Transport, Abrechnung usw.) in den Rationalisierungsmöglichkeiten mit der Fertigung zu vergleichen ist. Gross folgert daraus, daß die Warenverteilung immer billiger wird, das Marketing, das *Marktschaffen* dagegen immer höhere Kosten erfordert[64].

Mit einer ausschließlich einzelwirtschaftlichen, auf die Beurteilung der Vertriebs- bzw. Absatzkosten als *Erfolgsgröße* ausgerichteten Betrachtung der Rationalisierungsmöglichkeiten im Absatzbereich ist das vorliegende Problem jedoch nicht erschöpfend dargestellt. Unter dem Gesichtspunkt gesamtwirtschaftlicher Wirtschaftlichkeit sind die Möglichkeiten zur Rationalisierung weitaus umfangreicher. Die gesamtwirtschaftliche Wirtschaftlichkeit setzt im Hinblick auf die Frage der Angemessenheit der Kosten des Absatzes als *gesamtwirtschaftlicher Preisfaktor* außer einem in quantitativer und qualitativer Hinsicht wirtschaftlichen Kostengütereinsatz eine optimale horizontale und vertikale Organisation der Absatzwege und das Ausschalten aller absatzwirtschaftlichen Leistungen voraus, die gesamtwirtschaftlich gesehen nicht erforderlich sind. Daß die Verwirklichung dieser Forderung weitgehend zu Lasten der einzelwirtschaftlichen Wirtschaftlichkeit und Rentabilität geht, wurde bereits dargelegt.

Es wird also zu zeigen sein, daß auch unter dem Gesichtspunkt gesamtwirtschaftlicher Wirtschaftlichkeit im Absatzbereich erhebliche Rationalisierungsmöglichkeiten vorhanden sind. Bisweilen klingt diese Erkenntnis auch in der Kritik an, die an der Absatzwirtschaft geübt wird, wenn beispielsweise von ‚Kümmerexistenzen'[65] im Handel, von der ‚Übersetzung'[66, 67] einzelner Absatzstufen oder von der

[61] *Dohrendorf*, H.: Viele Wege führen zur Kostensenkung, in: Beilage zum Handelsblatt vom 19. Aug. 1957, S. 1.

[62] Vgl. auch Untersuchungsergebnisse *Seyfferts*, die in Tabelle 1 des Anhangs dargestellt sind.

[63] Vgl. hierzu im einzelnen die Ausführungen im nachfolgenden Abschnitt VI 2 a.

[64] Vgl. *Gross*, H.: Der Handel geht neue Wege, a. a. O., S. 72 ff., insbes. S. 76.

[65] Vgl. z. B. ohne Verfasser: Wirksame Auftriebskräfte im Handel, in: Handelsblatt vom 31. Dez. 1956, S. 6; ohne Verfasser: Radikale Wandlung im Handel, in: Handelsblatt vom 30. Dezember 1955, S. 8.

[66] Vgl. z. B. *Schäfer*, E.: Stufen der Rationalisierung im Bereich der Absatzwirtschaft, a. a. O., S. 11.

[67] *Seyffert*, R.: Wirtschaftslehre des Handels, a. a. O., S. 257 ff.

‚qualitativen und quantitativen Überdimensionierung der Verteilungsapparatur'[66] gesprochen wird.

Nachfolgend soll versucht werden, die Rationalisierungsmöglichkeiten und damit die möglichen Hemmnisse der Verwirklichung einer optimalen Wirtschaftlichkeit des Absatzes aufzuzeigen. Ein Auseinanderreißen des Problems im Hinblick auf die Faktoren, die lediglich für das einzelne Unternehmen oder aber für die Gesamtwirtschaft als Rationalisierungsmöglichkeiten angesprochen werden müssen, ist auf Grund der teilweise gemeinsamen Urteilsgrundlagen unzweckmäßig.

Die wichtigsten Möglichkeiten zur Rationalisierung liegen im einzelnen

a) in quantitativen und qualitativen Mängeln der technisch-personellen Absatzorganisation bzw. ganz allgemein des Kostengütereinsatzes,
b) in einer horizontalen und vertikalen Überdimensionierung der Absatzwege und
c) in einer mangelhaften Ökonomisierung der einzelwirtschaftlichen Absatzleistung.

Was unter diesen Momenten im einzelnen zu verstehen ist und welche Bedeutung sie für die Beurteilung von Vertriebs- bzw. Absatzkosten und Verteilungsaufwand haben, soll nachfolgend untersucht werden.

a) Mängel der technisch-personellen Absatzorganisation

Der Einfluß der technisch-personellen Absatzorganisation, d. h. des *quantitativen* und *qualitativen* Kostengütereinsatzes auf die Vertriebs- bzw. Absatzkosten wurde bereits mit der Darstellung der Kostenabhängigkeiten im Absatzbereich aufzuzeigen versucht[68]. Dabei wurde sehr deutlich herausgestellt, daß gewisse Optimumvorstellungen im Kostenverhalten möglich sind, und zwar sowohl beim mengenmäßigen Kostengütereinsatz als auch bei dessen qualitativer Struktur.

Das bedeutet, daß der quantitative Kostengütereinsatz entsprechend der absatzwirtschaftlichen Aufgabenstellung eines Unternehmens einen bestimmten Umfang haben muß, um eine dieser besonderen Situation entsprechende optimale Kostenlage zu ergeben. Das gleiche gilt von der qualitativen Struktur der eingesetzten personellen und technischen Mittel, der Dienstleistungen u. a. m. Darüber hinaus ist es erforderlich, daß die einzelnen Teilbereiche, die eingesetzten Kostengüter usw. quantitativ und qualitativ optimal aufeinander abgestimmt sind. Auch

[68] Vgl. Abschnitt III 2 c/d/e.

diese Frage der bestmöglichen Kombination des Kostengütereinsatzes wurde bereits mehrfach angeschnitten[69].

In der Praxis weicht der Kostengütereinsatz in quantitativer und qualitativer Hinsicht jedoch von dem unter Berücksichtigung der jeweiligen Aufgabenstellung eines Unternehmens praktisch möglichen optimalen Stand mehr oder weniger stark ab.

Nachfolgend soll versucht werden, die Rationalisierungsmöglichkeiten des Absatzes, die sich

aa) durch quantitative Mängel des Kostengütereinsatzes und

bb) durch qualitative Mängel des Kostengütereinsatzes

ergeben können, in ihren wichtigsten Beispielen aufzuzeigen.

aa) Quantitative Mängel des Kostengütereinsatzes

Vom mengenmäßigen Kostengütereinsatz her gesehen liegt das Problem darin, daß dieser im gesamten Leistungsvermögen, in Teilbereichen bzw. für die einzelnen Kostengüter nicht auf die Aufgabenstellung eines Unternehmens zugeschnitten ist, also entweder überdimensioniert ist oder ein zu geringes Leistungsvermögen aufweist. Zum Teil wurden die damit zusammenhängenden Fragen bereits untersucht[70]. Dort wurde u. a. aufzuzeigen versucht, daß eine ‚technisch' optimale Auslastung der eingesetzten Kostengüter im Absatzbereich vielfach nicht möglich ist. Insbesondere im Einzelhandel in Ladengeschäften liegt die wirtschaftlich erreichbare Beschäftigung weit unter einer theoretisch möglichen Auslastung des Leistungsvermögens der eingesetzten Kostengüter.

Generell läßt sich keine Aussage über quantitative Mängel des Kostengütereinsatzes im Absatzbereich machen. Das gilt insbesondere für den Industriebetrieb, den Großhandel und die Großunternehmen des Einzelhandels. Es ist aber andererseits kein Geheimnis, daß zahlreiche Klein- und Mittelbetriebe des Einzelhandels in Ladengeschäften ein Leistungsvolumen haben, das auch unter Berücksichtigung der schwankenden Beschäftigung und der unterschiedlichen Spitzenauslastung nur unvollständig ausgenutzt wird. Daraus ergeben sich unter Umständen erhebliche Rationalisierungsmöglichkeiten, auch aus der Sicht des einzelnen Unternehmens.

In der Regel handelt es sich bei derartigen Unternehmen um Betriebe in übersetzten Branchen, an übersetzten Plätzen usw., die mit Hilfe fester Handelsspannen und gebundener Preise ein kümmerliches Dasein fristen. Unter gesamtwirtschaftlichem Aspekt ist die Leistung derartiger Unternehmen meist höchst unwirtschaftlich. Aus dieser Perspektive

---

[69] Vgl. Abschnitt III 2 c und d.

[70] Abschnitt III 2 c/d. aa.

gesehen sind die Rationalisierungsmöglichkeiten demnach weitaus umfangreicher. Im nächsten Abschnitt[71] wird auf diese Fragen noch näher einzugehen sein.

bb) Qualitative Mängel des Kostengütereinsatzes

Weitaus eindeutiger lassen sich jedoch die Mängel in der qualitativen Struktur des Kostengütereinsatzes, der Organisation usw. nachweisen. Selbst die Verbände des Groß- und Einzelhandels geben die mangelhafte Rationalisierung der von ihnen vertretenen Absatzstufen in dieser Hinsicht zu. Zum großen Teil sind die sich daraus ergebenden Rationalisierungsmöglichkeiten auf qualitativ unzureichenden Kostengütereinsatz, Organisation usw. zurückzuführen. Bisweilen finden sich aber auch qualitativ übersteigerte Absatzapparaturen[72]. In seinen kostenmäßigen Auswirkungen wurde das Problem im Abschnitt III 2 e bereits dargestellt.

Schon 1925 berichtet *Hirsch,* daß die Qualität des im Handel tätigen *Personals* sehr zu wünschen übrigließ und daß die meisten qualifizierten und tüchtigen Angestellten in die Industrie mit ihren besseren Verdienst- und Aufstiegsmöglichkeiten abwanderten[73]. Aber auch zahlreiche Unternehmer des Einzelhandels und des Großhandels — der dispositive Faktor im Sinne Gutenbergs — erfüllen in qualitativer Hinsicht nicht die Anforderungen, die man in bezug auf unternehmerische Initiative, Beweglichkeit, fortschrittliches Denken usw. an sie stellen muß. „Es handelte sich um eine breite Schicht von Händlern, die kapitalistisch-rationaler Wirtschaftsweise ohne Verständnis, ja oft ablehnend und feindlich gegenüberstand und diese Haltung auch heute teilweise noch nicht aufgegeben hat[74].“ Die Folgen lassen sich in der Mehrzahl der Einzelhandelsladengeschäfte und in vielen Großhandelsunternehmen nur zu deutlich feststellen: starres Verhaften am Althergebrachten, antiquierte Verkaufsmethoden, schlecht organisierte und eingerichtete Betriebe usw.

Auch *Betriebsmittelbestand* und *Organisation* entsprechen vielfach nicht den Möglichkeiten der ‚Technik‘ und der Organisationserfahrung und den Anforderungen des Marktes. Es ist zwar richtig, daß die Eigenart der Absatzleistung einer der Fertigung ähnlichen Mechanisierung, Maschinisierung, Automatisierung und Organisation der absatzwirtschaftlichen Tätigkeit häufig im Wege steht. Andererseits ist aber an zahlreichen Beispielen aus der Praxis nachgewiesen, daß die Großzahl

---

[71] Abschnitt VI 2 b.

[72] Vgl. *Schäfer,* E.: Stufen der Rationalisierung im Bereich der Absatzwirtschaft, a. a. O., S. 11.

[73] *Hirsch,* J.: Der moderne Handel, a. a. O., S. 223.

[74] *Nieschlag,* R.: Die Dynamik der Betriebsformen im Handel, a. a. O., S. 6.

der Unternehmen aller Absatzstufen und Organisationsformen bei weitem nicht den technisch und wirtschaftlich möglichen Stand der Betriebsmittel- und Organisationstechnik aufweisen. Sie sind vielmehr mit qualitativ völlig unzureichenden Betriebsmitteln ausgestattet und nach antiquierten Organisationsprinzipien ausgerichtet. Technik und der Stand der Organisationserfahrung erlauben aber eine Ausrüstung des Absatzes, die in vielem ähnlich „technisiert“ und organisiert ist wie die Fertigung. Im Absatzbereich sind dementsprechend vielfach Rationalisierungsmöglichkeiten vorhanden, die ähnliche Rationalisierungseffekte erwarten lassen, wie sie vom Fertigungsbereich her bekannt sind. Es sei beispielsweise erinnert an die Versand- und Abrechnungsautomation des Großversandhauses Quelle in Nürnberg, die den gegenwärtig modernsten technischen Absatzapparat auf diesem Gebiete darstellt[75].

Ähnlich lassen sich zum Beispiel Lager, Versand, Abrechnung usw. zahlreicher Unternehmen im Konsumgüterbereich, und zwar des Industrievertriebs und des Großhandels, organisieren[76]. Vielfach sind derartige Rationalisierungsmaßnahmen, zumindest für Teilbereiche, bereits durchgeführt. Auch im Produktionsgüterhandel werden heute zum Teil schon erhebliche Bemühungen gemacht, Warenlagerung und -umschlag, Abrechnung usw. nach wirtschaftlichen Organisationsprinzipien zu rationalisieren[77]. Der mögliche Rationalisierungseffekt kann in vielen dieser Unternehmen und Branchen als außerordentlich groß angesprochen werden, da diese vorwiegend „technischen“ Absatzverrichtungen teilweise hohe Kosten verursachen.

Im Einzelhandel in Ladengeschäften ermöglicht die moderne Entwicklung zum Selbstbedienungsladen unter Umständen eine ähnliche rationelle Technisierung und Organisation wie vorstehend angedeutet[78]. In der englischen Zeitschrift „Automation & Automatic Equipment News“ wurde vor einiger Zeit die erste Darstellung eines vollautomatisierten Supermarktes gegeben, der mit Hilfe von Lochkarten- und Elektronenanlagen eine vollautomatische Bedienung eines Kunden, d. h. Zusammenstellen und Ausliefern der gewünschten Ware und Abrechnung mit dem Kunden ermöglicht. Der Käufer hat lediglich die bei der ausgestellten Ware bereitliegenden vorgestanzten Lochkar-

---

[75] Vgl. z. B. *Gross*, H.: Das Elektronengehirn im Versandgeschäft, in: Handelsblatt vom 30. März 1956.

[76] Vgl. z. B. *Gross*, H.: Der Handel geht neue Wege, a. a. O., S. 179 ff. *Pollock*, F.: Automation, Bd. 5 der Frankfurter Beiträge zur Soziologie, Frankfurt/M. 1956, S. 29 f. Vgl. auch: Automation im Vertrieb, ohne Verfasser, in: Handelsblatt vom 22. Oktober 1956, S. 3.

[77] Nach Kenntnis des Verfassers z. B. im Schrott-, Eisen- und Stahlhandel in teilweise starkem Maße, in verschiedenen anderen Branchen in Ansätzen.

[78] Vgl. *Nieschlag*, R.: Die Dynamik der Betriebsformen im Handel, a. a. O., S. 14 f.

ten abzugeben[79]. Zum Teil sollen diese Anlagen schon erfolgreich erprobt sein. Auch in Deutschland wurden in jüngster Zeit ähnliche Anlagen vorgestellt.

Derart automatisierte und höchst rationell organisierte Unternehmen müssen nach dem gegenwärtigen Stand der Technik und Organisationserfahrung als optimal ausgerichtet angesprochen werden. Ein derart technisch-optimaler Organisationsstand läßt sich jedoch nur in begrenztem Rahmen in die Praxis umsetzen. Er erfordert ein bestimmtes, nur im Einzelfall feststellbares, im allgemeinen relativ großes Absatzvolumen und ist mit erheblichem Kapitaleinsatz verbunden.

Doch sind von diesem technisch optimalen Betriebsmittel- und Organisationsstand bis zu der völlig unzureichenden Betriebsmittelausrüstung und Organisation zahlreicher Unternehmen aller Absatzstufen und Branchen viele Zwischenlösungen und Abstufungen möglich. Selbst mit den einfachsten Mitteln lassen sich bei richtiger Auswahl und Organisation der Mittel gute Rationalisierungserfolge erreichen.

Unter gesamtwirtschaftlichem Aspekt sind die Rationalisierungsmöglichkeiten in der qualitativen Struktur, insbesondere des Betriebsmitteleinsatzes, wesentlich größer. Durch Ausschaltung von gesamtwirtschaftlich gesehen unrationellen Kleinunternehmen kann vielfach eine Konzentration des Absatzvolumens erreicht werden, die eine weitgehende Rationalisierung der Organisation und der Betriebsmittel in der vorstehend angedeuteten Weise ermöglicht. Dieses Problem wird im einzelnen im nächsten Abschnitt untersucht.

In bezug auf die Selbstbedienung ist zu bemerken, daß der mit der Verwirklichung dieses Systems offensichtlich Hand in Hand gehende Funktionsabbau nicht unbedingt zu Lasten des Konsumenten gehen muß und so lediglich zu einer Scheinrationalisierung führt[80]. Vielfach verlangt der Verbraucher die ihm im Ladengeschäft angebotenen Dienstleistungen, wie Beratung, übermäßiges Sortenangebot, Service usw. gar nicht. Diese Leistungen werden dem Konsumenten oft genug vielmehr aufgedrängt[81]. Im Laufe der Zeit scheint diese Erkenntnis verlorengegangen zu sein. Gelegentlich drängt sich der Eindruck auf, daß der Handel sich selbst die Notwendigkeit dieser nicht verlangten und vielfach sogar unerwünschten Zusatzleistungen suggeriert. Man wird hier sehr genau abwägen müssen, was als echte Absatzleistung angesprochen werden kann und was dem Konsumenten vom Handel zusätzlich ‚verkauft' wird, ohne von ihm gewünscht zu sein.

---

[79] Quelle: Der automatisierte Supermarkt, ohne Verfasser in: Handelsblatt vom 21./22. Juni 1957, S. 13. Vgl. auch *Gross*, H.: Der Handel geht neue Wege, a. a. O., S. 26 ff.

[80] Vgl. hierzu Abschnitt VI 2 c, aa.

[81] Vgl. z. B. *Mahler*, E. H.: a. a. O., S. 314 f.

Es sei in diesem Zusammenhang noch einmal an das Problem Beziehungskauf und Diskonthaus erinnert als Ausdruck einer Ablehnung dieser Scheinleistungen durch den Konsumenten.

Im übrigen mag es genügen, die Rationalisierungsmöglichkeiten, die sich aus dem quantitativen und qualitativen Kostengütereinsatz ergeben können, in groben Zügen am Beispiel des Personal- und Betriebsmitteleinsatzes und der Organisation umrissen zu haben. Das Problem soll und kann hier keineswegs erschöpfend dargestellt werden, ebensowenig wie konkrete Vorschläge für eine personelle und technisch-organisatorische Rationalisierung der Absatzwirtschaft aufgezeigt werden sollen.

b) Überdimensionierung der funktionellen Absatzorganisation

Die möglichen Mängel der Absatzorganisation liegen nicht nur im einzelwirtschaftlichen Bereich, d. h. im quantitativen und qualitativen Kostengütereinsatz und deren technischer Organisation. Sie greifen auch auf den Bereich der gesamtwirtschaftlichen, funktionellen Absatzorganisation über. Derartige Organisationsmängel der Absatzwirtschaft zeigen sich darin, daß die Absatzwege in ihrer *horizontalen* und *vertikalen Gliederung* von der bestmöglichen Organisationsweise vielfach weitgehend abweichen. Eine optimale vertikale Organisation der Absatzwege setzt das Ausschalten aller überflüssigen Absatzstufen bzw. das Einschalten fehlender Absatzträger voraus[82]. Horizontale Organisationsmängel der Absatzwege liegen dann vor, wenn Absatzstufen unter- oder übersetzt sind.

Die im vorstehenden Abschnitt dargestellten Mängel der technisch-personellen Absatzorganisation zeigen Rationalisierungsreserven, die die Wirtschaftlichkeit des Absatzes sowohl aus der Sicht des einzelnen Unternehmens als auch im Hinblick auf gesamtwirtschaftliche Überlegungen beeinflussen. Die Überlegungen des vorliegenden Abschnittes dagegen sind vorwiegend für die gesamtwirtschaftliche Beurteilung des Problems, d. h. für die Frage der Angemessenheit der Vertriebs- bzw. Absatzkosten als *gesamtwirtschaftlicher Preisfaktor* von Bedeutung. Durch Mängel der funktionellen Absatzorganisation wird in aller Regel die gesamtwirtschaftliche Wirtschaftlichkeit des Absatzes verschlechtert. Die absatzwirtschaftliche Tätigkeit erfordert dementsprechend gesamtwirtschaftlich gesehen einen erhöhten Aufwand, so daß der letzte Verbraucher mit höheren Preisen belastet wird. Das einzelne Unternehmen kann und wird vielfach sogar von derartigen Mängeln der hori-

[82] Vgl. z. B. *Seyffert*, R.: Wirtschaftslehre des Handels, a. a. O., S. 259.

zontalen und vertikalen Absatzorganisation profitieren. Das gilt vor allem bei einer vertikalen Aufblähung der Absatzwege und auch bei einer übermäßigen Verminderung der horizontalen Angebotskonkurrenz. Lediglich bei der horizontalen Übersetzung einzelner Absatzstufen verschlechtert sich auch die Wirtschaftlichkeit und damit die Rentabilität der einzelnen Unternehmen, wie das Beispiel der zahlreichen Kümmerexistenzen insbesondere im Einzelhandel lehrt.

Praktisch bedeutsam für die vorliegenden Überlegungen ist

aa) die horizontale Übersetzung der Absatzstufen, insbesondere des Einzelhandels und

bb) die vertikale Überdimensionierung der Absatzwege.

aa) Übersetzung der Absatzstufen

Die in den letzten Jahrzehnten ständig steigende Anzahl an Absatzträgern ist nicht allein auf die mit der industriellen Entwicklung ständig gewachsene absatzwirtschaftliche Aufgabe zurückzuführen. Sie geht vielmehr zu einem erheblichen Teil zu Lasten einer Übersetzung der Absatzstufen, insbesondere des Handels[83]. Bei der Diskussion der Angemessenheit der Vertriebs- bzw. Absatzkosten wird daher der Absatzwirtschaft vorgeworfen, daß die Absatzwege in ihrer horizontalen Gliederung weitgehend übersetzt sind. Die Kritik richtet sich dabei insbesondere gegen den Einzelhandel.

Die Übersetzung des Einzelhandels wird von den Einzelhandelsverbänden auch offen zugegeben[84]. Im übrigen kann man sich abseits der Hauptgeschäftsstraßen der Städte, in den Nebenstraßen und Vororten, in den Kleinstädten und Dörfern immer wieder davon überzeugen, daß zahlreiche Einzelhandelsgeschäfte, bedingt durch örtliche Übersetzung, bei minimalen Umsätzen ein kümmerliches Dasein fristen, das oft genug zum Nebenerwerb eines Teils der Familienmitglieder zwingt. Allerdings sind die Verhältnisse branchenmäßig und auch regional unterschiedlich.

Für den Großhandel läßt sich eine Aussage über Übersetzungserscheinungen nicht machen[85].

Für den Industrievertrieb läßt sich dieses Problem ungleich schwerer beurteilen. Man ist im allgemeinen geneigt, anzunehmen, der industrielle Vertrieb sei in seiner Kapazität besser dimensioniert als der Handel. Bezogen auf die Zeit kurz nach dem letzten Krieg ist *Schäfer* jedoch der Ansicht, daß der Absatzapparat der Industrie unter Umständen stärker übersetzt ist als der Handel. „Heute ist vielleicht nicht einmal so sehr der selbständige Handel überdimensioniert, sondern vor

---

[83] Vgl. *Seyffert*, R.: Wirtschaftslehre des Handels, a. a. O., S. 276 f.

[84] Vgl. *Leihner*, E.: a. a. O.

[85] Nach Auffassung und Kenntnis des Verfassers sind jedoch Ansätze zur Übersetzung z. B. im Eisen- und Stahlhandel, Schrotthandel, Treibstoff- und Heizölhandel vorhanden.

allem die aus der Vorkriegszeit übernommene Vertriebsorganisation der Industrie. Mir aber erscheint es sicher, daß eine gewisse Rückbildung unserer Absatzapparatur erforderlich ist, und zwar eine Rückbildung nicht nur im quantitativen, sondern auch im qualitativen Sinn, d. h. die Rückkehr zu ‚primitiveren' und weniger fixe Kosten fressenden Absatzeinrichtungen[86]."

Wenn auch zwischenzeitlich Verbesserungen in der industriellen Absatzorganisation erkennbar geworden sind, so wird man sich dieser Auffassung Schäfers auch heute noch nicht verschließen können, wenn man den umfangreichen Vertriebsapparat zahlreicher Unternehmen mit ihrer Vielzahl von Verkaufsgesellschaften, Verkaufsbüros, Agenten, Vertretern, Verkaufsrepräsentanten usw. betrachtet.

Die Übersetzung einer Absatzstufe führt nun dazu, daß einerseits ein Teil der betroffenen Unternehmen — es sind in der Regel die leistungsschwachen Betriebe — unterbeschäftigt ist und daß zum anderen die Kostenvorteile steigender Betriebsgröße, die im vorangegangenen Abschnitt und bei der Untersuchung der Kosteneinflußgrößen aufgezeigt wurden, nicht ausgenutzt werden können.

Die sich aus der Übersetzung durch Unterbeschäftigung ergebenden Leistungsreserven sind in keiner Weise marktbedingt, ganz im Gegensatz zu den Kapazitätsreserven, die sich aus dem Unterschied der durchschnittlichen bzw. minimalen Auslastung und der täglichen, wöchentlichen, monatlichen und saisonalen Spitzenbeschäftigungen im Absatzbereich errechnen. Die durch den überflüssigen, festgefrorenen Kapazitätsüberhang bedingten zusätzlichen Vertriebs- bzw. Absatzkosten stellen demnach gesamtwirtschaftlich gesehen keinen echten Leistungsaufwand des Handels dar. Sie führen unter diesem Aspekt zu einem Auseinanderklaffen von Vertriebs- bzw. Absatzkosten und Absatzleistung.

Soweit die Übersetzung einer Absatzstufe sich nicht nur in einer quantitativen Überkapazität auswirkt, sondern darüber hinaus zu einer Zersplitterung des gesamten Leistungsquerschnittes dieser Absatzstufe auf eine Vielzahl von Klein- und Kleinstunternehmen führt, ist der Aufbau einer rationellen technisch-personellen Absatzorganisation nicht möglich. Die sich daraus ergebenden Möglichkeiten zur Rationalisierung wurden im vorstehenden Abschnitt aufgezeigt.

Wenn *Seyffert* der Auffassung ist, daß bei der Beurteilung der Kleinbetriebe des Einzelhandels beachtet werden muß, „daß in ihnen oft Menschen mit beschränkter Arbeitsfähigkeit noch einen Arbeitsplatz auszu-

---

[86] *Schäfer*, E.: Stufen der Rationalisierung im Bereich der Absatzwirtschaft, a. a. O., S. 11.

füllen in der Lage sind"[87], so zeigt sich darin allenfalls die sozialpolitische Bedeutung dieser Unternehmen, die jedoch nichts über ihre absatzwirtschaftliche Leistung aussagt.

U. E. sind es jedoch nicht so sehr beschränkt arbeitsfähige Personen, die auf der Einzelhandelsstufe eine Erwerbsmöglichkeit gefunden haben, sondern Händler, die den Erfordernissen ihres Berufsstandes vielfach nicht genügen. *Nieschlag* führt dazu aus: „... denn es strömten Mindertaugliche, die überdies nur mit geringem Kapital ausgestattet waren, vor allem in den Einzelhandel ein. Damit nahm die Zahl der leistungsschwachen Kleinbetriebe, die für große Bereiche des Einzelhandels der neueren Zeit in den meisten Ländern charakteristisch geworden sind, erheblich zu[88]."

bb) Aufblähung und Erstarrung der Absatzwege

Die Durchführung der absatzwirtschaftlichen Aufgabe ist in der Regel weder an eine bestimmte Anzahl von Absatzstufen noch an eine genau festgelegte Reihenfolge von Absatzträgern gebunden. Daraus erklärt sich, daß die praktische Gestaltung der Absatzwege eine Vielzahl von Varianten zeigt. Soweit es sich dabei um unterschiedliche Waren, Absatzmärkte usw. handelt, ist das im Grunde genommen verständlich. Aber selbst für ein und dieselbe Warengattung, für den gleichen Abnehmerkreis bzw. Absatzmarkt finden sich die verschiedensten Absatzwege. Vom kürzesten Weg des Direktverkaufs des Produzenten an den Verbraucher beispielsweise bis zum Absatz über zusätzlich eine oder mehrere Handelsstufen, vom Verkauf durch Vertreter bzw. Agenten bis zur Errichtung eigener Verkaufsgesellschaften, Verkaufsbüros bzw. Verkaufsfilialen zeigt sich eine Vielfalt von Gestaltungsformen der Absatzwege[89].

Die Frage, ob eine derartige Vielgestaltigkeit der Absatzwege notwendig und zweckmäßig ist, erscheint berechtigt. Auch Zweifel an einer optimalen Wirtschaftlichkeit der Warenverteilung erscheinen angebracht. Die meist regionale Verschiedenheit der Absatzbedingungen für die einzelnen Waren und die Unterschiedlichkeit der vom Markt verlangten Absatzleistung erfordern zwar eine Differenzierung der Absatzkanäle. Das vielfach anzutreffende Bestreben aber, ‚ins Geschäft zu kommen', wie auch das Interesse, einen einmal geschaffenen Zustand zu erhalten, führen jedoch zu einem Aufblähen und Erstarren der Absatzwege. Dieses verurteilt die betroffenen Bereiche der Absatzwirtschaft gesamtwirtschaftlich gesehen unter Umständen zur Unwirtschaftlichkeit.

---

[87] *Seyffert*, R.: Wirtschaftslehre des Handels, a. a. O., S. 277.

[88] Nieschlag, R.: Die Dynamik der Betriebsformen im Handel, a. a. O., S. 6.

[89] Vgl. beispielsweise *Schäfer*, E.: Die Aufgabe der Absatzwirtschaft, a. a. O., S. 81 ff. *Seyffert*, R.: Wirtschaftslehre des Handels, a. a. O., S. 499 ff.

Fast immer versuchen Absatzorgane, die längst entbehrlich geworden sind, ihre Marktstellung zu behaupten. Es sind vor allem Unternehmen solcher Absatzstufen, die den mengenmäßigen, zeitlichen und räumlichen Ausgleich zwischen Produktion bzw. Erzeugung und Bedarf vermitteln, die aber durch die Entwicklung der Transport- und Nachrichtentechnik und durch die Vervollkommnung der Verpackungs- und Konservierungstechnik an Bedeutung abgenommen haben und auch weiterhin abnehmen[90]. Es handelt sich hier insbesondere um den Absatz von naturnahen Massengütern, und zwar sowohl von Rohstoffen als auch von konsumreifen Produkten. Aber auch beim Vertrieb von industriellen Konsumgütern, vor allem aber bei Markenartikeln wird mit allen Mitteln versucht, eine einmal geschaffene Absatzkette aufrechtzuerhalten. Es sei hier noch einmal erinnert an das Beispiel der Beziehungskäufe im allgemeinen[91] und an den Feldzug, den Rundfunkindustrie und -einzelhandel gegen den einschlägigen Großhandel führten, im besonderen. Auch die Auseinandersetzungen zwischen dem traditionellen Großhandel und den Einkaufsgenossenschaften des Einzelhandels müssen unter diesem Aspekt gesehen werden[92].

Industrie und Handel sind immer wieder bestrebt, die einmal eingefahrenen Absatzwege auch für die Zukunft festzulegen. Zum Teil bemüht man sich, wie beispielsweise in den dreißiger Jahren, um Unterstützung des Staates[93]. Teilweise versucht man, mit Hilfe von Funktionsrabatten, Preisbindung, Kartellen usw. zum Ziel zu kommen. *Sölter* entgegnet diesen Bestrebungen: „In einer dynamischen Wirtschaft besteht immer die Gefahr, daß eine Funktionsgliederung in der Handelsstufe Abkapselungen, Erstarrungen und damit Fortschrittshemmungen zur Folge hat. Die Wirtschaft muß stets fließend und wechselnd sein, und jede ‚Regelung' kann diesen Fluß und diesen Wechsel hemmen. ... Die Bedürfnisse des Marktes haben eine Unzahl von Zwischenformen der Handelsstufen ins Leben gerufen, die nicht in ein traditionelles Klassifizierungsschema einzureihen sind[94]." Eick ist der Meinung: „Statt eingefahrene Absatzwege zu zementieren sollte man die Konkurrenz der verschiedenen Absatzwege eher fördern"[95].

Seyffert führt in diesem Zusammenhang aus, daß eine Vertriebsform nur so lange wirtschaftlich gerechtfertigt ist, „als eine andere nicht noch wirtschaftlicher als sie den Verteilungsprozeß durchzuführen in der Lage ist", und daß zu prüfen ist, „ob alle Leistungen wirtschaftlich

[90] Vgl. hierzu *Schäfer*, E.: Die Aufgabe der Absatzwirtschaft, a. a. O., S. 38.
[91] Vgl. z. B. *Eick*, J.: Kann man Absatzwege vorschreiben?, a. a. O., S. 9.
[92] Vgl. *Nieschlag*, R.: Strukturwandlungen im Großhandel, a. a. O.; *Diederichs*, E. W.: Dynamische Großhandelskonzeption, in: Handelsblatt vom 21. Januar 1957, Beilage: Der Deutsche Handel.
[93] Vgl. *Nieschlag*, R.: Strukturwandlungen im Großhandel, a. a. O., S. 19.
[94] *Sölter*, A.: Das Rabattkartell, Düsseldorf 1956, S. 81.
[95] *Eick*, J.: Nochmals Beziehungskäufe, a. a. O., S. 7.

wünschenswert sind oder ob nicht auch hierbei Einsparungen und damit eine Ökonomisierung des Vertriebs erreicht werden kann. ... Immer aber wird die Entscheidung abstrahieren müssen von den Wünschen der bisherigen Handelsträger. Es darf keinen Handelsschutz im Sinne einer Monopolisierung der einen oder anderen Vertriebsform geben, und wo es notwendig sein sollte, durch marktordnende Maßnahmen den Wettbewerb der Absatzwege auszuschalten, ist sorglich zu beachten, daß Kosten und Leistungen im angemessenen Verhältnisse bleiben und sich kein Handelsrentnertum ausbildet"[96].

Neben den Bemühungen, die darauf hinauslaufen, vorhandene Absatzwege zu erhalten, wird bisweilen, insbesondere im Handel mit Naturprodukten, Rohstoffen, im Export und Import usw., versucht, zusätzliche Absatzmittler einzuschalten. Zum Teil erbringen diese zusätzlichen Absatzstufen keine oder nur unwesentliche Absatzleistungen, beanspruchen aber in aller Regel erhebliche Handelsspannen[97].

Zu der hier interessierenden Frage der sich aus der Aufblähung der Absatzwege ergebenden Rationalisierungsmöglichkeiten schreibt *Sundhoff:* „Es kann keinem Zweifel unterliegen, daß die Ausschaltung von Handelskettengliedern an geeigneten Stellen eine wesentliche Möglichkeit zur Senkung der Verteilungskosten in sich birgt und daher in solchen Fällen durchaus erwünscht ist. Doch lassen sich dafür keine allgemeinen Regeln aufstellen[98]."

Man wird jedoch davon ausgehen können, daß der gesamtwirtschaftliche Rationalisierungseffekt der Ausschaltung nicht erforderlicher Absatzstufen in der Regel in der Verminderung des Verteilungsaufwandes um die Gewinnspannen der ausgeschiedenen Absatzorgane besteht[99]. Darüber hinaus ist bei einer Funktionskonzentration eine gewisse Ökonomisierung der technischen Arbeitsverrichtungen möglich, ähnlich wie sie bei steigender Betriebsgröße gegeben sind[100]. Weiterhin entfallen durch das Zusammenlegen verschiedener Absatzstufen unter Umständen ganze Funktionen mit den entsprechenden technischen Arbeitsverrichtungen des Warenumschlags, der Warenlagerung, der rechnerischen Abwicklung usw[100]. Auch hieraus ergeben sich in der Regel beachtenswerte Kostensenkungen.

---

[96] *Seyffert*, R.: Wirtschaftslehre des Handels, a. a. O., S. 259.

[97] Dem Verfasser sind entsprechende Beispiele aus dem Handel mit Eisen und Stahl, Schrott, Altmetallen und Holz bekannt. In der Regel handelt es sich hierbei nach den dem Verfasser bekannten Beispielen jedoch um ein vorübergehendes, meist kurzfristiges Einschalten neuer Absatzmittler, meist in Zeiten, in denen der Markt unübersichtlich, stark in Bewegung geraten oder angespannt ist.

[98] *Sundhoff*, E.: Die Handelsspanne, a. a. O., S. 237.

[99] Vgl. *Behrens*, K. C.: Senkung der Handelsspannen, a. a. O., S. 383

[100] Vgl. dazu die Ausführungen zu Abschnitt III 2 d, bb.

c) Mangelhafte Ökonomisierung der einzelwirtschaftlichen Absatzleistung

Mit der Darstellung der sich aus der Aufblähung und Erstarrung der Absatzwege ergebenden Rationalisierungsmöglichkeiten wurde das Problem der mangelhaften Ökonomisierung der Absatzleistung für den gesamten Absatzbereich untersucht. Im vorliegenden Abschnitt sollen derartige Möglichkeiten der Rationalisierung der Absatzleistung im Bereich des einzelnen Unternehmens aufgezeigt werden. Praktisch bedeutsam sind dabei auch hier lediglich gewisse Überdimensionierungen der Absatzleistung. Sie ergeben sich

aa) durch Einschalten und Beibehalten von Absatzfunktionen, die gesamtwirtschaftlich gesehen nicht erforderlich sind oder anderweitig rationeller erbracht werden können.

Sie liegen aber auch in einer Überdimensionierung der Funktionen selbst, insbesondere

bb) der Sortimentsfunktion und

cc) von wettbewerbsbedingten Zusatzleistungen und weiterhin

dd) in einer unrationellen Einkaufspolitik der Unternehmen.

Eine gesamtwirtschaftlich mangelhaft ökonomisierte Absatzleistung kann einzelwirtschaftlich gesehen durchaus erfolgbringend sein. Das gilt insbesondere bei einem Aufblähen der funktionellen Leistungstiefe und der Überdimensionierung einzelner Funktionen, trifft aber bisweilen auch für die wettbewerbsbedingten Zusatzleistungen zu. Die genannten Komponenten der Absatzleistung können unter Umständen aber auch vom Standpunkt des einzelnen Unternehmens aus gesehen Rationalisierungsmöglichkeiten enthalten.

Die Überlegungen des vorliegenden Abschnittes betreffen demnach sowohl die einzelwirtschaftliche als auch die gesamtwirtschaftliche Wirtschaftlichkeit des Absatzes. Die im einzelnen noch aufzuzeigenden bzw. näher zu erläuternden Rationalisierungsmöglichkeiten sind deshalb für die Beurteilung der Angemessenheit der Vertriebs- bzw. Absatzkosten als *gesamtwirtschaftlicher Preisfaktor* ebenso bedeutsam wie für das Problem der einzelwirtschaftlichen Wirtschaftlichkeit als Beurteilungsmaßstab dieser Kosten als *Erfolgsgröße*.

aa) Funktionsübergang

Es wurde bereits mehrfach darauf hingewiesen, daß weite Kreise der Absatzwirtschaft, insbesondere aber des Handels in ihrer Denkweise in bezug auf Preisgestaltung, Handelsspannen, Leistungsstruktur, Absatzwege usw. sehr unbeweglich sind. Im Leistungsaufbau versucht vor allem der traditionelle Handel, die einmal erreichte Funktionstiefe aufrechtzuerhalten.

Die funktionelle Leistungsstruktur muß den Bedürfnissen des Marktes jedoch angepaßt werden. Das bedeutet also, daß die Funktionstiefe eines Unternehmens bzw. einer Absatzstufe entsprechend den wandelnden Bedürfnissen des Marktes keineswegs starr und unelastisch sein kann. Sie muß sich vielmehr als äußerst anpassungsfähig zeigen. Vom gesamtwirtschaftlichen Standpunkt aus geht diese Forderung sogar so weit, daß dem Kunden keine Leistungen verkauft werden dürfen, die er nicht beansprucht.

Weitsichtige und bewegliche Unternehmerpersönlichkeiten haben diese Forderung frühzeitig erkannt. So kam es zur Gründung neuer Betriebsformen, wie der Warenhäuser, Einheitspreisgeschäfte, Etagengeschäfte, Versandhäuser usw., die auf bestimmte, im Einzelhandelsbereich von Konsumenten nicht erwünschte Teilfunktionen, wie übermäßige Beratung, Service, Garantieleistungen, Warenauslage usw. verzichteten[101, 102]. Sie konnten so mit niedrigeren Spannen arbeiten. In Amerika folgte die Gründung der Diskonthäuser und Supermärkte, die ihre Leistung ohne Service bzw. ohne persönliche Bedienung verkauften. In Deutschland ist diese Tendenz seit einigen Jahren ebenfalls zu beobachten.

Das dem Diskonthausprinzip ähnliche Beziehungskaufsystem ist eine Reaktion des Konsumenten auf die mit den Handelsspannen erstarrte Leistungsstruktur, insbesondere des Facheinzelhandels[103, 104].

Auch die Entwicklung zum Selbstbedienungssystem liegt auf der gleichen Ebene. Es ist ein Trugschluß anzunehmen, daß der Kunde immer und überall beraten und bedient werden möchte. Der schon beim Warenhaus verfolgte Grundsatz des ungezwungenen Anschauenkönnens wird im Selbstbedienungsgeschäft lediglich ausgeweitet. Der Kunde kann nicht nur ohne Kaufzwang anschauen, sondern auch frei wählen, ohne von lästigen Verkäufern gefragt und bedrängt zu werden. *Vershofen* schreibt hierzu und zum Thema Selbstbedienungsladen überhaupt, „daß dort und bei den Objekten, wo er Erfolg gehabt hat, gerade der Fortfall gewisser Funktionen des Handels diesen Erfolg gebracht hat, zumal die persönliche Beziehung zwischen Käufer und Verkäufer hier entfällt. Das ist für manche Käufer eine große Erleichterung, denn der Käufer kommt dem Verkäufer gegenüber sehr leicht in eine Lage, die ihm Geltungsverlust bringen kann. Wir wissen aber, daß er das Gegenteil, Geltungsgewinn, bei allen Markthandlungen erstrebt"[105].

---

101 Vgl. *Nieschlag*, R.: Die Dynamik der Betriebsformen im Handel, a. a. O., S. 9 ff.

102 Zum Teil wurden allerdings auch zusätzliche Leistungen erst neu eingeführt, so z. B. die Lieferung frei Haus durch die Warenhäuser, die Betreuung von Kindern gleichfalls in Warenhäusern u. a. m.

103 *Eick*, J.: Kann man Absatzwege vorschreiben?, a. a. O., S. 9.

104 Vgl. auch *Steindorff*, E.: Differenzierung der Einkaufsmöglichkeiten, a. a. O., S. 9.

Gross ist der Auffassung: „... vielmehr beginnt man zu erkennen, daß die Auslage der Waren ohne Verkäufer eine neue Bequemlichkeit darstellt, die der Kunde wünscht. Das Fehlen jedes Service gilt als neue Bequemlichkeit, auf die man großen Wert legt"[106].

Es liegt hier vielfach keine unerwünschte Abwälzung von Verkaufsfunktionen, die bisher vom Verkäufer durchgeführt wurden, auf den Kunden vor. Die Beratung bzw. Information über die gewünschte Ware wird durch entsprechende Aufmachung zum Teil bereits schon vom Hersteller, im übrigen durch Auszeichnung der Preise und weiterer Charakteristika der Ware durch den Händler ersetzt. Das Zusammenstellen der Waren nimmt der Kunde dem Verkäufer ab. Diese Aufgabe wird von den Käufern in der Regel keineswegs als Mühe, sondern vielfach als eine interessante und angenehme Betätigung empfunden, die an Stelle des Wartens und Herumstehens im Bedienungsladen gern übernommen wird. Das vom Verkäufer im Bedienungsladen durchzuführende Abwiegen und Abpacken einzelner Waren entfällt im Selbstbedienungsgeschäft, da nur vorverpackte und somit abgewogene Ware zum Verkauf gelangt. Die Verpackung erfolgt zudem in verkaufsüblichen Mengen. Der Käufer nimmt also dem Verkäufer lediglich die Arbeit (= Funktion) des Zusammenstellens der Ware ab. Weiterhin verzichtet er auf eine individuelle mündliche Beratung durch den Verkäufer, ist also angehalten, sich mit Hilfe der Aufmachung und Auszeichnung der Ware selbst zu informieren.

Nach den bisherigen Erfahrungen wird vom Käufer nicht nur das ungehinderte Anschauenkönnen und Wählen der Waren, sondern auch die im Vergleich zum Bedienungsladen häufig viel schnellere, ohne Wartezeiten durchzuführende Selbstbedienung als Vorteil empfunden. Die Selbstinformation, an Stelle der individuellen mündlichen Beratung, wird nicht als Nachteil angesehen, da die angebotenen Waren meist bekannt sind.

Beim Selbstbedienungssystem handelt es sich vielfach also nicht um eine Funktionsabwälzung auf den Käufer im Sinne einer Scheinrationalisierung[107], sondern lediglich um den Abbau nicht erforderlicher Teilleistungen des Einzelhandels[108].

Für das vorliegende Problem ergibt sich daraus die Folgerung, daß gesamtwirtschaftlich und auch einzelwirtschaftlich gesehen vielfach er-

---

[105] *Vershofen*, W.: Rationalisierung vom Verbraucher her, in: Der Volkswirt, Beilage zu Nr. 42 vom 16. Oktober 1954 Deutsche Wirtschaft im Querschnitt, 28. Folge, Einzelhandel, S. 14.

[106] Gross, H.: Der Kunde will Bequemlichkeit, in: Handelsblatt v. 9.—10. Februar 1962, S. 13.

[107] Vgl. hierzu *Schäfer*, E.: Stufen der Rationalisierung im Bereich der Absatzwirtschaft, a. a. O., S. 2.

[108] Vgl. auch *Hax*, H.: a. a. O., S. 120; ferner: *Schmidt*, G.: Und was sagt der Verbraucher?, in: Beilage zum Handelsblatt vom 23. September 1957, S. 3.

hebliche Rationalisierungsmöglichkeiten im Funktionsüberhang des traditionellen Einzelhandels in Ladengeschäften, insbesondere der Fachgeschäfte, vorhanden sind. Aber auch einige der modernen Betriebsformen, wie z. B. die Kaufhäuser und Einheitspreisgeschäfte, die im Laufe der Jahre von ihrer ursprünglichen Konzeption abgewichen sind und zusätzliche Teilleistungen aufgenommen haben, weisen häufig derartige Rationalisierungsmöglichkeiten auf[109]. Durch Verzicht auf überflüssige Teilfunktionen lassen sich Kosten und Spannen zum Teil erheblich senken, wie das Beispiel der Beziehungskäufe und der Diskonthäuser zeigt.

Ein Verzicht auf Teilfunktionen und eine weitgehende Differenzierung der Leistungsstruktur der Unternehmen liegt im übrigen nicht nur im Interesse des Konsumenten. Sie ist auch für eine Ausweitung des Marktvolumens von Industrie und Handel und damit für eine Rationalisierung von der Ertragsseite her erforderlich. Durch eine derartige Differenzierung der Absatzleistung werden mit der dadurch möglichen Spannenstaffelung weitere Käuferkreise gewonnen. Zu den unter diesem Gesichtspunkt vollkommen falschen Bemühungen von Industrie und Einzelhandel, durch den Staat bzw. durch vertragliche Gestaltung die alte, ausgefahrene Leistungsstruktur des Facheinzelhandels aufrechtzuerhalten, schreibt *Steindorff:* „Nötig ist statt des Kurierens am Symptom ein Eingriff an der Wurzel; er heißt weitere Aktivierung und Differenzierung des Einzelhandels und damit fortschreitende Anpassung dieses Wirtschaftszweiges an die modernen Produktionsverhältnisse[110, 111]."

Durch einen Funktionsabbau ist aber auch unter einzelwirtschaftlich-kostenmäßigem Aspekt eine gewisse Rationalisierung im Bereich des Einzelhandels möglich. Es ist hier insbesondere an übertriebenen Kundendienst zu denken, wie er von zahlreichen Fachgeschäften, aber auch von Warenhäusern praktiziert wird.

Diese Überlegungen gelten grundsätzlich auch für den Bereich des Großhandels[112]. In der Ausschaltung des Großhandels durch die Gründung von Einkaufsgenossenschaften, durch den Direktbezug der Industrie bei den Herstellern der Vorstufe, durch das sogenannte Cash-and-carry-Geschäft u.a.m. ist ein derartiger Funktionsabbau vielfach bereits durchgeführt. Im einzelnen wurde dieses Problem bereits im vorausgegangenen Abschnitt dargestellt.

---

[109] Vgl. z. B. *Gross*, H.: Das Geheimnis der Handelsspannen, in: Handelsblatt vom 11./12. Oktober 1957, S. 5.
[110] *Steindorff*, E.: a. a. O., S. 9.
[111] Vgl. auch *Eick*, J.: Nochmals Beziehungskäufe, a. a. O., S. 7.
[112] Vgl. hierzu *Hax*, H.: a. a. O., S. 147.

bb) Sortenschwemme

Die Vielfalt des ständig anwachsenden Warenangebots auf fast allen Märkten des Konsum- und Produktionsgüterbereichs stellt an die Absatzwirtschaft immer neue, mit dem Umfang der Sortimente und der Schnelligkeit und Häufigkeit des Sortimentswechsels stetig steigende Anforderungen[113]. Man ist vielfach geneigt, die Tatsache der damit verbundenen Sortenschwemme — besser läßt sich diese Fülle des Angebots gar nicht charakterisieren — als das Kennzeichen einer gesunden Wettbewerbswirtschaft, einer fortschrittlichen Entwicklung der Wirtschaft und eines hohen Lebensstandards der Bevölkerung anzusehen.

In Wirklichkeit wird dieses Sorgenübermaß vielfach zu einer Ausartung des freien Wettbewerbs und gesunder Angebotskonkurrenz. Der Ansicht, ein großes Sortenangebot sei ein Ausdruck hohen Lebensstandards einer Volkswirtschaft, entgegnet beispielsweise Mahler: „Je größer der Typenreichtum, desto teurer ist das einzelne Stück und desto weniger kann der Konsument für sein Einkommen kaufen, desto tiefer ist also der Lebensstandard... Beschränkt eine Volkswirtschaft die Differenzierung der Produktion auf weniger als das ihr mögliche Maß, so hilft das von sich aus den Lebensstandard erhöhen, wofür uns Amerika ein Beispiel liefert. Die Beziehung zwischen Varietät und Lebensstandard ist somit eine wechselseitige“[114]. Im Hinblick auf die Verhältnisse in Europa ist *Mahler* der Überzeugung, „daß Europa mit seiner in vielen Fällen allzu differenzierten Produktion einfach über seine Verhältnisse lebt“[114].

Die Frage, ob dieses Übermaß an Sorten, Varianten und Nuancen, das in ständigem Wechsel, insbesondere bei den Komsumgütern, zum Markt drängt, wirklich erforderlich ist, erscheint daher berechtigt. Unbestreitbar ist jedenfalls die Tatsache, daß, wie bereits aufgezeigt wurde, mit dieser Sortenfülle und dem ständigen Sortenwechsel sowohl in der Industrie als auch im Handel erhebliche Vertriebs- bzw. Absatzkosten anfallen.

Kann man sich zu der Überzeugung durchringen, daß eine Einschränkung der Sortenvielfalt und des Sortenwechsels möglich ist, ohne die Bedürfnisse des Konsumenten bzw. der gewerblichen Verbraucher zu beschneiden, so muß man zweifellos anerkennen, daß jedes Zuviel an Sortenauswahl gesamtwirtschaftlich gesehen einer Vergeudung der in diesem Zusammenhang geleisteten Arbeit der Absatzwirtschaft gleichkommt. Amerika liefert im übrigen das beste Beispiel dafür, wie man trotz einer Sortenbeschränkung und laufender Sortenbereinigung ein

[113] Vgl. die Ausführungen zu diesem Problem in Abschnitt III 2 a.

[114] *Mahler*, E. H.: Sortimentsgestaltung im Detailhandel als Produktivitätsfaktor, a. a. O., S. 314.

bedarfsgerechtes Warenangebot auf den Markt bringen kann[115]. Unter dieser Voraussetzung sind in gesamtwirtschaftlicher Hinsicht in der Sortimentsgestaltung erhebliche Möglichkeiten zur Rationalisierung vorhanden.

Aber auch vom Standpunkt des einzelnen Unternehmens bietet das Sortiment bedeutende Rationalisierungsmöglichkeiten. Zu denken ist hier an die Lagerhüter und an die Produkte mit langer Umschlagsdauer. Eine Rationalisierung ist vor allem bei den Artikeln möglich, die, wie im Durchschnitt des Einzelhandels, mit 75 % des Sortiments nur 25 % des Umsatzes ergeben[116]. Für den Einzelhandel wird hierin, wie bereits angedeutet, vielfach sogar die größte Verlustquelle und damit die bedeutendste Rationalisierungsmöglichkeit gesehen. *Leihner* schätzt die sich daraus ergebende Kostenreserve für 1954 auf rd. dreiviertel Milliarden DM. Er ist der Überzeugung, daß sich durch Freisetzen dieser Reserven der steuerliche Gewinn des Einzelhandels von rd. 5 % vom Umsatz auf etwa 6,5—7 %, d. h. um rd. 30—40 % erhöhen läßt[117, 118].

cc) Wettbewerbsbedingte Zusatzleistungen

Der von *Hirsch* geprägte Begriff der „toten Kosten der Konkurrenz"[119] kennzeichnet am besten, was hier unter wettbewerbsbedingten Zusatzleistungen verstanden wird[120]. Die Praxis zeigt an zahllosen Beispielen immer wieder, daß und wie im Bereich der Absatzwirtschaft Leistungen erbracht werden, die keinesfalls im Dienste einer wirtschaftlichen Warenverteilung stehen, denen vielfach sogar der Charakter einer Leistung im Dienste der Überbrückung der Spannungen zwischen Produktion und Bedarf überhaupt abgesprochen werden muß.

Am klarsten wird das wohl deutlich am Beispiel der *Werbezugaben* bei Markenartikeln und der *Werbegeschenke*[121], die zum Teil erhebliche Kosten verursachen. Auch die Kunden- und Hauszeitschriften liegen, soweit sie nicht Werbezwecken bzw. der Unterrichtung der Kunden dienen, in ihrer Zielsetzung auf ähnlicher Ebene. Sie spiegeln dem Käufer eine besondere Leistung vor, um ihn zum Kauf zu animieren, oder

---

[115] Vgl. beispielsweise *Gross*, H.: Der Handel geht neue Wege, a. a. O., S. 28 f. und S. 289 f.

[116] Vgl. *Leihner*, E.: Dreiviertel Milliarden DM Produktivitätsreserve im Einzelhandel, in: Der Volkswirt, Beilage zu Nr. 42 vom 16. Oktober 1954; Deutsche Wirtschaft im Querschnitt, 28. Folge, Einzelhandel, S. 15.

[117] Ders.: S. 15 f.

[118] Vgl. auch *Prieß*, F.: Sortimentsgestaltung im Einzelhandel, in: Der Volkswirt, Beilage zu Nr. 42 vom 16. Oktober 1954, S. 31 ff.

[119] *Hirsch*, J. und *Brandt*, K.: a. a. O., S. 60.

[120] Vgl. auch *Schäfer*, E.: Stufen der Rationalisierung im Bereich der Absatzwirtschaft, a. a. O., S. 8.

[121] Vgl. z. B. *Kropff*, H. F. J.: Die Werbemittel und ihre psychologische, künstlerische und technische Gestaltung, Essen 1953, S. 173 f., insbes. S. 174.

aber sie versuchen, den Abnehmer auf diese Weise, nämlich durch das „Werbe-Geschenk", zu verpflichten und ihn so zum Kauf zu zwingen.

Untersucht man die absatzwirtschaftliche *Werbung* unter diesem Gesichtspunkt, so läßt sich diese zwar weder in einzel- noch in gesamtwirtschaftlicher Hinsicht bezüglich ihrer Ökonomität generell negativ beurteilen. Die Werbung hat u. a. die Aufgabe, den Markt zu unterrichten und aufzuklären, den Verbrauch zu steuern und zu steigern, die Aufmerksamkeit des Marktes auf bestimmte, insbesondere neuartige, mit neuen Rohstoffen hergestellte Waren u. ä. zu lenken, die Güternachfrage, soweit erforderlich, zeitlich, räumlich und mengenmäßig auf das vorhandene bzw. zu erwartende Güterangebot hinzusteuern usw[122].

Die Werbung hat demnach im Hinblick auf den Abnehmer gewisse Lenkungsfunktionen[123] durchzuführen, die vor allem für eine wirtschaftlichere Gestaltung der Produktion und der Verteilung von Bedeutung sind. Sie dient dabei auch dem einzelnen Unternehmen, indem sie seine Marktstellung festigt oder verbessert.

Muß man die Ökonomität der Werbung im Prinzip auch bejahen, so schließt das nicht aus, daß durch gewissse Übertreibungen z. B. in der Konkurrenzwerbung, durch Fehlleitung, d. h. falsche Auswahl werblicher Mittel in quantitativer und qualitativer Hinsicht, und schließlich durch Täuschung oder Überredung der Abnehmer[124] Leistungen erbracht werden, die zum Teil zwar noch einzelwirtschaftlich, keineswegs aber gesamtwirtschaftlich als notwendig und wirtschaftlich angesprochen werden können[125].

Mataja beispielsweise schreibt zum Problem der volkswirtschaftlichen Nützlichkeit des Reklameaufwandes: „... wir vermögen zwar die Bedeutung der Einrichtung im ganzen anzuerkennen, wir nehmen aber

---

[122] Vgl. z. B. *Mataja*, V.: Die Reklame, 4. Aufl., München und Berlin 1926, S. 55 ff.; *Hundhausen*, C.: Wesen und Formen der Werbung, Essen 1954, S. 61 ff.; ders.: Werben oder beherrschen, Essen 1950, S. 23 ff.; *Seyffert*, R.: Wirtschaftliche Werbelehre, 4. Aufl., Wiesbaden 1952, S. 157 ff.; ders.: Wirtschaftslehre des Handels, a. a. O., S. 340 ff. und 425 ff.; *Oberparleiter*, K.: Funktionen und Risiken des Warenhandels, Wien 1955, S. 66 ff.; *Kropff*, H. F. I.: a. a. O., S. 17 ff.; *Michligk*, P.: Elementare Werbekunde, Essen 1958, S. 58 ff.; *Gutenberg*, E.: Grundlagen der Betriebswirtschaftslehre, 2. Bd. Der Absatz, 3. Aufl. Berlin-Göttingen-Heidelberg 1959, S. 358 f.

[123] Vgl. z. B. *Seyffert*, R.: Wirtschaftliche Werbelehre, a. a. O., S. 158; *Gutenberg*, E.: Grundlagen der Betriebswirtschaftslehre, 2. Bd., 3. Aufl., a. a. O., S. 358 f.

[124] Vgl. z. B. *Mataja*, V.: a. a. O., S. 73 ff. und 86 f.; *Oberparleiter*, K.: Funktionen und Risiken des Warenhandels, a. a. O., S. 66; *Rollmann*, J.: Werbefeindlichkeit der Öffentlichkeit, in: Werbung im Lichte der Kritik. Bericht über die werbefachliche Arbeitstagung des Werbefachverbandes Hamburg/Schleswig-Holstein e. V. vom 4. bis 6. Juni 1953 in Hamburg, Berlin, o. J., S. 12.

[125] Vgl. z. B. *Seyffert*, R.: Wirtschaftliche Werbelehre, a. a. O., S. 158 f. sowie die nachfolgend genannten Autoren.

auch Teile wahr, denen vom Gesichtspunkt der Allgemeinheit aus kein oder nur ein mittelbarer Wert zuzuschreiben ist"[126].

Zur Frage der Konkurrenzwerbung äußert sich *Gutenberg* wie folgt: „Daß die Konkurrenzwerbung nicht frei ist von Exzessen, die aus wirtschaftlichen, gesellschaftlichen und ästhetischen Gründen abzulehnen sind, lehrt die tägliche Erfahrung"[127]. „Daß aber exzessive Konkurrenzwerbung eine Fehllenkung der gesamtwirtschaftlichen produktiven Kräfte bedeuten kann, steht außer Zweifel"[127, 128]. Zum Problem der durch geschickte Werbung erreichten Übervorteilung oder Täuschung von Abnehmern schreibt Gutenberg: „Kommt ein Unternehmen ... lediglich als Folge geschickter Werbung, z. B. eines guten Texters oder Gebrauchsgraphikers, in den Genuß von Absatzvorteilen, und zieht es von den Wettbewerbsunternehmen Käufer ab, dann ist ein solcher Effekt der Werbung keineswegs als volkswirtschaftlich erwünscht anzusehen. Das gilt insbesondere für den Fall, daß die Konkurrenzunternehmen fabrikationstechnisch und qualitätsmäßig erheblich höhere Leistungen aufzuweisen haben, als das mit Hilfe von Werbung in den Vordergrund getretene Unternehmen"[129].

Es erscheint nicht erforderlich, auf die angeschnittenen Probleme an dieser Stelle weiter einzugehen.

Schließlich kann im übertriebenen *Kundendienst,* in der Annahme von *Kleinstaufträgen,* in der *Belieferung kostenungünstiger Absatzgebiete,* in einer *übermäßigen Sortenauswahl* usw. eine konkurrenzkampfbedingte Scheinleistung vorliegen. Das gilt vor allem für den Fall, daß diese Leistungen lediglich aus Gründen der Ausschaltung der Konkurrenz zu Preisen erbracht werden, die den überhöhten Kosten nicht gerecht werden können, diese ungedeckten Kosten aber an anderer Stelle meist anderen Abnehmern zusätzlich belastet werden müssen.

Diese Beispiele mögen genügen, um die Rationalisierungsmöglichkeiten aufzuzeigen, die sich aus einer Überspitzung und Verfälschung des Wettbewerbs im Absatzbereich ergeben können. Diese Rationalisierungsmöglichkeiten sind nicht nur bei einer gesamtwirtschaftlichen Beurteilung des Problems vorhanden. Sie haben vielfach auch für das einzelne Unternehmen eine erhebliche Bedeutung.

dd) Irrationales Käuferverhalten

Beachtenswerte Möglichkeiten zur Rationalisierung in der absatzwirtschaftlichen Leistungsstruktur ergeben sich schließlich aus dem

---

[126] *Mataja,* V.: a. a. O., S. 92, vgl. auch S. 87.

[127] *Gutenberg,* E.: Grundlagen der Betriebswirtschaftslehre, 2. Bd., 3. Aufl., a. a. O., S. 357.

[128] Vgl. auch *Mataja,* V.: a. a. O., S. 90 f.

[129] *Gutenberg,* E.: Grundlagen der Betriebswirtschaftslehre, 2. Bd., 3. Aufl., a. a. O., S. 358.

vielfach irrationalen Verhalten einer Absatzstufe in bezug auf die Auftragspolitik und die Sortimentswünsche gegenüber der vorhergehenden Absatzstufe. Von Minimalaufträgen und übersteigerten Sortimentswünschen, die dem Vorlieferanten zugeleitet werden, bis zu Sonderanfertigungen, die vom Normalsortiment bzw. den allgemeinen Typen und Normen abweichen, reicht die Skala derartiger Überspitzungen der Käuferwünsche. Nicht nur, daß sich daraus Kostennachteile für das verkaufende Unternehmen ergeben. Mit der Durchführung, Bearbeitung und Abwicklung des Bestellvorganges stellen sich für den Abnehmer bei Minimalbestellungen ähnliche Kostennachteile ein, wie sie vom Auftragsgrößenproblem her bekannt sind. Auch durch eine Übersteigerung der Sortimentswünsche und durch Sonderanfertigungen usw. ergeben sich erhöhte Kosten.

Andererseits sind die Ertragschancen bei einer größeren Sortimentsbreite unter Umständen größer. Lagerkosten, Risiken usw. dagegen sind bei kleineren Bestellmengen häufig geringer.

Einzelwirtschaftlich gesehen werden die Ertragsvorteile eines großen Sortiments und die Kostenvorteile des Einkaufs von Minimalmengen vielfach überwiegen. Trotzdem bietet die Einkaufspolitik für das einzelne Unternehmen in der Regel nicht zu unterschätzende Rationalisierungsmöglichkeiten. Auch unter gesamtwirtschaftlichem Aspekt sind in der Auftrags- und Sortimentspolitik der gewerblichen Käufer unstreitig Möglichkeiten zur Kostensenkung vorhanden. Die kostenmäßigen Auswirkungen kompensieren sich bei Käufer und Verkäufer keineswegs. Sie summieren sich vielmehr durch die Übersteigerung der Sortimentswünsche und die Auftragszersplitterung. Lediglich beim Auftragsgrößenproblem heben sich die Kostenvor- und -nachteile bei Käufer und Verkäufer für die Lagerkosten, Wagniskosten usw. in etwa auf.

Es erscheint nicht erforderlich, auf die angeschnittenen Probleme im einzelnen einzugehen. Ihre kostenmäßige Bedeutung wurde bereits mit der Darstellung der Abhängigkeit der Vertriebs- bzw. Absatzkosten von den Auftrags- und Sortimentsverhältnissen hinreichend erläutert.

Die Ansprüche des letzten Verbrauchers und seine Einkaufsweise, die sehr weitgehend das Niveau der Vertriebs- bzw. Absatzkosten bestimmen, stehen hier dagegen nicht zur Diskussion. Ihre Befriedigung ist letztlich der Zweck allen Wirtschaftens und somit auch der absatzwirtschaftlichen Tätigkeit. Im übrigen ist die weithin vertretene Auffassung von der angeblichen Irrationalität des letzten Verbrauchers sehr problematisch. *Vershofen* ist der Ansicht, daß der Konsument, vor allem in seinen Bedarfswünschen, durchaus rational handelt. „Wichtig ist hier nur festzustellen, daß die Entscheidungen des Käufers bei jedem Objekt, das für ihn überhaupt in Frage kommen kann — abgesehen von Preisüberlegungen — ausschließlich nach dem Prinzip des maximalen

Nutzens erfolgen. Der Käufer handelt also durchaus rational, genauso rational wie der Händler[130]." Vershofen ist weiterhin der Auffassung, daß es der Absatzwirtschaft, insbesondere dem Handel obliege, diese in sich rationalen Wünsche des Konsumenten richtig zu erfassen und in eine bedarfsgerechte Sortimentsgestaltung usw. umzusetzen. Er sieht hierin zugleich die eigentliche Rationalisierung des Handels. „Die Rationalisierung des Handels fängt also damit an, daß man immer mehr lernt zu beurteilen, worauf es dem Käufer ankommt, welchen Nutzen er für sich und auf seine Art in erster Linie erstrebt[131]." Vershofen vertritt schließlich die Auffassung, „daß jede weitere Rationalisierung der Verteilung aus der besonderen Art der Rationalität des Verbrauchers entwickelt werden muß"[131].

Als Ergebnis dieser Überlegungen kann also festgehalten werden, daß es keineswegs Aufgabe der Absatzwirtschaft ist, den Verbraucher zu veranlassen, seine Wünsche und sein Marktverhalten rationeller zu gestalten. Das würde zwar zu einer Verminderung der Vertriebs- bzw. Absatzkosten führen, käme aber einer Einschränkung der vom Verbraucher erwünschten Absatzleistung gleich. Für die Absatzwirtschaft ergibt sich vielmehr die Aufgabe, ihre Kosten- und Leistungsstruktur auf das Marktverhalten, die Bedarfswünsche und die Eigenart des Konsumenten auszurichten. Ihre Aufgabe kann dagegen keineswegs darin bestehen, den Konsumenten zu veranlassen, sich der Eigenart der Absatzwirtschaft anzupassen.

---

[130] *Vershofen*, W.: a. a. O., S. 14.
[131] Ders.: a. a. O., S. 15.

Tabellen-Anhang

Tabelle 1

Vertriebskosten der Hausratindustrie im Lande Nordrhein-Westfalen 1952/53[a])

Warengruppe	In % des Erzeugerverkaufspreises[b])			in % vom Kaufpreis des Konsumenten
	Durchschnitt	maximal	minimal	
Haus- und Küchengeräte	19,6	34,4	10,2	12,2
Glas, Porzellan, Keramik	17,5	31,0	9,9	9,9
Bestecke und Schneidwaren	24,1	40,0	17,8	15,2
Öfen, Herde, Waschmaschinen und Kühlschränke	18,6	22,4	13,2	13,3
Elektrogeräte, Beleuchtung	20,7	28,2	15,9	12,8
Haushaltswerkzeuge[c])	23,0	—	—	13,1
Hausratwaren ingesamt	19,7	—	—	12,7

a) Entnommen: Sonderheft 6 der Mitteilungen des Instituts für Handelsforschung an der Universität zu Köln: Wege und Kosten der Distribution der Hausratwaren im Lande Nordrhein-Westfalen, herausgegeben von R. *Seyffert*, Köln und Opladen 1955, S. 53.

b) Die Kosten des Direktabsatzes der Erzeuger an den Konsumenten sind in diesen Werten nicht enthalten.

c) Zum Teil geschätzt.

Tabelle 2

Vertriebskosten der Industrie bei Textilien, Schuhen und Lederwaren 1954/55a)

Warenbereich bzw. Warengruppe	Vertriebskosten der Erzeuger beim Absatz an Händler	
	in % vom Erzeugerverkaufspreis	in % vom Konsumentenkaufpreis
Konfektion	13,2	9,5
Leibwäsche, Wirk- und Strickwaren, Miederwaren	16,3	11,6
Bekleidungszubehör	16,1	10,9
Haus-, Tisch- und Bettwäsche, Bettwaren, Heimtextilien	14,5	10,0
Meterwaren für Bekleidung	12,6	8,2
Kurzwaren	18,4	11,2
Textilien insgesamt	14,5	10,1
Schuhe	12,4	9,3
Lederwaren	17,3	12,0

a) Entnommen: Sonderheft 7 der Mitteilungen des Institutes für Handelsforschung an der Universität zu Köln: Wege und Kosten der Distribution der Textil-, Schuh- und Lederwaren, herausgegeben von R. *Seyffert*, Köln und Opladen 1956, S. 57.

Tabelle 3

Vertriebskosten in einigen Zweigen der deutschen Konsumgüter-Industrie

Ware bzw. Warengruppe	in % der Gesamtkosten	Jahr
Briefumschläge, Briefpapier[a)]	40,6	1936/37
Fotofilme[a)]	39,6	„
Zahnpasta[b)]	24,0	etwa 1940
Seife[b)]	16—19	„
Wirkwaren, Strickwaren, Trikotagen und Fantasiewaren[a)]	15,9	1936/37
Fleischwaren[a)]	13,5	„
Blechspielwaren[a)]	11,1	„
Schmalzsiedereien[a)]	6,3	„

a) *Küspert*, E.: Industrielle Vertriebskosten, Stuttgart 1938, S. 9.
b) *Gutenberg*, E.: Grundlagen der Betriebswirtschaftslehre. Zweiter Band: Der Absatz. Berlin-Göttingen-Heidelberg 1955, S. 87; Quelle: *Baus*, W.: Die industriellen Vertriebskosten im Massenherstellungsbetrieb, Diss. Genf 1943.

Tabelle 4

Vertriebskosten in einigen Zweigen der deutschen Kostengüter-Industrie

Ware bzw. Warengruppe	in % der Gesamtkosten	Jahr
Siegelmarken, Etiketten, Anhänger[a)]	24,7	1936/37
Gummierte Papiere[a)]	22,8	„
Chemikalien, Pharmazeutika[b)]	20,4[d)]	etwa 1950/53
Metallätzschilder[a)]	19,8	1936/37
Werkzeugmaschinen[b)]	19,2[e)]	etwa 1950/53
Militärposamenten[a)]	16,8	1936/37
Landmaschinen, Dreschmaschinen[c)] ..	12,6	1941

a) *Küspert*, E.: Industrielle Vertriebskosten, Stuttgart 1938, S. 9.
b) *Hessenmüller*, B.: unveröffentliches Manuskript 1957.
c) *Lehmann*, M. R.: Betriebswirtschaftliche Bearbeitung des Problems der industriellen Ballung und Dezentralisation, Gutachten, ohne Jahr, S. 13.
d) Großbetriebe.
e) Mittlere Betriebe.

Tabelle 5

Vertriebskosten der englischen Konsumgüter-Industrie und Konsumgüter-Erzeuger nach Waren bzw. Warengruppen im Jahre 1938[a)]

Ware bzw. Warengruppe		in % des Erzeugerverkaufspreises
Zeitungen	Toiletten- und Rasierseife Medizinische Getränke	45—35
Zahnflegemittel	patentierte Arzneien und Drogen	35—30
Nähmaschinen Schönheitsmittel Parfüms u. Gesichtswasser	Staubsauger Lampenöl Salz Kohle	30—25
Kinder- und Krankennahrung Kakao Kerzen Haushaltsseife und Waschmittel	Radios Tapeten Magazine und Zeitschriften	25—20
Kinderwagen Bücher Zwieback Margarine Haushaltpolitur Spielwaren	Farben und Lacke Rasierapparate u. -klingen Autoreifen und -schläuche Photobedarf Autoersatzteile u. -zubehör Schreibmaschinen	20—15
Schokolade u. Süßigkeiten Elektroartikel Motorradzubehör Zahnbürsten Besen und Bürsten Eisen- und Metallhaushaltwaren Schreibwaren, Tinte, Federn und Bleistifte Mehl	Sportartikel Messerschmiedewaren Sanitäre Handtücher Motorräder Fahrradreifen u. -schläuche Eingemachte Früchte und Gemüse Gelee und Marmelade	15—10

a) Fußnote am Schluß der Tabelle.

Tabelle 5 (Fortsetzung)

Vertriebskosten der englischen Konsumgüter-Industrie und Konsumgüter-Erzeuger nach Waren bzw. Warengruppen im Jahre 1938[a]

Ware bzw. Warengruppe		in % des Erzeugerverkaufspreises
Linoleum Herren- u. Knabenoberbekleidung Porzellan- und Glaswaren Elektrische Lampen Lederwaren Kartoffeln Autos Damen- und Kinderoberbekleidung Strümpfe Anzug- und Kleiderstoffe Miederwaren Teppiche Hemden, Kragen und Schlafanzüge Frischmilch Tee Kaffee	Zigaretten und Tabak Sirup Damen- u. Kinderunter- u. -nachtwäsche Weckuhren Fisch Büchsenmilch Gummischuhe Unpatentierte Arzneien und Drogen Lederschuhe Frischobst und -gemüse Haushalttextilien	10—5
Herren- und Knabenkopfbedeckung Spirituosen Juwelen Unverpacktes Getreide Bier Zucker Herren- und Knabenstrumpfwaren Putzartikel Streichhölzer Brot Herrentaschentücher, Krawatten Hosenträger und Schals	Handschuhe Wirk- und Kurzwaren Backwaren Geflügel, Wild u. Kaninchen Fisch Schinken und Speck Käse Unechter Schmuck Uhren Fleisch Wein Butter Eier	Unter 5

a) Nach *Jefferys, J. B.:* The Distribution of Consumer Goods. A factual study of methods and costs in the United Kingdom in 1938. Cambridge 1950, S. 79/80.

Tabelle 6

Handelsspannen des Großhandels 1956 [a]

Artikelgruppen	Waren-Handelsspanne des Großhandels [d] (Istspanne der Artikelgruppe) in Prozenten des Verkaufspreises	Waren-Handelsspanne des Großhandels [d] (Istspanne der Artikelgruppe) in Prozenten des Konsumentenkaufpreises
Seifen, Wasch-, Putz- und Reinigungsmittel	12,6	9,2
Fußboden- und Schuhpflegemittel	15,8	11,9
Kerzen	18,1	12,8
Zündhölzer	11,4	9,6
Körperpflegemittel	18,4	12,3
Kämme und Zahnbürsten	28,0	17,7
darunter: a) Kämme	29,3	18,4
b) Zahnbürsten	25,5	16,4
Arzneimittel	16,3	10,1
Verbandstoffe und Pflaster	18,8	10,8
Augenoptik	29,1	10,8
Haushaltpapierwaren	23,5	15,6
Schreibwaren	26,6	17,0
darunter: a) Bleistifte	26,6	17,0
b) Füllhalter und Kugelschreiber	22,8	14,1
c) Papierausstattungen	28,6	19,3
d) Wunsch- u. Bildpostkarten	38,4	23,8
e) Sonstige Schreibwaren	24,2	15,6
Photoapparate und -zubehör	16,3	10,7
Photofilme	19,2	12,5
Optische und feinmechanische Artikel	24,0	15,3
Spielwaren	16,7	11,1
Sportartikel	15,5	10,4
Schmuck- und Silberwaren	27,3	15,9
Uhren	23,7	14,3
darunter: a) Kleinuhren	23,4	14,2
b) Großuhren	24,2	14,5
Rundfunk- und Fernsehgeräte	13,0	8,7
Schallplatten	18,3	12,4
Musikinstrumente	21,1	13,9
Klaviere	—	—
Bücher	19,1	12,5
Noten	18,2	11,6
Zeitungen	18,3	13,7
Zeitschriften	20,0	14,9
Nähmaschinen	—	—
Kraftfahrzeuge [b]	—	—
Motorräder und -roller, Mopeds, Fahrräder	10,9	8,9
Brennstoffe [c]	3,5	2,0
Möbel	18,6	14,0
darunter: a) Zimmer, Küchen, Einzelmöbel	18,1	13,5
b) Anbau- und Kleinmöbel	19,1	14,5
c) Stühle und Tische	20,8	16,0
d) Polstermöbel	18,0	13,2

a) Entnommen: Sonderheft 11 der Mitteilungen des Instituts für Handelsforschung an der Universität zu Köln: Wege und Kosten der Distribution der Konsumwaren, Westdeutscher Verlag Köln und Opladen 1959, S. 91.
b) Nicht von der Spanne der Detailleure getrennt erfaßt.
c) Werte beziehen sich nur auf Nordrhein-Westfalen.
d) Weitere Spannendaten des Großhandels finden sich z. B. bei *Mellerowicz*, K.: Die Handelsspanne ..., a. a. O., S. 223 ff.

Tabelle 7

Durchschnittliche Handelsspannen und Kosten in einigen Zweigen des deutschen Großhandels 1936 [a]

Großhandelszweig bzw. Warengruppe	durchschnittliche Handelsspanne	durchschnittliche Gesamtkosten
	in % vom Umsatz	
Nahrungs- und Genußmittel		
Tabakwaren	7	5
Bergbau- und Hüttenerzeugnisse		
Kohle: Streckenhandel	6	4
Kohle: Streckenhandel und Lagerhandel	10	9
Mineralöl (Kapitalgesellschaften)	18	16
Eisen und Stahl: Streckenhandel	12	7
Eisen und Stahl: Streckenhandel und Lagerhandel	15	11
Walzeisen	17	10
Textile Rohstoffe u. Halbfabrikate		
Wolle	10	6
Baumwolle	9	5
Holz, Baustoffe und Baubedarf		
Holz: überwiegend Streckenhandel	22	12
Holz: überwiegend Lagerhandel	29	15
Baustoffe: überwiegend Streckenhandel	14	8
Baustoffe: überwiegend Lagerhandel	16	10
Maschinen u. Fahrzeuge, Werkzeuge		
Maschinen u. Zubehör für das graphische Gewerbe	36	24
Werkzeugmaschinen, techn. Fachwerkzeuge und Geräte	29	21
Maschinen der Nahrungs-, Genußmittel- und chemischen Industrie	33	25
Maschinen für Textilien und Leder	38	30
Landwirtschaftliche Maschinen u. Geräte	20	15
Feld- und Industriebahnen und Zubehör	21	12
Kraft- und Arbeitsmaschinen	25	20
Kraftfahrzeugteile und -zubehör	26	24
Fahrräder und Fahrradteile	19	16
Eisen- und Metallwaren		
Eisenwaren	23	16
Haus- und Küchengeräte	24	17
Öfen und Herde	24	18
Werkzeuge	31	17

a) Fußnote am Schluß der Tabelle.

Tabelle 7 (Fortsetzung)

Durchschnittliche Handelsspannen und Kosten in einigen Zweigen des deutschen Großhandels 1936 [a]

Großhandelszweig bzw. Warengruppe	durchschnittliche Handelsspanne	durchschnittliche Gesamtkosten
	in % vom Umsatz	
Elektro- und Rundfunkgeräte, Musikwaren		
Elektrogeräte	20	12
Rundfunkgeräte	16	13
Musikwaren	24	18
Chemie, Optik und Photobedarf		
Pharmazeutika (normales Sortiment)	20	18
Pharmazeutika (Spezialhandel)	17	13
Kosmetika und Seifen	21	15
Lacke, Farben	28	17
Optische und feinmechanische Artikel	35	23
Photographische Artikel	25	19
Edelmetallwaren, Uhren, Kurz-, Galanterie- und Spielwaren		
Edelmetallwaren, Schmuck, Perlen, Edelsteine und Goldschmiedebedarf	30	19
Uhren und Uhrenbestandteile	25	16
Kurz-, Galanterie- und Spielwaren	28	19
Spielwaren	24	17
Lederwaren	23	15
Raucherartikel	28	20
Werbeartikel	31	19
Schreib- und Papierwaren, Büro- und Buchbinderbedarf	32	24
Textilien und Bekleidung		
Tuche	26	17
Stoffe	23	16
Futterstoffe und Schneiderartikel	27	17
Strumpf-, Wirk- und Strickwaren	22	15
Schuhwaren	21	14
Durchschnittliche Gesamtkosten bzw. -spanne f. Konsumgüter ca.	24	17
Durchschnittliche Gesamtkosten bzw. -spanne f. Kostengüter ca.	20	14

a) Zusammengestellt nach Angaben der: Einzelschriften zur Statistik des Deutschen Reiches Nr. 41: Betriebsstruktur und Kostengestaltung in wichtigen Gewerbezweigen. Teil III, Großhandel, Berlin 1940.

Tabelle 8

Durchschnittliche Kosten in einigen Zweigen des deutschen Großhandels 1938—1942
(in % vom Umsatz)

Warengruppe	1938	1939	1942
Nahrungs- und Genußmittel			
Nahrungsmittel a)	10,3	9,65	—
Schokolade und Süßwaren b)	16,0	—	18,0
Bekleidung			
Bekleidungszubehör a)	19,2	18,6	18,0 b)
Strumpf-, Wirk- u. Strickwaren a)	18,7	17,6	—
Tuche	21,3 aa)	23,4 aa)	20,0 b)
Damenhüte und Putzartikel	27,8 a)	23,5 a)	23—24 b)
Schuhe	—	15,7 c)	—
Sonstiger Fachgroßhandel			
Kosmetika und Seife c)	—	16,3	—
Fahrräder, Fahrrad- und Kfz.-Zubehör	—	18,4	—
Elektrowaren c)	—	18,0	—
Papier und Schreibwaren a)	26,5	24,0	—

a) *Buddeberg, W.:* Die Handelskosten der Großhandlungen, Diss. Köln 1948, S. 14 u. 141; (aa) ohne Abschreibungen und ohne Zinsen f. betrieblich genutztes Kapital).
b) *Tiburtius, J.:* Lage und Leistungen des deutschen Handels in ihrer Bedeutung für die Gegenwart, Berlin-München 1949, S. 121 f.
c) *Tiburtius, J., Ziegler, F.:* Fragen der Aufwandrechnung im Handel. Als Manuskript vervielfältigt, ohne Ort und Jahr, S. 46.

Tabelle 9

Handelsspannen des Einzelhandels 1956 a)

Artikelgruppen	Waren-Handelsspanne des Einzelhandels in Prozenten des Konsumentenkaufpreises (Istspanne der Artikelgruppe) f)
Seifen, Wasch-, Putz- und Reinigungsmittel	28,1
Fußboden- und Schuhpflegemittel	27,9
Kerzen	35,7
Zündhölzer	16,2
Körperpflegemittel	36,4
Kämme und Zahnbürsten	37,3
darunter: a) Kämme	37,4
b) Zahnbürsten	37,1
Arzneimittel	38,0
Verbandstoffe und Pflaster	43,8
Augenoptik	63,0 b)
Haushaltpapierwaren	35,1
Schreibwaren	38,1
darunter: a) Bleistifte	38,3
b) Füllhalter und Kugelschreiber	40,6
c) Papierausstattungen	35,9
d) Wunsch- und Bildpostkarten	39,8
e) Sonstige Schreibwaren	37,0
Photoapparate und -zubehör	35,8
Photofilme	36,6
Optische und feinmechanische Artikel	36,5
Spielwaren	36,4
Sportartikel	34,5
Schmuck- und Silberwaren	42,0
Uhren	39,4
darunter: a) Kleinuhren	39,4
b) Großuhren	39,3
Rundfunk- und Fernsehgeräte	32,9
Schallplatten	32,2
Musikinstrumente	35,2
Klaviere	28,2
Bücher	30,8
Noten	38,8
Zeitungen	27,8 c)
Zeitschriften	28,6 c)
Nähmaschinen	26,8
Kraftfahrzeuge	16,3 d)
Motorräder und -roller, Mopeds, Fahrrräder	19,5
Brennstoffe e)	18,7
Möbel	28,5
darunter: a) Zimmer, Küchen, Einzelmöbel	28,4
b) Anbau- und Kleinmöbel	29,4
c) Stühle und Tische	27,4
d) Polstermöbel	28,9

a) Entnommen: Sonderheft 11 der Mitteilungen des Instituts für Handelsforschung an der Universität zu Köln: Wege und Kosten der Distribution der Konsumwaren, Westdeutscher Verlag Köln und Opladen 1959, S. 92.

b) Einschließlich der handwerklichen Leistung der Optiker.

c) Spanne im Einzelverkauf.

d) Einschließlich Grossiererspanne.

e) Werte beziehen sich nur auf Nordrhein-Westfalen. Die Spanne ist ausgewiesen ohne Berücksichtigung der Transportkosten, die 23,3 % des Konsumentenpreises ausmachen.

f) Weitere Spannendaten des Einzelhandels nennt z. B. *Mellerowicz:* Die Handelsspanne ..., a. a. O., S. 203 ff.

Tabelle 10

Die Betriebshandelsspanne in Prozenten des Absatzes im Durchschnitt der Branchen in den Jahren 1949 bis 1958 a)

Branche	1949	1950	1951	1952	1953	1954	1955	1956	1957	1958
Lebensmitteleinzelhandel	14,5	15,2	15,8	16,0	16,5	16,6	17,2	17,1	17,7	17,7
Drogerien	26,5	28,0	28,7	29,7	29,8	30,9	31,9	32,0	31,6	31,8
Reformhäuser	—	—	—	—	—	—	23,5	24,2	23,3	25,1
Tabakwareneinzelhandel	12,7	13,5	14,8	15,5	14,5	14,7	15,3	15,4	16,2	15,2
Textileinzelhandel	21,9	23,5	23,9	24,8	25,6	26,8	27,6	28,4	28,9	29,8
davon mit vorwiegend										
Herren- und Knabenoberbekleidung	—	—	24,4	25,5	26,8	27,7	29,3	28,9	29,4	30,7
Damen-, Mädchen- u. Kinderoberbekleidung	—	—	25,7	26,8	26,9	26,6	28,7	29,8	29,8	30,5
Herren-, Damen- und Kinderoberbekleidung	21,8	23,2	23,2	24,2	25,3	27,1	28,1	28,6	29,1	29,9
Meterwaren	20,9	20,2	23,7	24,4	26,4	26,8	28,7	30,8	31,2	32,1
Wäsche, Wirk- und Strickwaren	23,9	24,8	24,5	24,9	25,1	26,2	27,2	27,6	28,4	28,9
Haus- und Bettwäsche, Bettwaren	—	—	26,4	27,0	27,4	28,8	27,2	30,1	31,9	32,4
Herrenausstattung	—	—	—	—	28,7	28,2	28,9	28,5	31,0	30,3
Teppichen, Möbelstoffen und Gardinen	—	—	—	—	27,3	32,1	32,6	33,0	33,0	34,8
gemischtem Sortiment	21,2	23,1	23,2	24,0	24,8	26,1	26,8	27,5	27,8	28,5
Schuheinzelhandel	18,9	21,3	20,4	21,1	20,7	22,6	24,0	25,4	25,4	27,0
Möbeleinzelhandel	26,3	28,2	27,2	28,3	28,6	29,1	29,9	30,5	31,0	31,7
Beleuchtungs- und Elektroeinzelhandel	36,8	34,4	36,8	35,3	36,4	35,6	36,1	33,6	35,9	37,5
Glas-, Porzellan- u. Keramikeinzelhandel	27,5	30,0	30,2	30,9	31,5	32,8	33,4	33,7	34,3	34,2

a) Fußnote am Schluß der Tabelle

Tabelle 10 (Fortsetzung)

Die Betriebshandelsspanne in Prozenten des Absatzes im Durchschnitt der Branchen in den Jahren 1949 bis 1958[a])

Eisenwaren- und Hausrathandel	23,3	25,4	25,8	25,7	26,2	26,1	25,9	26,4	26,8	27,2
davon mit vorwiegend Haus- und Küchengeräten	26,4	29,9	29,7	28,7	31,3	29,7	31,5	32,4	32,2	31,6
Kleineisenwaren, Werkzeugen	25,0	25,4	24,3	25,0	24,3	25,6	23,3	24,8	25,8	26,6
Öfen und Herden	24,5	30,3	25,9	25,6	27,7	27,3	27,4	29,4	31,1	31,1
gemischtem Sortiment	22,5	24,6	25,1	24,9	25,1	24,8	25,1	25,3	25,4	25,7
Tapeten- und Linoleumhandel	—	25,5	26,7	27,9	29,9	29,6	28,8	30,1	32,9	32,9
Papier-, Bürobedarf- u. Schreibwaren-Eh.	27,3	29,7	29,0	30,1	30,2	30,2	30,8	31,4	31,2	31,2
Büromasch.-, Büromöbel- u. Org.mittelhandel	27,5	29,1	28,8	26,3	28,9	29,0	28,7	30,0	29,9	30,6
Fahrradeinzelhandel	24,0	28,4	27,4	27,1	28,9	26,6	28,8	30,3	30,3	34,6
Radio- und Fernseheinzelhandel	—	—	—	29,4	33,9	33,2	33,5	33,7	33,9	33,0
Photoeinzelhandel	32,3	34,0	34,3	33,6	36,2	36,1	38,1	38,6	39,6	41,6
Uhren-, Juwelen-, Gold- u. Silberw.-Eh.	—	—	40,1	40,7	42,1	42,2	42,8	42,4	40,8	40,9
Leder- und Galanteriewareneinzelhandel	26,2	26,9	27,3	28,1	30,4	30,1	32,3	32,2	31,9	32,3
Sportartikeleinzelhandel	—	—	24,3	26,2	25,2	27,3	28,3	28,2	28,4	29,3
Sortimentsbuchhandel	24,2	27,8	25,7	26,4	27,3	27,7	29,3	29,3	29,5	29,8
Blumenbindereien	—	—	—	43,4	42,5	40,2	43,4	44,2	44,8	43,5
Gemischtwarengeschäfte	—	—	—	—	—	—	—	—	—	20,5
Einzelhandel insges.	19,4	20,7	21,1	21,7	22,7	23,2	24,0	24,3	24,8	25,2

a) Entnommen: Nr. 22 der Schriften zur Handelsforschung: „Umsatz, Kosten, Spannen und Gewinn des Einzelhandels in der Bundesrepublik Deutschland in dem Jahrzehnt 1949 bis 1958", Köln u. Opladen 1962, S. 71.

Tabelle 11

Durchschnittliche Kosten in einigen Zweigen des deutschen Einzelhandels 1938—1960
(in % vom Umsatz)

Einzelhandelszweig bzw. Warengruppe	1938a)	1949b)	1950b)	1951b)	1952c)	1953c)	1954c)	1958f)	1961g)
Nahrungs- und Genußmittel									
Lebensmittel	14,9	16,1	17,0	17,1	17,5	17,5	17,9	18,6	19,1
Tabakwaren	15,4	12,4	14,9	14,7	14,9	14,5	15,1	15,2	15,5
Bekleidung									
Textileinzelhandel insgesamt	22,9d)	20,4	20,5	21,9	24,3	24,7	25,9	27,6	27,6
davon vorwiegend: Herren- u. Knaben-Oberbekldg.	23,1d)	—	—	21,0	24,5	24,2	25,0	26,6	27,0
Damen-, Mädchen- und Kinder-Oberbekleidung	28,7d)	—	—	21,6	25,4	26,1	27,4	28,9	28,2
Herrenausstattungen	25,5	—	—	—	—	25,7	25,6	26,7	27,6
Herren-, Damen- und Kinder-Oberbekleidung	—	22,0	20,0	20,4	21,8	23,3	24,4	28,1	27,1
Meterwaren	33,8d)	18,1	20,5	22,4	26,6	27,7	28,6	30,8	29,7
Wäsche, Wirk- und Strickwaren	24,0	20,7	21,0	23,3	25,1	24,9	25,1	27,0	27,1
Haus- u. Bettwäsche, Bettwaren	28,8d)	—	—	24,2	26,6	27,6	28,8	29,9	29,7
gemischtes Sortiment	22,9d)	19,9a)d)	20,1	21,3	23,5	23,9	25,1	26,6	27,2
Schuhe	20,7	19,2	18,0	19,7	20,6	21,2	22,0	23,8	25,6
Eisenwaren, Elektro- und Hausgeräte									
Beleuchtungs- und Elektrogeräte	—	33,5	33,0	31,7	35,5	35,5	36,8	33,7	34,6
Glas, Porzellan und Keramik	31,1	30,2	29,9	27,7	28,6	29,1	30,4	30,2	31,4
Eisenwaren und Hausrat	—	26,0	24,6	23,4	23,9	24,3	24,5	24,8	24,8
davon vorwiegend: Haus- und Küchengeräte	28,6	31,1	30,5	28,6	28,2	28,5	28,9	30,1	29,9
Kleineisenwaren, Werkzeuge	—	25,3	24,2	22,1	22,5	21,2	21,8	23,6	22,2
Öfen und Herde	20,6	25,8	24,6	24,9	26,0	27,6	27,9	27,4	25,3
gemischtes Sortiment	—	25,1	23,7	22,3	22,9	23,8	23,9	23,2	23,8

Fußnoten am Schluß der Tabelle.

Tabelle 11 (Fortsetzung)

Durchschnittliche Kosten in einigen Zweigen des deutschen Einzelhandels 1938—1960
(in % vom Umsatz)

Einzelhandelszweig bzw. Warengruppe	1938[a)]	1949[b)]	1950[b)]	1951[b)]	1952[c)]	1953[c)]	1954[c)]	1958[f)]	1961[g)]
Drogerien und Photohandel									
Drogerien	27,4	26,2	27,6	27,5	26,9	26,8	28,5	28,7	28,6
Photobedarf	—	32,6	32,8	29,1	30,3	31,2	32,6	34,4	35,5
Wohnbedarf									
Möbel	26,0[d)]	28,0	23,9	23,4	25,2	25,3	26,0	28,4	28,9
Linoleum und Tapeten	—	22,2	22,6	—	25,2	26,1	26,5	29,2	32,1
Sonstiger Facheinzelhandel									
Papier- und Bürobedarf, Schreibwaren	29,3[d)]	25,9	28,3	25,5	26,9	28,5	28,0	28,1	28,5
Uhren, Juwelen, Gold- und Silberwaren	—	—	—	33,3	35,2	36,5	37,0	34,7	34,8
Leder- und Galanteriewaren	—	25,1	24,1	24,7	26,0	27,1	28,6	28,7	28,4
Sportartikel	—	—	—	25,5	24,3	25,7	27,5	26,6	26,5
Sortimentsbuchhandel	—	27,2	26,5	25,5	25,2	25,4	25,6	27,0	26,6
Sonstige									
Fahrräder	—	26,2	27,2	28,1	29,8	29,4	29,3	32,3	31,1
Büromaschinen, -möbel, Organisationsmittel	25,3[e)]	25,6	24,0	24,1	25,0	26,3	26,3	27,3	26,2

a) *Tiburtius*, J.: Lage und Leistungen des deutschen Handels in ihrer Bedeutung für die Gegenwart. Berlin-München 1949, S. 141.
b) Nr. 1 der Schriften zur Handelsforschung. Neue Folge der Schriftenreihe des Instituts für Handelsforschung an der Universität zu Köln: Beschaffung, Lagerung, Absatz und Kosten des Einzelhandels in der Bundesrepublik Deutschland in den Jahren 1949, 1950 und 1951. Herausgegeben von R. *Seyffert*, Köln und Opladen 1953, S. 76 und 99 ff.
c) Nr. 7 der Schriften zur Handelsforschung: Beschaffung, Lagerung, Absatz und Kosten des Einzelhandels in der Bundesrepublik Deutschland in den Jahren 1952, 1953 und 1954. Köln und Opladen 1956, S. 84 f.
d) Ohne Zinsen auf Eigenkapital.
e) 1939.
f) Nr. 22 der Schriften zur Handelsforschung: Umsatz, Kosten, Spannen und Gewinn des Einzelhandels in der Bundesrepublik Deutschland in dem Jahrzehnt 1949 bis 1958. Köln und Opladen 1962, S. 57.
g) Mitteilungen des Instituts für Handelsforschung an der Universität zu Köln Nr. 104, 1962, S. 1173.

Tabelle 12

Spannen, Kosten und Reingewinn im amerikanischen Einzelhandel
(in % vom Umsatz)[a]

Branche	Jahr	Handelsspanne	Kosten	Reingewinn
Autozubehör	1949	31,1	28,7	2,4
Radio-Fernsehgeräte-Händler	1955	34,3	30,9	3,4
Bars, Restaurants	1953	45,8	43,4	2,4
Buchhandlungen	1954	38,1	35,1	3,0
Kameras, Photobedarf	1954	30,9	28,5	2,4
Kinderbekleidung	1950	32,5	28,9	3,6
Warenhäuser	1955	32,1	31,8	0,3
Drogengeschäfte	1955	38,8	28,2	5,6
Bekleidung	1951	30,1	26,7	3,4
Landw. Ausrüstung	1955	18,2	14,8	3,4
Landw. Geräte	1951	13,9	11,9	2,0
Teppiche	1954	35,7	34,0	1,7
Blumengeschäfte	1953	47,4	44,1	3,3
Möbel	1955	37,5	34,9	2,6
Tankstellen	1951	22,6	20,7	1,9
Geschenkartikel u. Souvenirs	1951	39,0	35,6	3,4
Lebensmittel	1952	15,9	14,4	1,5
Lebensmittel- u. Fleischgeschäfte	1950	16,3	14,3	2,0
Eisenwarenläden	1955	29,4	27,2	2,2
Juwelierwaren (bar)	1953	44,4	40,7	3,7
Juwelierwaren (Abzhlg.)	1953	47,5	41,7	5,8
Kinderzimmermöbel	1954	33,4	30,2	3,2
Weingeschäfte	1955	19,7	17,1	2,6
Bauholzhändler	1955	24,5	21,1	3,4
Fleischwaren	1954	20,7	19,3	1,4
Herrenbekleidungs-Zubehör	1952	32,8	29,3	3,5
Herrenbekleidung	1955	33,6	31,2	2,4
Büromöbelhändler	1955	35,8	31,0	4,8
Tapeten und Farbengeschäfte	1952	34,4	27,3	5,1
Restaurants	1950	47,3	44,0	3,3
Schuhgeschäfte	1955	35,4	30,9	4,5
Sportartikel	1953	28,6	26,6	2,0
Einheitspreis-Kettengeschäfte	1955	37,3	31,8	5,5
Damenbekleidungs-Zubehör und Spezialgeschäfte	1954	33,7	31,5	2,2
Damenkonfektion	1953	32,3	29,4	2,9
Damenbekleidung	1955	34,0	32,3	1,7

a) Auszugsweise entnommen: *Gross*, H.: Die Preisbindung im Handel. Düsseldorf 1957, S. 49 f.

Tabelle 13

Umsatzschwankungen im Einzelhandel

Umsatzschwankungen	Verhältnis zwischen niedrigstem und höchstem Umsatz	
während des Tages		
im Sommer (Kaufhaus) . .	1 : 3,4[a)] 1 : 2,8[b)]	niedrigster Umsatz zwischen 13 und 14 Uhr höchster Umsatz gegen 17 Uhr
im Herbst (Kaufhaus) . .	1 : 5,3[a)] 1 : 5,4[b)]	niedrigster Umsatz zwischen 8 und 9 Uhr höchster Umsatz gegen 17 Uhr
während der Woche		
Abt. Herrenkonfektion (Warenhaus)	1 : 1,8[a)]	niedrigster Umsatz am Dienstag höchster Umsatz am Samstag
Abt. Hausrat (Warenhaus)	1 : 1,5[a)]	niedrigster Umsatz am Freitag höchster Umsatz am Montag
Kaufhaus	1 : 1,45[b)]	niedrigster Umsatz am Mittw. höchster Umsatz am Samstag
in einem Lebensmittelgeschäft	1 : 5[a)] (2,2)	niedrigster Umsatz am Montag (Mittwoch) höchster Umsatz am Samstag
während des Monats		
Warenhaus	1 : 2,4[a)]	niedrigster Umsatz 4 Tage vor dem Monatsletzten höchster Umsatz unmittelbar nach dem Monatsersten

a) Nach *Henzel*, F.: Das Kapazitätsproblem im Einzelhandel, in ZfB, 22. Jg. 1952, S. 216 (Quelle: Vierteljahreshefte zur Konjunkturforschung, Sonderheft 16).

b) Errechnet nach Angaben von *Grünbaum*, H.: Die Umsatzschwankungen des Einzelhandels als Problem der Betriebspolitik, Vierteljahreshefte zur Konjunkturforschung, Sonderheft 10, Berlin 1928, S. 71/72.

Tabelle 14

Schwankungen der Kundenzahl in den einzelnen Tagesstunden bei verschiedenen Geschäftstypen des Einzelhandels[a)]
(in % der Gesamtkundenzahl)

Zeit	Warenhaus	Fachgeschäft für Aussteuer	Fachgeschäft für Damenkonfektion
8 — 9 Uhr	2,5	2,5	3,0
9 — 10	6,75	6,4	8,3
10 — 11	8	10,7	9,6
11 — 12	8,1	15	9,6
12 — 13	8,65	8,4	5,1
13 — 14	6	—	2,7
14 — 15	6,7	5,4	8,1
15 — 16	11,65	10	13,1
16 — 17	14	12,1	15,1
17 — 18	16	17,4	15,8
18 — 19	13,65	12,1	9,6
Relation zwischen niedrigster und höchster Kundenzahl (niedrigste Kundenzahl = 1)	1 : 6,4	1 : 6,95	1 : 5,85

a) Errechnet nach Angaben von *Hirsch*, J.: Kennzahlen zur Handelsforschung, Berlin 1935, S. 132 (Quelle: FfH-Mitteilungen, 2. Jg., S. 18).

Tabelle 15

Saisonindices der Einzelhandelsumsätze im Dezember (durchschnittlicher Monatsumsatz = 100)[a]

Warengruppe bzw. Einzelhandelszweig	Index
Spielwaren	690
Handschuhe	410
Taschentücher	408
Koffer und Reiseartikel	340
Herrenwäsche	325
Bijouterie	315
Trikotagen	300
Konfitüren	285
Schuhe	260
Glas und Porzellan	248
Beleuchtungsgegenstände	245
Papier- und Schreibwaren	240
Schürzen	225
Parfümerie	220
Herrenhüte	208
Teppiche	195
Damenwäsche	190
Strickwolle	190
Knaben-Oberbekleidung	190
Möbel und Betten	185
Mädchen-Oberbekleidung	165
Herren-Oberbekleidung	135
Kurzwaren	111

a) Entnommen: *Henzel*, F.: Das Kapazitätsproblem im Einzelhandel, in ZfB, 22. Jg. 1952, S. 216/217 (Quelle: *Ruberg*, Absatzförderung im Einzelhandel, Wiesbaden 1939, S. 36).

Tabelle 16

Entwicklung der Umsätze im deutschen Einzelhandel 1930—1938 a) b)

(1938 = 100)

Einzelhandelszweig	1930	1931	1932	1933	1934	1935	1936	1937	1938	Relation zwischen niedrigstem und höchstem Jahresumsatz (niedrigster Jahresumsatz = 1)
Lebensmittelfachgeschäfte	95	87	74	71	75	81	88	93	100	1 : 1,41
Fachgeschäfte f. Schokoladen u. Süßwaren	79	65	56	55	63	69	77	88	100	1 : 1,82
Drogerien	111	94	78	72	76	79	85	92	100	1 : 1,54
Textilwarenfachgeschäfte insgesamt	88	74	57	58	68	69	77	88	100	1 : 1,76
davon: Fachgeschäfte für Textilwaren aller Art	92	77	59	60	70	70	77	88	100	1 : 1,69
Kurz-, Weiß- und Wollwaren	93	79	69	63	70	73	77	88	100	1 : 1,61
Wirk- und Strickwaren	87	75	57	61	69	70	75	85	100	1 : 1,76
Wäsche	87	74	57	56	69	66	73	91	100	1 : 1,78
Bettwaren	—	—	—	49	62	64	74	90	100	1 : 2,04
Schnitt- und Manufakturwaren	109	87	65	66	83	75	83	95	100	1 : 1,68
Damen- und Mädchenkleidung	107	91	71	70	78	78	84	91	100	1 : 1,53
Herren- und Knabenkleidung	78	64	50	51	63	65	74	85	100	1 : 2,00
Herrenausstattungen	88	71	55	53	64	69	77	86	100	1 : 1,89
Fachgeschäfte für Schuhwaren	85	75	61	64	67	68	73	85	100	1 : 1,65
Möbel	69	66	44	44	60	58	74	88	100	1 : 2,28
Glas- und Porzellanwaren, Hausrat	—	—	60	59	68	73	81	91	100	1 : 1,69
Haus- und Küchengeräte	—	—	56	58	67	72	80	93	100	1 : 1,79
Eisenwaren, Öfen und Herde	73	60	48	53	68	74	86	93	100	1 : 2,08
Papier, Schreibwaren und Bürobedarf	91	75	58	59	66	71	78	89	100	1 : 1,73
Leder und Schuhmacherbedarf	108	97	72	68	69	70	83	96	100	1 : 1,59

a) Auszugsweise übernommen bzw. errechnet nach Angaben von *Tiburtius*, J.: Lage und Leistungen des deutschen Handels in ihrer Bedeutung für die Gegenwart, a. a. O., S. 16/17. Neueres Zahlenmaterial ist im 14. Arbeitsbericht der Hauptgemeinschaft des deutschen Einzelhandels für 1961, S. 131 ff., insbesondere S. 134 f., dargestellt.
b) Nicht preisbereinigt.

Tabelle 17

Entwicklung von Umsätzen und Kosten in einigen Zweigen des deutschen Einzelhandels 1932—1942[a]
(1932 = 100)

Einzelhandelszweig	I = Umsatz II = Gesamtkosten	1932	1933	1934	1935	1936	1937	1938	1939	1940	1941	1942
Lebensmittelfachgeschäfte	I	100	96	101	109	119	126	135	**149**	151	157	168
	II		97	95	97	101	104	110	**115**	118	120	121
Drogerien	I	100	92	97	101	109	118	128	**155**	165	170	169
	II		92	91	91	96	101	106	**111**	110	110	110
Fachgeschäfte für Textilien aller Art	I	100	102	129	129	130	149	170	**187**	175	183	158
	II		94	96	87	102	111	120	**129**	120	120	112
Kurz-, Weiß- und Wollwaren	I	100	101	113	118	124	142	161	**179**	174	—	—
	II		92	93	94	95	104	114	**120**	120		
Wirk- und Strickwaren	I	100	107	121	123	132	149	175	**193**	186	186	166
	II		93	94	95	99	104	115	**121**	118	118	112
Wäsche	I	100	98	121	116	128	160	175	**187**	160	172	147
	II		94	95	95	99	107	116	**122**	116	121	112
Damen- und Mädchenkleidung	I	100	99	110	110	118	128	141	**158**	154	158	142
	II		93	93	95	99	107	115	**119**	110	112	101

a) Fußnote am Schluß der Tabelle

Tabelle 17 (Fortsetzung)

Entwicklung von Umsätzen und Kosten in einigen Zweigen des deutschen Einzelhandels 1932—1942[a)]

(1932 = 100)

Einzelhandelszweig	I = Umsatz II = Gesamtkosten	1932	1933	1934	1935	1936	1937	1938	1939	1940	1941	1942
Herren- und Knabenkleidung	I	100	102	126	130	148	170	200	**216**	186	172	160
	II		98	108	111	120	133	143	**151**	126	119	107
Herrenausstattungen	I	100	96	116	125	140	156	182	**202**	185	193	147
	II		97	98	101	106	112	122	**125**	120	127	115
Schuhwaren	I	100	105	110	111	120	139	164	**184**	162	169	169
	II		96	96	99	102	108	116	**127**	118	122	122
Möbel	I	100	100	136	132	168	200	228	**288**	202	161	132
	II		96	118	124	138	162	182	**204**	163	140	122
Glas- und Porzellanwaren, Hausrat	I	100	98	113	122	135	152	167	**224**	230	200	168
	II		94	94	98	102	108	117	**122**	129	129	115
Haus- und Küchengeräte	I	100	103	119	128	143	166	178	**218**	218	198	164
	II		94	97	101	107	116	125	**135**	129	129	120
Eisenwaren, Öfen und Herde ..	I	100	110	142	154	179	194	208	**229**	212	212	177
	II		94	107	112	122	131	139	**147**	133	133	128
Leder und Schuhmacherbedarf	I	100	94	96	97	115	133	139	**157**	125	132	128
	II		93	95	92	95	101	108	**111**	100	100	97

a) Errechnet nach Angaben von *Tiburtius*, J.: Lage und Leistungen des deutschen Handels in ihrer Bedeutung für die Gegenwart, a. a. O., S. 16/17 und 138/139.

Tabelle 18

Entwicklung der Umsätze und Kosten in einigen Zweigen des deutschen Binnengroßhandels 1937—1942 [a]

(1937 = 100)

I = Umsatz II = Gesamtkosten		1937	1938	1939	1940	1941	1942
Nahrungs- und Genußmittel	I	100	108	**121**	118	128	116
	II		108	**114**	112	116	113
Schokoladen- u. Süßwaren	I	100	114	**125**	95	90	70
	II		111	**121**	94	88	75
Tuche	I	100	104	**71**	68	75	68
	II		109	**106**	72	70	63
Polsterer- u. Sattlerbedarf	I	100	107	**110**	80	80	69
	II		110	**121**	95	90	79
Schuhwaren	I	100	123	**142**	131	176	194
	II		115	**126**	96	116	122
Baustoffe	I	100	107	**105**	86	90	71
	II		112	**126**	98	95	77
Eisen- und Metallwaren (Sortimentsgroßhandel)	I	100	104	**104**	94	96	81
	II		105	**107**	85	83	78
Eisen- und Metallwaren (Beschlägegroßhandel)	I	100	104	**112**	104	104	87
	II		106	**112**	89	86	74
Haus- und Küchengeräte	I	100	106	**119**	115	105	83
	II		105	**109**	88	86	75
Werkzeuge	I	100	115	**127**	137	137	132
	II		118	**126**	120	120	118
Fahrräder und Fahrradteile	I	100	105	**124**	99	91	87
	II		103	**112**	84	74	65
Kraftfahrzeugteile und -zubehör	I	100	105	**118**	124	91	87
	II		103	**116**	84	74	65
Hohlglas und Keramik	I	100	102	**138**	148	141	121
	II		104	**117**	—	—	—
Flachglas	I	100	101	**98**	108	118	102
	II		107	**110**	91	95	87
Schreib- und Papierwaren	I	100	109	**135**	156	160	128
	II		107	**118**	113	118	106

a) Errechnet nach Angaben von *Tiburtius*, J.: Lage und Leistungen des deutschen Handels in ihrer Bedeutung für die Gegenwart, a.a.O., S. 31 und 119.

Tabelle 19

Fixe Kosten des Einzelhandels in gemieteten Räumen [a)]

Einzelhandelszweig	Gesamtkosten in % vom Umsatz	fixe Kosten in % der Gesamtkosten
Kolonialwaren	11,45	59,1
Obst und Gemüse	14,04	53,2
Milch	8,60	42,8
Schokolade und Süßwaren	19,85	57,7
Tabakwaren	10,17	72,7
Nahrungsmittelfilialen	10,25	46,9
Textilwaren aller Art	21,99	57,8
Herren- und Knabenkleidung	21,22	47,7
Damen- und Mädchenkleidung	25,73	60,6
Wäsche	20,93	56,1
Schuhe	18,38	56,4
Möbel	23,95	51,3
Musikinstrumente	23,48	58,6
Rundfunkgeräte	24,48	48,4
Eisen-, Stahl- und Metallwaren	19,90	55,1
Drogerien	20,93	52,1
Photoartikel	27,29	58,1
Fahrräder und Nähmaschinen	22,65	43,5
Büromaschinen und Organisationsmittel	21,78	54,9
Bürobedarf, Papier- u. Schreibwaren	22,95	67,5
Spielwaren	25,96	58,1
Juwelen, Gold- und Silberwaren	24,88	56,3
Warenhäuser	25,40	63,9
Einheitspreisgeschäfte	25,30	54,2
Durchschnitt:		55,9

a) Entnommen: *Henzel, F.*: Das Kapazitätsproblem im Einzelhandel, a. a. O., S. 215.

Tabelle 20

Die gegenseitige Abhängigkeit von Umsatz, Lager-, Betriebsmittel und Personalbestand im Einzelhandel a)

Handelszweig	steigt der Umsatz um x, dann steigen die anderen Größen um das y-fache				
	Umsatz	Grundstücke und Gebäude	Anlagen	Lagervorräte	Personalbestand
Kolonialwaren	225	45	35	210	25
Obst und Gemüse	24	9	10	30	3
Milch	8	4	7	10	3
Schokoladen u. Süßwaren	5	4	3	4	3
Tabakwaren	668	42	330	618	217
Nahrungsmittelfilialbetriebe	53	45	48	56	53
Textilwaren aller Art	1 370	367	398	325	725
Herren- und Knabenbekleidung	145	52	39	51	59
Damen und Mädchenbekleidung	22	14	9	11	16
Wäsche	117	52	36	48	43
Schuhe	56	27	14	30	20
Möbel	157	44	12	107	54
Musikinstrumente und -apparate	16	7	5	7	7
Rundfunkgeräte	5	4	3	3	3
Eisen-, Stahl- und Metallwaren	14	8	8	9	7
Drogerien	12	6	6	9	7
Photoartikel	7	5	2	4	4
Fahrräder u. Nähmaschinen	5	4	2	4	3
Büromaschinen	10	6	6	9	6
Bürobedarf, Papier- und Schreibwaren	15	7	4	9	8
Spielwaren	14	7	13	8	6
Juwelen, Gold- und Silberwaren, Uhren	14	6	6	12	5
Warenhäuser	677	659	421	597	607

a) Auszugsweise entnommen von *Henzel*, F.: Das Kapazitätsproblem im Einzelhandel, a. a. O., S. 219/220.

Tabelle 21

Die gegenseitige Abhängigkeit von Umsatz, Lager-, Betriebsmittel- und Personalbestand im Großhandel [a)]

Handelszweig	ändert sich der Umsatz um x, dann steigen die anderen Größen um das y-fache			
	Umsatz	Anlagen ohne Grundstücke und Gebäude	Lagervorräte	Personalbestand
Nahrungs- und Genußmittel	100	12	44	10
Kohle	61	30	54	8
Eisen und Stahl	24	8	16	10
Wolle	300	30	117	420
Baumwolle	91	8	122	9
Schrott	100	12	32	14
Holz	345	20	96	17
Baustoffe (Lager)	53	16	23	15
Werkzeugmaschinen	135	9	78	38
Fahrräder und -teile	40	11	25	19
Eisenwaren	44	9	33	18
Rundfunkgeräte	22	9	17	10
Musikwaren	8	3	5,5	4
Pharmazeutika	7	4	7	7
Schwerchemikalien	114	20	74	33
Edelmetallwaren	55	8	32	12
Spielwaren	7	5	4	4
Feinpapier	70	24	53	35
Schreibwaren, Papier- und Bürobedarf	22	6	20	10
Tuche	105	15	70	28
Strumpf-, Wirk- und Strickwaren	134	16	62	26
Rauchwaren und Pelze	620	392	2 100	43
Schuhwaren	56	26	51	30

a) Auszugsweise entnommen von *Henzel*, F.: Das Kapazitätsproblem im Großhandel, in: ZfB, 22. Jg 1952, S. 37/38.

Tabelle 22

Zusammensetzung der Vertriebskosten nach Kostenarten in einigen deutschen Industriezweigen 1936/37 a)
(in % der Vertriebskosten)

Branche	Löhne, Gehälter, Geschäftsführergehalt, Tantiemen usw.	Provisionen	Materialkosten für Verpackung	Frachten und Porto	Umsatzsteuer	Zinsen, Bankgebühren für Zahlungsabwicklung und Absatzfinanzierung	Übrige Kosten	Gesamtvertriebskosten
Siegelmarken, Etiketten und Anhänger ..	26	19	1	14	6		34	100
Metallätzschilder ..	34	—	3	14	7	.	42	100
Gummierte Papiere	18	12	7	20	9	11	23	100
Blechspielwaren ..	30	—	4	6	8	8	44	100
Geschirrporzellan ...	29	7	8	8	4	9	35	100
Trikotagen, Fantasie-, Wirk- und Strickwaren .	23	17	2	6	12	9	31	100
Militärposamenten .	32	13	2	8	13	7	25	100
Briefumschläge, Briefpapier .	28	9	3	12	5	5	38	100
Fotofilme	19	14	1	10	4	2	50	100
Schmalzsiedereien ..	15	11	22	2	19	.	31	100

a) Zusammengestellt nach Angaben von *Küspert*, E.: Industrielle Vertriebskosten — Bedingungen, Abrechnung und Kalkulation, Stuttgart 1938, S. 33 ff.

Tabelle 23

Zusammensetzung der Vertriebskosten der Hausratindustrie nach Kostenarten 1952/53 a)
(in % der Vertriebskosten)

Branche bzw. Warengruppe	Personalkosten einschließlich Unternehmerl.	Provisionen	Reisekosten	Werbekosten	Verpackungs-material	Kalkulat. Zinsen auf Außenstände und Fertig-warenlager	Ausgangsfrcht. und Fuhrpark für Vertrieb	Umsatzsteuer	Übrige Vertriebskost.	Gesamt-vertriebskosten
Hausratwaren insgesamt ..	18	16	2	8	8	8	11	20	9	100
Haus- und Küchengeräte ..	20	18	2	5	7	6	13	20	9	100
Glas, Porzellan und Keramik	19	22	1	5	8	11	4	23	7	100
Bestecke und Schreibwaren	25	16	5	7	10	7	5	17	8	100
Herde, Waschmaschinen u. Kühlschränke	13	14	2	10	8	8	14	21	10	100
Elektrogeräte und Beleuchtung	16	19	2	10	6	8	9	19	11	100

a) Nach Sonderheft 6 der Mitteilungen des Instituts für Handelsforschung an der Universität zu Köln: Wege und Kosten der Distribution der Hausratwaren im Lande Nordrhein-Westfalen, a. a. O., S. 54.

Tabelle 24

Zusammensetzung der Vertriebskosten der Textil-, Schuh- und Lederwarenindustrie nach Kostenarten 1954/55 a)
(in % der Vertriebskosten)

Branche bzw. Warengruppe	Personalkosten einschließlich Unternehmerlohn	Provisionen	Reisekosten und Spesen	Reklamekosten	Musterkosten	Versandverpakkungsmaterial	Ausgangsfrachten und Fuhrpark f. Vertrieb	6 % kalkul. Zinsen		Umsatzsteuer	Sonstige Kosten	Gesamtvertriebskosten
								auf Fertiglager	auf Außenstände			
Konfektion	16,7	16,7	3,0	5,3	3,8	3,0	3,8	3,0	6,1	30,3	8,3	100
Leibwäsche, Wirk- und Strickwaren, Miederwaren	17,8	21,5	1,8	11,0	1,8	3,1	2,6	3,7	4,9	24,5	7,4	100
Bekleidungszubehör	18,6	24,2	3,1	3,7	1,9	4,3	5,0	2,5	5,0	24,9	6,8	100
Haus-, Tisch- und Bettwäsche, Bettwaren, Heimtextilien	17,2	18,6	2,1	5,5	2,8	4,1	4,8	4,1	5,5	27,0	8,3	100
Meterware für Bekleidung	16,6	15,1	2,4	3,2	4,8	2,4	4,0	4,8	7,1	31,7	7,9	100
Kurzwaren	16,8	20,1	2,2	12,5	1,1	2,7	6,0	5,4	4,3	21,8	7,1	100
Textilien insgesamt	17,2	18,6	2,1	6,9	2,8	3,5	4,1	4,1	5,5	27,6	7,6	100
Schuhe	12,1	16,9	2,4	8,1	3,2	3,2	3,2	2,4	8,9	32,3	7,3	100
Lederwaren	17,3	24,3	2,9	5,8	2,3	5,8	5,2	1,7	5,8	23,1	5,8	100

a) Errechnet nach Angaben aus: Sonderheft 7 der Mitteilungen des Instituts für Handelsforschung an der Universität zu Köln: Wege und Kosten der Distribution der Textil-, Schuh- und Lederwaren, a. a. O., S. 59.

Tabelle 25

Zusammensetzung der Vertriebskosten der Erzeuger von Konsumwaren nach Kostenarten 1956 a)

Artikelgruppen	in % des Erzeugerverkaufspreises	in % der Vertriebskosten					
	Vertriebskosten	Personalkosten einschl. Unternehmerlohn	Provisionen	Reklamekosten	Ausgangsfrachten und Fuhrpark für Vertrieb	Umsatzsteuer	Sonstige Kosten
Seifen-, Wasch-, Putz- u. Reinigungsmittel	32,5	3,7	10,2	41,9	12,3	12,3	19,6
Fußboden- und Schuhpflegemittel	38,5	15,3	18,5	23,4	11,5	10,4	20,9
Kerzen	22,1	23,5	14,9	3,6	12,2	18,1	27,7
Körperpflegemittel	41,6	11,5	12,0	41,1	9,7	9,6	16,1
Kämme und Zahnbürsten	22,0	21,3	22,7	7,3	7,3	18,2	23,2
darunter: a) Kämme	22,2	22,5	21,6	8,5	7,2	18,0	22,2
b) Zahnbürsten	21,7	18,8	24,9	4,2	6,9	18,4	26,8
Verbandstoffe und Pflaster	25,5	20,8	16,9	10,6	11,7	15,7	24,3
Augenoptik	23,9	27,2	15,9	15,9	3,3	16,7	21,0
Haushaltpapierwaren	19,3	15.6	12,4	3,1	22,8	20,7	25,4
Schreibwaren	27,0	21,1	13,0	20,0	7,0	14.8	24,1
darunter: a) Bleistifte	32,5	17,2	12,9	28,0	6,2	12,3	23,4
b) Füllhalter und Kugelschreiber	29,1	15,8	16,8	25,8	3,4	13,8	24,4
c) Papierausstattungen	19,7	18,8	22,3	2,5	14,3	20,3	21,8
d) Wunsch- u. Bildpostkarten b)	23,1	22,9	23.8	2,2	4,7	17,3	29,1
e) Sonstige Schreibwaren	27,2	26,1	5,9	21,7	8,5	14,7	23,1
Photoapparate und -zubehör	22,2	10,4	19,3	30,2	4,5	18,0	17,6
Photofilme	25,3	20,1	13,0	25,3	10,3	15,8	15,5
Optische und feinmechanische Artikel	20,4	22,5	21,6	12,2	3,5	19,6	20,6
Spielwaren	14,1	18,4	10,6	11,4	5,0	28,4	26,2
Sportartikel	17,2	20,3	22,7	7,6	5,2	23,3	20,9
Schmuck- und Silberwaren	13,5	22,2	8,9	5,9	5,2	29,6	28,2

Fußnoten am Schluß der Tabelle

Tabelle 25 (Fortsetzung)

Zusammensetzung der Vertriebskosten der Erzeuger von Konsumwaren nach Kostenarten 1956

Artikelgruppen	in % des Erzeugerverkaufspreises	in % der Vertriebskosten					
	Vertriebskosten	Personalkosten einschl. Unternehmerlohn	Provisionen	Reklamekosten	Ausgangsfrachten und Fuhrpark für Vertrieb	Umsatzsteuer	Sonstige Kosten
Uhren	16,3	16,0	6,7	21,5	3,7	24,5	27,6
darunter: a) Kleinuhren	15,9	17,6	4,4	20,1	3,2	25,2	29,5
b) Großuhren	16,8	14,3	10,1	23,2	5,4	23,8	23,2
Rundfunk- und Fernsehgeräte	15,5	9,7	12,9	14,2	8,4	25,8	29,0
Schallplatten	27,1	17,7	4,8	31,0	7,4	14,7	24,4
Musikinstrumente	19,6	19,4	12,8	20,0	6,6	20,4	20,8
Klaviere c)	12,6	20,7	9,5	7,1	7,2	31,7	23,8
Bücher	27,9	23,3	14,7	20,4	3,6	14,3	23,7
Noten c)	26,2	33,6	1,9	11,4	5,4	15,3	32,4
Zeitungen c)	45,1	38,6 d)	8,2 e)	10,9	14,4 f)	8,9	19,0
Zeitschriften c)	41,3	14,3 d)	2,9	30,0	25,4 f)	9,7	17,7
Nähmaschinen	16,3	14,1	4,9	18,4	8,0	24,5	30,1
Kraftfahrzeuge	7,3	11,0	0	16,4	1,4	54,8	16,4
Motorräder u. -roller, Mopeds, Fahrräder	14,9	11,4	17,5	14,1	7,4	26,8	22,8
Möbel	14,8	16,2	22,3	6,8	8,1	27,0	19,6
darunter: a) Zimmer, Küchen, Einzelmöbel	14,4	17,4	24,3	6,9	4,2	27,8	19,4
b) Anbau- und Kleinmöbel	14,7	14,3	21,8	8,8	3,4	27,2	24,5
c) Stühle und Tische	14,9	12,8	15,4	4,7	19,5	26,8	20,8
d) Polstermöbel	15,5	16,1	23,9	6,5	9,7	25,8	18,0

a) Zusammengestellt nach Angaben von: Sonderheft 11 der Mitteilungen des Instituts für Handelsforschung an der Universität zu Köln: Wege und Kosten der Distribution der Konsumwaren, Westdeutscher Verlag Köln, 1959, S. 84/85 u. 88/89.
b) Die Gliederung nach Kostenarten bezieht sich nur auf Verleger, die gleichzeitig Hersteller sind.
c) Einschl. der Vertriebskosten des Direktabsatzes (bei Zeitungen und Zeitschriften jedoch ohne Agenturprovision).
d) Einschl. Trägerlöhne.
e) Ohne Agenturprovisionen im Zeitungs- und Anzeigengeschäft.
f) Einschl. Porto ohne Trägerlöhne.

Tabelle 26

Zusammensetzung der Kosten einiger deutscher Großhandelszweige des Konsumgütermarktes der Umsatzgrößenklasse RM 500 000,00 bis RM 1 000 000,00 1936 a)

(in % der Gesamtkosten)

Branche	Löhne und Gehälter	Provisionen	Reisespesen	Mieten, Grundstücks- und Gebäudekosten	Umsatz- und Gewerbesteuer	Sonst. Kosten
Tabakwaren	28	11	6	13	13	29
Eisenwaren	48	5	8	10	8	21
Haus- und Küchengeräte	45	6	9	8	6	26
Öfen und Herde	43	—	7	9	7	34
Elektrogeräte	37	7	13	10	9	24
Rundfunkgeräte	36	7	10	7	8	32
Fahrräder und Fahrradteile	38	4	9	10	7	32
Pharmazeutika (normales Sortiment)	43	6	4	4	6	37
Pharmazeutika (Spezialitäten)	40	2	7	4	8	39
Kosmetika und Seifen	39	15	6	6	6	28
Fotografische Artikel	36	8	10	5	5	36
Edelmetallwaren, Schmuck	35	2	15	6	6	36
Kurz-, Galanterie- und Spielwaren	41	4	14	6	5	30
Schuhwaren	38	3	8	7	7	37
Schreib- und Papierwaren	44	4	9	6	6	31
Stoffe	31	8	10	8	8	35
Tuche	30	8	11	7	7	37
Strumpf-, Wirk- u. Strickwaren	30	11	14	6	7	32
Arithmetisches Mittel	38	7	9	7	7	32

a) Errechnet nach Angaben von: Einzelschriften zur Statistik des deutschen Reiches, Nr. 41, Teil III Großhandel: Betriebsstruktur und Kostengestaltung in wichtigen Gewerbezweigen, a.a.O., S. 42 ff.

Tabelle 27

Zusammensetzung der Kosten einiger deutscher Großhandelszweige des Kostengütermarktes der Umsatzgrößenklasse RM 500 000,00 bis RM 1 000 000,00 1936 a)

(in % der Gesamtkosten)

Branche	Löhne u. Gehälter	Provisionen	Reisespesen	Mieten, Grundstücks- und Gebäudekosten	Umsatz- und Gewerbesteuer	Sonstige Kosten
Kohle: Streckenhandel (Einzelkaufleute oder Personengesellschaften)	22	8	19	8	6	37
Kohle: Streckenhandel (Kapitalgesellschaften)	48	6	12	2	4	28
Kohle: Streckenhandel mit Lagerhandel (Einzelkaufleute oder Personengesellschaften)	35	4	7	8	5	41
Kohle: Streckenhandel mit Lagerhandel (Kapitalgesellschaften)	36	5	7	6	6	40
Mineralöl: (Einzelkaufleute und Personengesellschaften)	31	25	6	10	4	24
Mineralöl: (Kapitalgesellschaften)	31	18	4	9	4	34
Eisen und Stahl: Streckenhandel (Einzelkaufleute und Personengesellschaften)	27	6	6	7	7	47
Eisen und Stahl: Streckenhandel (Kapitalgesellschaften)	36	7	5	3	5	44
Eisen und Stahl: Streckenhandel mit Lagerhandel (Einzelkaufleute und Personengesellschaften)	43	2	6	10	5	34
Eisen und Stahl: Streckenhandel mit Lagerhandel (Kapitalgesellschaften)	46	3	5	9	4	33
Walzeisen	35	1	7	12	6	39
Wolle	22	14	8	5	6	45
Baumwolle	27	14	12	5	7	35
Holzhandel (überwiegend Streckenhandel)	27	5	11	5	8	44
Holzhandel (überwiegend Lagerhandel)	37	2	7	8	6	40
Baustoffe (überwiegend Streckenhandel)	32	3	7	7	11	40
Baustoffe (überwiegend Lagerhandel)	40	1	4	9	8	38
Maschinen und Zubehör für das graphische Gewerbe b)	27	4	14	7	6	42
Werkzeugmaschinen	39	4	8	3	6	40
Maschinen der Nahrungs- und Genußmittel- und der chemischen Industrie b)	31	17	11	6	6	29
Maschinen für Textilien und Leder b)	52	4	10	5	5	24
Landwirtschaftliche Maschinen und Geräte b)	28	4	11	4	7	46
Kraft- und Arbeitsmaschinen	32	13	8	3	4	40
Arithmetisches Mittel	34	7	8	7	6	38

a) Errechnet nach Angaben von: Einzelschriften zur Statistik des deutschen Reiches Nr. 41, Teil III Großhandel: Betriebsstruktur und Kostengestaltung in wichtigen Gewerbezweigen, a. a. O., S. 42 ff.

b) Für die Umsatzgrößenklassen RM 100 000,00 — RM 500 000,00.

Tabelle 28

Zusammensetzung der Gesamtkosten einiger deutscher Einzelhandelszweige 1954 [a)]
(in % der Gesamtkosten)

Einzelhandelszweig	Peronalkosten ohne Unternehmerlohn	Unternehmerlohn [b)]	Personalkosten einschl. Unternehmerlohn	Miete oder Mietwert	Umsatzsteuer	Gewerbesteuer	Reklamekosten	Abschreibung	Zinsen für		Sonstige Kosten	Gesamtkosten
									Eigenkapital	Fremdkapital		
Lebensmitteleinzelhandel	18	26	44	7	19	3	2	4	2	1	18	100
Drogerien	20	23	43	9	14	5	4	4	2	1	18	100
Tabakwareneinzelhandel	9	29	38	10	26	4	1	3	3	1	14	100
Textileinzelhandel	28	13	41	8	15	3	7	3	2	3	18	100
davon vorwiegend mit:												
Herren- u. Knabenoberkleidung	28	9	37	7	16	4	9	4	2	4	17	100
Damen-, Mädchen- u. Kinderoberkleidung	32	10	42	8	12	3	8	4	1	3	19	100
Herren-, Damen- u. Kinderoberkleidung	29	8	37	6	16	3	9	5	2	3	19	100
Meterware	30	12	42	10	14	2	6	3	2	3	18	100
Wäsche, Wirk- und Strickwaren	24	17	41	9	16	4	5	4	2	3	16	100
Haus- und Bettwäsche, Bettwaren	30	11	41	8	13	3	8	4	1	3	19	100
gemischt. Sortiment	29	13	42	6	15	4	6	3	2	4	18	100
Schuheinzelhandel	23	17	40	8	18	4	6	3	2	3	16	100
Möbeleinzelhandel	27	9	36	8	15	3	7	5	2	3	21	100
Beleuchtungs- u. Elektroeinzelhandel	36	12	48	9	10	3	4	4	1	2	19	100
Glas-, Porzell.-, Keramikeinzelhandel	24	17	41	10	13	4	4	3	3	2	20	100
Eisenwaren- u. Hausrateinzelhandel	31	14	45	7	10	4	4	4	3	3	20	100
davon vorwiegend mit												
Haus- und Küchengeräten	28	17	45	9	13	4	4	3	2	2	18	100
Kleineisenwaren, Werkzeugen	34	14	48	6	7	4	3	5	3	3	21	100

Fußnoten am Schluß der Tabelle

Tabelle 28 (Fortsetzung)

Zusammensetzung der Gesamtkosten einiger deutscher Einzelhandelszweige 1954 [a]
(in % der Gesamtkosten)

Einzelhandelszweig	Personalkosten ohne Unternehmerlohn	Unternehmerlohn [b]	Personalkosten einschl Unternehmerlohn	Miete oder Mietwert	Umsatzsteuer	Gewerbesteuer	Reklamekosten	Abschreibung	Zinsen für Eigenkapital	Zinsen für Fremdkapital	Sonstige Kosten	Gesamtkosten
Öfen und Herde	27	12	39	7	11	3	6	7	1	3	23	100
gemischt. Sortiment	31	14	45	6	10	4	3	5	3	3	21	100
Linoleumeinzelhandel	34	11	45	6	11	4	4	5	2	2	21	100
Papier-, Bürobedarf- und Schreibwareneinzelhandel	34	17	51	8	8	4	3	3	2	2	19	100
Büromaschinen-, -möbel- und Organisationsmittelhandel	41	8	49	4	5	3	5	5	1	2	26	100
Fahrradeinzelhandel	22	19	41	8	12	4	4	5	2	3	21	100
Radio- und Fernseheinzelhandel	26	14	40	6	12	3	6	9	3	2	19	100
Photoeinzelhandel	33	12	45	6	10	4	6	6	1	2	20	100
Uhren, Juwelen, Gold- und Silberwareneinzelhandel	26	16	42	8	10	5	5	4	2	2	22	100
Leder- und Galanteriewareneinzelhandel	24	16	40	10	14	5	5	3	2	2	19	100
Sportartikeleinzelhandel	19	20	39	11	14	3	6	3	2	3	19	100
Sortimentbuchhandlung	31	15	46	8	12	3	5	3	1	1	21	100
Einzelhandel insgesamt	24	18	42	7	16	4	4	4	2	3	18	100

a) Auszugsweise entnommen aus: Schriften zur Handelsforschung, Neue Folge Nr. 7: Beschaffung, Lagerung, Absatz und Kosten des Einzelhandels in der Bundesrepublik Deutschland in den Jahren 1952, 1953 und 1954, a. a. O., S. 78. Vgl. auch Arbeitsbericht der Hauptgemeinschaft des deutschen Einzelhandels für 1961, S. 144 ff., der für einen Teil der in der vorstehenden Tabelle aufgeführten Branchen Kostenstrukturzahlen auch für die Jahre 1955—1960 darstellt; weiterhin die Mitteilungen des Instituts für Handelsforschung an der Universität zu Köln, Nr. 104/1962, S. 1173.

b) Für unentgeltlich mitarbeitende Familienangehörige und nicht entlohnte Tätigkeit des Inhabers.

Tabelle 29

Verteilungsaufwand der Hausratwaren im Lande Nordrhein-Westfalen 1952/53[a)]

(gewogene Durchschnittswerte)

Artikel- bzw. Warengruppe	Gesamtverteilungsaufwand in % des Verbraucherpreises	Anteil des Verteilungsaufwandes in % des Verbraucherpreises		
		Hersteller[b)]	Großhändler[c)]	Einzelhändler[c)]
Emaillierte Geschirre	50,6	10,9	9,6	30,1
Aluminium-Geschirre	48,8	12,5	5,5	30,8
Verzinkte Geschirre	46,0	10,8	8,2	27,0
Blech- und Drahtwaren	51,1	12,3	5,5	33,3
Nicht-elektrische Haushaltmaschinen	50,2	14,0	6,2	30,0
Kunststoffartikel	57,5	14,0	10,1	33,4
Holz-, Seiler- und Bürstenwaren	51,3	12,5	8,0	30,8
Korbwaren	44,1	11,4	1,3	31,4
Haus- und Küchengeräte	50,3	12,2	7,5	30,6
Porzellan	53,0	9,0	6,8	37,2
Keramik und Steingut	53,1	10,6	7,4	35,1
Wirtschaftsglas	53,5	7,0	9,5	37,0
Konservenglas	56,5	17,8	8,4	30,3
Glas, Porzellan, Keramik	53,6	9,9	7,9	35,8
Bestecke	50,0	12,9	3,0	34,1
Schneidwaren	54,8	18,5	2,8	33,5
Kleine Metallartikel	57,4	14,0	10,6	32,8
Bestecke und Schneidwaren	52,2	15,2	3,2	33,8
Öfen und Herde	42,6	13,4	6,1	23,1
Waschmaschinen	41,3	12,7	2,7	25,9
Kühlschränke	41,7	13,9	5,7	22,1
Ofenrohre	41,7	9,8	5,7	26,2
Öfen, Herde, Waschmaschinen, Kühlschränke	42,1	13,3	5,4	23,4
Elektrogeräte	49,6	20,7	6,1	22,8
Lampen	54,9	10,2	13,5	31,2
Allgebrauchslampen	54,1	15,1	8,6	30,4
Elektrogeräte, Beleuchtung	51,3	17,6	8,2	25,5
Haushaltwerkzeuge	56,2	13,1	9,1	34,0
Bedarfsgruppe Hausratwaren	48,6	13,5	6,7	28,4

a) Entnommen: Sonderheft 6 der Mitteilungen des Instituts für Handelsforschung an der Universität zu Köln: Wege und Kosten der Distribution der Hausratwaren im Lande Nordrhein-Westfalen, a. a. O., S. 56/57.
b) Vertriebskosten ohne Gewinnanteil.
c) Handelsspanne.

Tabelle 30

Verteilungsaufwand von 27 Textil-, Schuh- und Lederwarengruppen[a)]

Artikelgruppen	Verteilungsaufwand[b)] (Handelskettenspanne) in % vom Konsumentenkaufpreis	davon entfallen in Prozenten vom Konsumentenkaufpreis auf ...			davon entfallen in Prozenten des Verteilungsaufwandes[b)] auf ...		
		Erzeuger	Grossierer	Detailleure	Erzeuger	Grossierer	Detailleure
Herren- und Knabenkonfektion	35,5	8,3	0,2	27,0	23,4	0,6	76,0
Damen-, Mädchen- und Kinderkonfektion	38,5	10,6	0,5	27,4	27,5	1,3	71,2
Konfektion	37,1	9,5	0,4	27,2	25,6	1,1	73,3
Herrenhemden, Leibwäsche, Kittel und Schürzen	39,8	12,1	0,8	26,9	30,4	2,0	67,6
gewirkte und gestrickte Unterbekleidung, Badebekleidung, Erstlings- und Kinderbekleidung	41,0	10,9	2,4	27,7	26,6	5,8	67,6
gewirkte und gestrickte Oberbekleidung	40,6	12,0	1,5	27,1	29,6	3,6	66,8
gewirkte Strümpfe	41,9	12,6	1,2	28,1	30,1	2,8	67,1
gestrickte Strümpfe, gewirkte und gestrickte Handschuhe	43,4	11,3	3,3	28,8	26,0	7,6	66,4
Miederwaren	44,8	13,1	1,9	29,8	29,3	4,2	66,5
Leibwäsche, Wirk- und Strickwaren, Miederwaren	41,3	11,8	1,8	27,7	28,6	4,4	67,0
Herrenhüte und Mützen	43,3	11,0	2,9	29,4	25,4	6,7	67,9
Krawatten und Schals	44,0	13,6	0,3	30,1	30,9	0,7	68,4
Lederhandschuhe	40,9	9,9	1,2	29,8	24,2	2,9	72,9
Schirme	40,3	9,1	0,2	31,0	22,6	0,5	76,9
Bekleidungszubehör	42,3	11,0	1,3	30,0	26,0	3,1	70,9
Haus-, Tisch- und Bettwäsche einschl. Frottierwaren, Inlett und Taschentücher	39,8	9,8	2,7	27,3	24,6	6,9	68,5
Steppdecken, Matratzen, Bettfedern	39,8	10,5	0,5	28,8	26,4	1,3	72,3
Schlafdecken aus Wolle und Baumwolle	41,1	9,3	4,1	27,7	22,6	10,0	67,4
Gardinenstoffe	43,1	10,3	3,2	29,6	23,9	7,4	68,7
Teppiche und Läufer	41,0	9,3	4,0	27,7	22,7	9,7	67,6
Kokos- und Sisalteppiche bzw. -läufer	45,3	14,4	2,6	28,3	31,8	5,7	62,5
Tischdecken, Gardinen und Dekorationsstoffe aus Plastik, Wachstuche	50,8	12,5	8,7	29,6	24,6	17,1	58,3
Haus-, Tisch- und Bettwäsche, Bettwaren, Heimtextilien	40,8	10,1	2,8	27,9	24,8	6,9	68,3

Fußnoten am Schluß der Tabelle

Tabelle 30 (Fortsetzung)

Verteilungsaufwand von 27 Textil-, Schuh- und Lederwarengruppen[a)]

Artikelgruppen	Verteilungsaufwand[b)] (Handelskettenspanne) in % vom Konsumentenkaufpreis	davon entfallen in Prozenten vom Konsumentenkaufpreis auf ...			davon entfallen in Prozenten des Verteilungsaufwandes[b)] auf ...		
		Erzeuger	Grossierer	Detailleure	Erzeuger	Grossierer	Detailleure
Baumwoll-, Zellwoll-, Kunstseiden- und Seidenstoffe einschließlich Dekorationsstoffe	41,2	8,9	4,6	27,7	21,6	11,2	67,2
Tuche und Kleiderstoffe	46,1	7,0	11,3	27,8	15,2	24,5	60,3
Meterwaren für Bekleidung	42,6	8,4	6,5	27,7	19,7	15,3	65,0
handelsfertig aufgemachte Garne	47,5	11,7	9,8	26,0	24,7	20,6	54,7
Textil- und Metallkurzwaren, Knöpfe	53,3	10,7	11,2	31,4	20,1	21,0	58,9
Kurzwaren	50,6	11,2	10,5	28,9	22,1	20,8	57,1
Textilien insgesamt	40,8	10,2	2,9	27,7	25,0	7,1	67,9
Straßenschuhe	33,5	9,2	1,3	23,0	27,4	3,9	68,7
Haus- und Turnschuhe, Gummischuhe	39,4	10,4	3,7	25,3	26,4	9,4	64,2
Schuhe	34,4	9,4	1,7	23,3	27,3	5,0	67,7
Sattlerwaren, Koffer und Reiseartikel	43,2	12,2	0,2	30,8	28,2	0,5	71,3
Täschnerwaren, Kleinlederwaren, Etuis und Galanteriewaren	42,3	11,9	0,3	30,1	28,2	0,7	71,1
Lederwaren	42,6	12,0	0,3	30,3	28,2	0,7	71,1

a) Zusammengestellt nach Angaben von Sonderheft 7 der Mitteilungen des Instituts für Handelsforschung an der Universität zu Köln: Wege und Kosten der Distribution der Textil-, Schuh- und Lederwaren, a. a. O., S. 53/74.
b) Vertriebskosten der Produzenten ohne Gewinn, Handlungskosten u. Gewinn der Händler.

Tabelle 31

Verteilungsaufwand verschiedener Konsumwaren 1956[a)]

Artikelgruppen	Verteilungsaufwand[b)] (Handelskettenspanne) in % vom Konsumentenkaufpreis	davon entfallen in Prozenten vom Konsumentenkaufpreis auf		
		Erzeuger[c)]	Großhändler[d)]	Einzelhändler[e)]
Seifen, Wasch-, Putz- und Reinigungsmittel	56,1	21,7	7,2	27,2
Fußboden- und Schuhpflegemittel	58,8	26,5	5,2	27,1
Kerzen	52,7	13,5	3,6	35,6
Zündhölzer	46,8	21,0[f)]	9,6	16,2
Körperpflegemittel	64,8	25,3	3,5	36,0
Kämme und Zahnbürsten	59,4	11,5	10,7	37,2
darunter: a) Kämme	61,2	11,1	12,8	37,3
b) Zahnbürsten	55,9	12,2	6,6	37,1
Arzneimittel	65,7	19,2	8,5	38,0
Verbandstoffe und Pflaster	60,3	13,6	3,0	43,7
Augenoptik	74,1	8,1	3,0	63,0[g)]
Haushaltpapierwaren	55,2	10,7	9,4	35,1
Schreibwaren	58,9	15,4	5,5	38,0
darunter: a) Bleistife	62,8	17,9	6,6	38,3
b) Füllhalter und Kugelschreiber	60,8	16,4	4,3	40,1
c) Papieraustattungen	52,3	11,7	4,7	35,9
d) Wunsch- und Bilderpostkarten	62,2	12,5	9,9	39,8
e) Sonstige Schreibwaren	57,3	15,9	4,4	37,0
Photoapparate und -zubehör	50,4	14,2	0,4	35,8
Photofilme	54,4	15,4	2,3	36,7
Optische und feinmechanische Artikel	53,9	12,1	5,7	36,1
Spielwaren	48,5	8,7	3,5	36,3
Sportartikel	47,8	11,7	2,5	33,6
Schmuck- und Silberwaren	57,5	7,2	9,0	41,3
Uhren	57,1	9,3	9,7	38,1
darunter: a) Kleinuhren	57,4	8,8	10,1	38,5
b) Großuhren	56,7	10,3	9,1	37,3

Fußnoten am Schluß der Tabelle.

Tabelle 31 (Fortsetzung)

Verteilungsaufwand verschiedener Konsumwaren 1956[a)]

Artikelgruppen	Verteilungsaufwand[b)] (Handelskettenspanne) in % vom Konsumentenkaufpreis	davon entfallen in Prozenten vom Konsumentenkaufpreis auf		
		Erzeuger[c)]	Großhändler[d)]	Einzelhändler[e)]
Rundfunk- und Fernsehgeräte ..	48,1	9,6	5,8	32,7
Schallplatten	51,5	18,2	1,4	31,9
Musikinstrumente	54,1	13,0	8,0	33,1
Klaviere	36,7	14,0	0	22,7
Bücher	55,7	19,1	2,1	34,5
Noten	54,8	19,6	3,2	32,0
Zeitungen	55,1	36,9	2,5	15,7
Zeitschriften	52,8	33,2	6,2	13,4
Nähmaschinen	39,2	11,8	0,6	26,8
Kraftfahrzeuge	22,5[h)]	6,2	16,3[i)]	
Motorräder und -roller, Mopeds, Fahrräder	31,7	11,9	0,4	19,4
Brennstoffe[k)]	48,4	4,4	2,0	42,0[j)]
Möbel	40,1	10,8	1,3	28,0
darunter: a) Zimmer, Küche, Einzelmöbel	40.1	10,2	1,7	28,2
b) Anbau- und Kleinmöbel	40,3	10,5	0,8	29,0
c) Stühle und Tische ..	39,7	12,3	1,9	25,5
d) Polstermöbel	40,2	11,2	0,4	28,6

a) Auszugsweise entnommen: Sonderheft 11 der Mitteilungen des Instituts für Handelsforschung an der Universität zu Köln: Wege und Kosten der Distribution der Konsumwaren, Westdeutscher Verlag Köln, 1959, S. 74/75.

b) Vertriebskosten der Produzenten ohne Gewinn, Handlungskosten u. Gewinn der Händler (Handelskettenspanne).

c) Vertriebskosten der Erzeuger beim Absatz an Handlungen und im Direktabsatz.

d) Handelsspanne der Großierer, gewogen mit ihrem Anteil an den Distributionswegen.

e) Handelsspanne der Detailleure, gewogen mit ihrem Anteil an den Distributionswegen.

f) Vertriebskosten der Zündholzfabriken und Spanne (einschl. Gewinn) der Deutschen Zündwaren Monopolgesellschaft.

g) Einschl. der handwerklichen Leistung der Optiker.

h) Ohne vom Verbraucher gezahlte Transportkosten.

i) Nicht getrennt erfaßt.

j) Darin Transportkosten von 23,3 % des Endverbraucherpreises bzw. 48,2 % der Distributionskosten, die von den Detailleuren zu entrichten sind, enthalten. Der Anteil der Detailleure ohne Transportkosten beträgt 18,7 % des Konsumentenpreises bzw. 38,6 % der Distributionskosten.

k) Werte beziehen sich nur auf Nordrhein-Westfalen.

Tabelle 32

Verteilungsaufwand verschiedener Konsumgüter in England 1938[a)]

Ware bzw. Warengruppe	Verteilungs-gesamt-spanne in % des Verbrau-cherpreises	Anteil des Verteilungs-aufwandes in % des Verbraucherpreises		
		Her-steller bzw. Er-zeuger[b)]	Groß-händler bzw. Impor-teur[c)]	Einzel-händler[c)]
Unechter Schmuck	62,5	1	10,5	51
Patentierte Medikamente und Drogen	60	21	4	35
Zahnpflegemittel	59,5	20,5	4	35
Parfüm und Gesichtswasser	57,5	17	4	36,5
Uhren	57	1	15	41
Zahnbürsten	56,5	6	8,5	42
Toiletten- und Rasierseife	56	26	2	28
Kosmetika	55,5	18,5	4	33
Spielwaren	55	10	7	38
Radios	51	15	1	35
Magazine und Zeitschriften	50,5	13	10,5	27
Möbel	50	8	1	41
Kohle	49,5	18,5	1	30
Schokolade und Süßigkeiten	49,5	8,5	5	36
Herrenhüte und -mützen	49,5	2,5	11	36
Salz	49	19	2	28
Juwelen	48	2,5	1,5	44
Lederwaren	48	6	3	39
Kinderwagen	47,5	10,5	1	36
Fisch	47,5	16,5	3	28
Porzellan und Glas	47,5	6	5	37,5
Frischmilch	47,5	4	2,5	41
Teppiche	47,5	4	6	37,5
Korsettwaren	46	5	6	35
Pelze und Pelzbekleidung	46	9	3	34
Staubsauger	45,5	20,5	3	22
Frischobst und -gemüse	45,5	3	14	28,5
Linoleum	45,5	6,5	1	38
Fotobedarf	45	12	1	32

Fußnoten am Schluß der Tabelle

Tabelle 32 (Fortsetzung)

Verteilungsaufwand verschiedener Konsumgüter in England 1938[a])

Ware bzw. Warengruppe	Verteilungs-gesamt-spanne in % des Verbraucherpreises	Anteil des Verteilungsaufwandes in % des Verbraucherpreises		
		Hersteller bzw. Erzeuger[b)]	Großhändler bzw. Importeur[c)]	Einzelhändler[c)]
Damenoberbekleidung	44	5	3	36
Handschuhe	43	9	2	32
Sportartikel	43	7	2	34
Herrenstrümpfe	43	3	7	33
Damenunter- und -nachtwäsche	43	4	7	32
Haushalttextilien	43	3	6	34
Hemden und Schlafanzüge	43	4	3	36
Herrenoberbekleidung	42	6	2	34
Strümpfe und Socken	42	5	6	31
Gummischuhe	40,5	4	3	43,5
Zwieback	40,5	13	1,5	26
Bücher	40,5	13	2	25,5
Kakao	40	17	2	21
Margarine	37,5	12,5	3	22
Haushaltseife	37,5	17	1	19,5
Lederschuhe	36,5	4	4	28,5
Motorräder	33,5	8,5	2	23
Gelee und Marmelade	32	7	3	22
Kaffee	32	4	3	25
Fleisch	29,5	1	3	25,5
Autos	29	3	5	21
Büchsenmilch	28	5	6	17
Streichhölzer	27,5	4,5	3	20
Schinken und Speck	22,5	2	3	17,5
Käse	22	2,5	3,5	16
Brot	20,5	3,5	—	17
Butter	20,5	0,5	4	16
Tee	20,0	6	1	13
Eier	18,5	1	2,5	15
Zucker	14	4	0,5	9,5

a) Nach Angaben von *Jefferys*, J. B., auszugsweise übernommen: a. a. O., Karte III.
b) Vertriebskosten ohne Gewinnanteil.
c) Handelsspanne.

Tabelle 33

Verteilungsaufwand im englischen Konsumgütermarkt 1938[a)]

Branche bzw. Warengruppe	Verteilungs-gesamt-spanne in % des Verbraucherpreises	Anteil des Verteilungsaufwandes in % des Verbraucherpreises		
		Hersteller bzw. Erzeuger[b)]	Großhändler bzw. Importeur[c)]	Einzelhändler[c)]
Zeitungen und Magazine	58,5	22,5	6,5	29,5
Medikamente, Drogen und Kosmetika	53,0	15,0	5,0	33,0
Schreibbedarf, Federn und Tinte	52,0	6,0	6,0	40,0
Juwelen, Schmuck	51,5	2,5	8,0	41,0
Möbel	50,0	7,0	2,5	40,5
Kohle	49,5	18,0	1,5	30,0
Schokolade und Süßigkeiten	49,5	8,5	5,0	36,0
Porzellan und Kleineisenwaren	48,5	7,0	5,0	36,5
Elektroartikel	48,0	13,0	3,0	32,0
Fisch	47,5	3,0	16,0	28,5
Milch	47,5	3,5	3,0	41,0
Obst und Gemüse	46,0	3,5	13,5	29,0
Haushalteinrichtungen	45,0	4,0	6,0	35,0
Frauen- und Kinderkleidung	44,0	4,0	6,0	34,0
Männer- und Knabenkleidung	43,0	4.5	4,5	34,0
Schuhe	37,0	4,0	3,5	29,5
Autos, Fahr- und Motorräder und -bedarf	33,0	4,5	7,0	21,5
Kolonialwaren	31,0	8,0	3,0	20,0
Bier, Wein und Spirituosen	30,0	3,0	1,5	25,5
Fleisch	29,5	1,0	3,5	25,0
Wild, Geflügel und Kaninchen	27,0	1,0	3,0	23,0
Zigaretten und Tabak	25,0	5,0	2,0	18,0
Brot und Backwaren	23,0	3,0	—	20,0

a) Nach Angaben von *Jefferys*, J. B., auszugsweise übernommen: a. a. O., S. 67 f.
b) Vertriebskosten ohne Gewinnanteil.
c) Handelsspanne.

Tabelle 34

Durchschnittlicher Verteilungsaufwand im englischen Konsumgütermarkt nach Hauptbedarfsgruppen 1938 [a]

Bedarfsgruppe	Bedarf- in Mill. £	durchschnittliche Verteilungsgesamtspanne in % des Verbraucherpreises	Durchschnittlicher Anteil des Verteilungsaufwands in % des Verbraucherpreises		
			Hersteller bzw. Erzeuger	Großhändler bzw. Importeur	Einzelhändler
Nahrungsmittel und Getränke	1 386,0	32	3,5	4,0	24,5
Bekleidungsbedarf und Schuhe	429,0	42,5	4,0	5,0	33,5
Übrige Güter	767,0	42,0	9,0	4,0	29,0
Gesamter Konsumbedarf	2 582,0	35 — 39	5 — 6	4 — 5	26 — 28

a) Entnommen *Jefferys*, J. B., a. a. O., S. 69.

Tabelle 35

Entwicklung der Kosten im Einzelhandel unter Berücksichtigung von Preisänderungen 1938—1951 [a]

(1938 = 100)

Einzelhandelszweig	Geschätzter Preisunterschied	Gesamtkostenindex	
		preisbereinigt	nicht preisbereinigt
Lebensmittel	180	207	115
Tabakwaren	291	276	95
Drogerien	163	163	100
Papierwaren	210	183	87
Textilwaren aller Art	206	198	96
Schuhwaren	226	214	95
Porzellan und Glaswaren ..	203	180	89
Möbel	164	148	90

a) Errechnet nach Angaben von: Wirtschaft und Statistik, 5. Jg. NF. 1953, S. 687; sowie: Schriften zur Handelsforschung Nr. 1: Beschaffung, Lagerung, Absatz und Kosten des Einzelhandels in der Bundesrepublik Deutschland in den Jahren 1949, 1950 und 1951, a. a. O., S. 76 und 99 ff.

Tabelle 36

Entwicklung der Kostenarten in einigen Einzelhandelszweigen unter Berücksichtigung von Preisänderungen für 1949 [a]
(Vorkriegsjahre = 100)

Einzelhandelszweig	Vergleichsjahr	Personalkosten einschließlich Unternehmerlohn	Miete oder Mietwert	Steuern	sonstige Kosten [b]
Lebensmittel	1938	202	96	247	150
Drogerien	1936	164	78	267	160
Textilien	1936	135	87	274	183
Schuhe	1936	148	74	299	185
Möbel	1937	193	106	205	159
Glas, Porzellan, Keramik	1936	177	97	312	160
Arithmetisches Mittel		170	91	267	167

a) Entnommen: H. *Buddeberg*: Kostenanalyse des Einzelhandels, in: ZfB, 20. Jg. 1950, S. 633 f.
b) Alle übrigen Kosten außer Abschreibungen und Zinsen für Eigenkapital.

Tabelle 37

Entwicklung der Preise und Handelsspannen im Eisenhandel (Streckengeschäft)

Warengruppe	1939 a)			31. 12. 1952			Entwicklung d. Herstellerpreise (1939 = 100)	Entwicklung d. Großhandelspreise (1939 = 100)	Entwicklung d. absoluten Großhandelsspanne (1939 = 100)
	Herstellerpreis b)	Großhandelspreis b)	Großhandelsspanne c)	Herstellerpreis b)	Großhandelspreis b)	Großhandelsspanne c)			
Stabstahl (Th) d)	110,—	114,57	4	416,75	433,75	4	378	378	372
Stabstahl (SM) e)	115,40	119,97	4	434,75	452,75	4	376	378	394
Formstahl (TH)	107,50	111,95	4	404,75	421,25	4	376	376	371
Formstahl (SM)	112,90	116,35	3	422,75	439,75	4	376	378	493
Breitflanschträger (TH) .	104,50	108,95	4	401,75	418,25	4	384	384	371
Breitflanschträger (SM) .	109,90	113,35	3	419,75	436,75	4	382	386	493
Breitflanschstahl (TH) ..	115,60	120,40	4	469,90	489,—	4	406	406	398
Breitflanschstahl (SM) ..	121,—	125,80	4	494,80	515,—	4	408	408	421
Grobbleche (TH)	127,30	132,58	4	469,90	489,—	4	369	369	361
Grobbleche (SM)	132,70	137,98	4	494,80	515,—	4	373	373	382

Zusammengestellt und errechnet nach offiziellen Preislisten der Eisen- und Stahlindustrie und des Eisengroßhandels.
a) Die Preise von 1945 bis 31. 3. 1948 lagen nur um etwa 5 % über denjenigen des Jahres 1939.
b) RM bzw. DM/1000 kg.
c) In % des Verkaufspreises.
d) Thomasgüte.
e) Siemens-Martin-Güte.

Tabelle 38

Entwicklung der Preise und Handelsspannen auf dem Konsumgütermarkt des Landes Nordrhein-Westfalen 1936—1950 [a]

(1936 = 100)

Warenart	Entwicklung der Preise			Entwicklung der absoluten Handelsspannen	
	Hersteller	Großhandel	Einzelhandel	Großhandel	Einzelhandel
Eimer, verzinkt 30 cm	365	383	278	583	187
Waschkessel 38 cm	307	308	308	314	306
Waschkessel 42 cm	233	228	223	200	212
Wassereimer 30 cm	233	335	359	150	415
Eimer 28 cm	285	284	260	273	210
Wanne 70 cm	306	306	305	305	303
Mülleimer 30 cm	259	259	259	257	255
Gießkanne verzinkt	258	258	256	257	252
Aluminium-Kochtopf 24 cm	150	152	142	167	124
Besteck 24teilig	137	136	143	134	140
Aluminium-Eßlöffel	233	213	212	111	208
Guß-Tafelmesser	191	187	181	150	172
Gemüsemesser	430	428	378	409	274
Fleischhackmaschine	209	205	173	167	110
Kohlenherd, emaill. 56 × 80	173	174	174	167	174
Kohlenherd, emaill. mit Kohlenwagen	188	188	188	188	188
Zimmerofen, emaill. Sturzzug	168	168	168	167	168
Gasherd, 3flamm. m. Backofen	190	190	190	190	190
Damenrad	175	171	176	150	200
Staubsauger	144	132	126	98	114
Tauchsieder 1000 W	112	117	140	140	210
Bügeleisen	307	277	260	187	233
Heizkissen	167	150	137	97	119
Heizofen 1000 W	100	107	176	200	200
Kugelleuchter 30 cm	125	125	125	125	125
Tischlampe	157	157	167	157	153
Nachttischlampe	123	133	147	185	180
Kronleuchter, 4flamm.	123	128	150	147	199
Glühlampe, 40 W	113	114	124	126	153
Radio (Großsuper)	143	149	160	171	187
Radio (2-Kreis.)	168	174	200	196	296
Radioröhren REN 904	195	189	170	160	133
Preßglasteller 14 cm	131	131	136	132	148
Hohlglas-Becher 3/20 l	244	217	200	133	175
Kaffeekanne 1,9 l	161	159	174	150	204
Eßservice 84teilig	195	195	197	194	198
Kaffeeservice, Steingut 15teilig	157	155	156	149	158

Fußnote am Schluß der Tabelle

Tabelle 38 (Fortsetzung)

Entwicklung der Preise und Handelsspannen auf dem Konsumgütermarkt des Landes Nordrhein-Westfalen 1936—1950 a)

(1936 — 100)

Warenart	Entwicklung der Preise			Entwicklung der absoluten Handelsspannen	
	Hersteller	Großhandel	Einzelhandel	Großhandel	Einzelhandel
Roßhaar-Besen	167	173	173	211	173
Hartgummi-Kamm	149	151	154	167	159
Normalheft	217	203	200	163	195
Schreibheft	231	217	200	173	175
Schreibpapier	177	169	167	148	163
Tapeten	151	155	154	161	152
Damenstrümpfe (Kunstseide)	144	139	133	115	120
Bohnerwachs	190	187	187	170	190
Herrenarmbanduhr	209	196	187	157	168
Junghans-Wecker	198	186	174	148	159
Rindfleisch (Suppenfleisch) b)	155	162	188	250	400
Schweinefleisch (Schinkenbrst.) b)	208	210	222	250	285
Speck fett, geräuch. b)	172	183	200	363	333
Schmalz b)	136	140	145	266	183
Plockwurst b)	173	183	193	416	250
Schellfisch b)	150	154	161	175	190
Seefisch (frisch) c)	115	95	103	55	130
Flußaal b)	156	155	168	150	233
Butter b)	163	163	162	175	148
Margarine b)	123	124	124	133	127
Speiseöl d)	192	191	189	129	175
Käse (Holländer 45 %) b)	186	190	185	213	166
Eier (deutsch) c)	188	178	180	100	120
Eier (holl.) c)	168	161	158	100	133
Vierfrucht-Marmelade b)	215	207	220	150	277
Bohnenkaffee (mittl. Qual.) c)	652	609	574	400	420
Tabak (mittl. Qual.) c)	394	378	350	225	200
Spirituosen b)	176	197	202	314	216
Boskoop-Äpfel b)	222	225	260	250	400
Kochäpfel c)	168	168	173	166	200
Wirsing b)	454	437	470	333	571
Weißkohl b)	681	607	675	333	888
Spinat b)	250	254	266	300	300
Blumenkohl b)	500	522	517	750	500
Zwiebeln c)	450	386	375	133	340
Kartoffeln b)	135	136	138	142	150

a) Zusammengestellt und errechnet nach Angaben des Wirtschaftsministeriums des Landes Nordrhein-Westfalen, nicht veröffentlicht. b) Bezirk Köln. c) Bezirk Düsseldorf. d) Bezirk Münster.

Tabelle 39

Entwicklung von Handelsspanne und Gewinn im deutschen Einzelhandel 1950—1960 a)

Jahr	Umsatz		⌀ Handelsspanne		⌀ steuerlicher Gewinn		
	Mrd. DM	(1950 = 100)	in % vom Umsatz	(1950 = 100)	in % vom Umsatz	(1950 = 100)	Steigerung b) absolut (1950 = 100)
1950	32,4	100	20,7	100	5,4	100	100
1951	.	.	21,1	102	5,7	106	.
1952	.	.	21,7	105	4,9	91	.
1953	.	.	22,7	110	5,1	94	.
1954	48,8	151	23,2	112	4,8	89	134
1955	54,2	167	24,0	116	5,7	106	177
1956	61.0	188	24,3	117	6,0	111	209
1957	67,2	204	24,8	120	6,2	115	235
1958	71,3	220	25,2	122	6,3	117	258
1959	79,6	246	26,0	126	6,8	126	310
1960	86,1	266	26,4	128	7,3	135	359

a) Zusammengestellt und errechnet nach Angaben der Arbeitsberichte der Hauptgemeinschaft des deutschen Einzelhandels für 1959, S. 25 und für 1961, S. 28. Die Entwicklung von Spannen und Gewinn der einzelnen Branchen ist z. B. dargestellt in Nr. 22 der Schriften zur Handelsforschung: Umsatz, Kosten, Spannen und Gewinn des Einzelhandels in der Bundesrepublik Deutschland in dem Jahrzehnt 1949 bis 1958. Köln und Opladen 1962, S. 74 ff.

b) Unter Berücksichtigung der Umsatzsteigerung.

Literaturverzeichnis

1. Bücher

Bader, I. A. und *Zeidler*, F.: Vertriebshandbuch der industriellen Betriebe, Berlin 1931.

Buddeberg, H.: Über die Vergleichbarkeit der Handelsbetriebe, Schriften zur Handelsforschung. Neue Folge der Schriftenreihe des Instituts für Handelsforschung an der Universität zu Köln, Nr. 5; hrsg. von R. Seyffert, Köln und Opladen 1955.

Fischer, J., *Heß*, O. und *Seebauer*, G.: Buchführung und Kostenrechnung, 2. Aufl., Leipzig 1940.

Gross, H.: Die Preisbindung des Handels, Düsseldorf 1957.

— Der Handel geht neue Wege, Düsseldorf 1957.

Gutenberg, E.: Grundlagen der Betriebswirtschaftslehre, Erster Band: Die Produktion, 1. Aufl., Berlin-Göttingen-Heidelberg 1951 und 2. Aufl. 1955.

— Grundlagen der Betriebswirtschaftslehre, Zweiter Band: Der Absatz, Berlin-Göttingen-Heidelberg 1955 und 3. Aufl. 1959.

Hax, H.: Vertikale Preisbindung in der Markenartikelindustrie, Bd. 10 der Beiträge zur betriebswirtschaftlichen Forschung, Köln und Opladen 1961.

Heckert, J. B. und *Miner*, R. B.: Distribution Costs, 2. Aufl., New York 1953.

Hirsch, H.: Der moderne Handel, seine Organisation und Formen und die staatliche Binnenhandelspolitik, 2. Aufl., Tübingen 1925.

Hirsch, J. und *Brandt*, K.: Die Handelsspanne, Nr. 1 der Schriftenreihe der Forschungsstelle für den Handel, Berlin 1931.

Hobart, D. M. und *Wood*, J. P.: Verkaufsdynamik, deutsche Ausgabe von Carl Hundhausen, Essen 1955.

Hundhausen, C.: Wesen und Formen der Werbung, Essen 1954.

— Werben oder beherrschen, Essen 1950.

Jefferys, J. B.: The Distribution of Consumer Goods — A factual study of methods and costs in the United Kingdom in 1938, Cambridge 1950.

Koch, W.: Grundlagen und Technik des Vertriebs, Berlin 1950.

Kosiol, E.: Kalkulation und Kostengestaltung im Warenhandel unter besonderer Berücksichtigung der deutschen Handels-Enquete, II. Bd.: Gestaltung der Kalkulation und Kosten im Warenhandel, Stuttgart 1932.

— Kalkulatorische Buchhaltung, Wiesbaden 1950.

— Warenkalkulation in Handel und Industrie, 2. Aufl., Stuttgart 1953.

Kropff, H. F. I.: Die Werbemittel und ihre psychologische, künstlerische und technische Gestaltung, Essen 1953.

Lehmann, M. R.: Industriekalkulation, 4. Aufl., Stuttgart 1951.

— Grundfragen und Sachgebiete der industriellen Betriebsstatistik, Essen 1953.

— Gerechtigkeit im Wirtschaftsleben, Nürnberg 1955.

— Allgemeine Betriebswirtschaftslehre, 3. Aufl., Wiesbaden 1956.

Lüer, C. und *Henzler*, R.: Die Erfolgsrechnung der Handels- und Verkehrsbetriebe, Frankfurt am Main 1936.

Mataja, V.: Die Reklame, 4. Aufl., München und Berlin 1926.

Mellerowicz, K.: Kosten und Kostenrechnung, Bd. I, Berlin 1951.
— Die Handelsspanne bei freien, gebundenen und empfohlenen Preisen, Freiburg im Breisgau 1961.
— Markenartikel — Die ökonomischen Gesetze ihrer Preisbildung und Preisbindung, München und Berlin 1955.
Meyer, G.: Die Auftragsgrößen in Produktions- und Absatzwirtschaft, Heft Nr. 6 der Beiträge zur Handels- und Absatzforschung, hrsg. von Schäfer, E., Leipzig 1941.
Michligk, P.: Elementare Werbekunde, Essen 1958.
Nieschlag, R.: Die Dynamik der Betriebsformen im Handel, Nr. 7 der Schriftenreihe des Rheinisch-Westfälischen Instituts für Wirtschaftsforschung, Essen, Neue Folge, Essen 1954.
— Strukturwandlungen im Großhandel, Deutscher Industrie- und Handelstag, Schriftenreihe Nr. 42, ohne Ort und Jahr.
Oberparleiter, K.: Funktionen- und Risikenlehre des Warenhandels, Berlin-Wien 1930 u. 2. Aufl., Wien 1955.
Paulsen, A.: Der volkswirtschaftlich gerechtfertigte Preis, Leipzig 1938.
Pollock, F.: Automation, Bd. 5 der Frankfurter Beiträge zur Soziologie, Frankfurt 1956.
Preiser, E.: Gestalt und Gestaltung der Wirtschaft, Tübingen 1934.
Riebel, P.: Die Elastizität des Betriebs. — Eine produktions- und marktwirtschaftliche Untersuchung, Beiträge zur betriebswirtschaftlichen Forschung, Bd. 1, Köln und Opladen 1954.
Ruberg, C.: Die kurzfristige Erfolgskontrolle im Einzelhandelsbetrieb, Schriften zur Einzelhandelsforschung, hrsg. von R. Seyffert, Stuttgart 1931.
— Der Einzelhandelsbetrieb, Essen 1951.
Schäfer, E.: Beschäftigung und Beschäftigungsmessung in Unternehmung und Betrieb, Nürnberg 1931.
— Die Aufgabe der Absatzwirtschaft, Köln und Opladen 1950.
— Grundlagen der Marktforschung, Köln und Opladen 1953.
— Die Unternehmung, Köln und Opladen 1956.
Schär, J. F.: Allgemeine Handelsbetriebslehre, I. Bd. 5. Aufl., Leipzig 1923.
Schmalenbach, E.: Der freien Wirtschaft zum Gedächtnis, Köln und Opladen 1949.
Schnutenhaus, O. R.: Die Absatztechnik der amerikanischen industriellen Unternehmungen, Berlin 1927.
Seyffert, R.: Handbuch des Einzelhandels, Stuttgart 1932.
— Wirtschaftslehre des Handels, Köln und Opladen 1951.
— Die Problematik der Distribution, Heft 16 der Arbeitsgemeinschaft des Landes Nordrhein-Westfalen, Köln und Opladen 1951.
— Wirtschaftliche Werbelehre, 4. Aufl., Wiesbaden 1952.
Sölter, A.: Das Rabattkartell, Düsseldorf 1956.
Sombart, W.: Die drei Nationalökonomien, München und Leipzig 1930.
Spann, O.: Tote und lebendige Wissenschaft, 4. Aufl., Jena 1935.
Sundhoff, E.: Die Handelsspanne, Schriftenreihe zur Handelsforschung. Neue Folge der Schriftenreihe des Instituts für Handelsforschung an der Universität zu Köln, hrsg. von R. Seyffert, Köln und Opladen 1953.
Tiburtius, J.: Lage und Leistungen des deutschen Handels in ihrer Bedeutung für die Gegenwart, Berlin-München 1949.
Tiburtius, J. und *Schmidt*, P.: Die Kosten des deutschen Einzelhandels von 1930 bis 1935, Stuttgart 1937.
Tiburtius, J., *Ziegler*, F. und *Zippel*, W.: Fragen der Aufwandsrechnung im Handel, mit Beiträgen von Tiburtius, J.: Die Aufwandrechnung im Groß-

handel, ihr Stand und die Ziele weiterer Entwicklung. Ziegler, F.: Kostenstellenrechnung im Groß- u. Außenhandel. Zippel, W.: Kostenstellenrechnung in Großbetrieben des Einzelhandels. Als Manuskript vervielfältigt vom Reichsausschuß für Wirtschaftlichkeit im Handel, Forschungsstelle für den Handel beim RKW., ohne Ort und Jahr.

Töndury, H.: Kostenrechnung im Einzelhandel, Zürich 1931.

2. Dissertationen

Baus, W.: Die industriellen Vertriebskosten im Massenherstellungsbetrieb, Genf 1943.

Bise, W.: Rabatt und Skonto als Mittel der Marktpolitik der Unternehmung, Mannheim 1951.

Buchholz, F.: Was ist ein gerechter Preis?, Berlin 1937.

Braun, R.: Die Meßbarkeit der Handelsfunktionen, Köln 1953.

Buddeberg, H.: Die Handelskosten der Großhandlungen, Köln 1948.

Frank, A.: Handelskosten und Handelsspannen, Heidelberg 1938.

Galambos, P.: Der gerechte Preis, Wien 1937.

Gottschalk, J.: Die Problematik des zwischenbetrieblichen Kostenvergleichs im Einzelhandel, Königsberg 1939.

Knoblauch, H.: Grundlagen und Verfahren der Kostenstellenrechnung, Nürnberg 1943.

Meyer, G.: Die Beschäftigungsabhängigkeit der Kosten im Großhandel und ihre Bedeutung für die Preiskalkulation, Köln 1952.

Roethlein, H.: Betriebsgröße und Kostengestaltung im Einzelhandel mit Eisenwaren, Haus- und Küchengeräten, Nürnberg 1949.

Rügner, W.: Abteilungsrechnung im Einzelhandelsgroßbetrieb, Mannheim 1954.

Schmidt, S.: Der Einfluß der Betriebsgröße auf die Gesamtkostengestaltung im deutschen Großhandel, Nürnberg 1952.

Sundhoff, E.: Die Funktionen der Großhandlung, Köln 1944.

Steppuhn, A.: Betriebskosten und Handelsspannen im Einzelhandel, Köln 1948.

3. Aufsätze und Beiträge

Auler, W.: Die Plankostenrechnung in den Bereichen der Beschaffung und des Absatzes der industriellen Unternehmung, in: Betriebswirtschaftliche Forschung und Praxis, 3. Jg. 1951, S. 411/423.

Bader, I. A.: Quer durch den Vertrieb, in: Technik und Wirtschaft, 22. Jg. 1929, S. 1/4.

Bankmann, J.: Betriebsgröße und Kostenverlauf im Einzelhandel, in: ZfB., 22. Jg. 1952, S. 525/529.

Barth, H.: Die Großhandels-Spanne ist geschrumpft, in: Beilage zum Handelsblatt „Der deutsche Handel" Nr. 10, Oktober 1960.

Basson, C.: Die vertikale Preisbindung im ausländischen Recht, in: Sonderbeilage zum Industriekurier „Preisbindung", April 1962, S. 22.

Behrens, K. C.: Senkung der Handelsspannen, in: ZfhF., NF. 1. Jg. 1949, S. 361/428.

— Standardisierung und Sortenbeschränkung, in: ZfB., 20. Jg. 1950, S. 582 bis 588.

— Die Senkung der Kosten im Handel, in: Betriebswirtschaftliche Forschung und Praxis, 3. Jg. 1951, S. 163/175.

Behrens, K. C.: Die Problematik der optimalen Betriebsgröße im Einzelhandel, in: ZfB., 22. Jg. 1952, S. 205/214.

— Betriebsabrechnung und Kalkulation im Außenhandel, in: ZfhF., NF. 5 Jg. 1953, S. 35/42.

Beste, Th.: Kritik des Monopolpreises und der volkswirtschaftlich richtige Kartellpreis der gelenkten Wirtschaft, in: Der gerechte Preis, Schriften der Akademie für Deutsches Recht, Nr. 1, Berlin 1940, S. 71 ff.

Bonenkamp, W.: Kühlschrankaktion war nicht fair, in: Handelsblatt vom 19./20. Juli 1957, S. 2.

Borgers, B.: Problematische Preisbindung beim Großhandel, in: Sonderbeilage zum Industriekurier „Preisbindung", April 1962, S. 6.

Brand, E.: Die Proportionalität der Verkaufsunkosten, in: ZfB., 1934, S. 492 ff.

Brinkmann, C.: Geschichtliche Wandlungen in der Idee des gerechten Preises, in: Der gerechte Preis, Schriften der Akademie für Deutsches Recht, Nr. 1, Berlin 1940, S. 227 ff.

Brune, I.: Am Sortiment scheiden sich die Geister, in: Industriekurier vom 17. März 1956, S. 12.

Buddeberg, H.: Die Kosten als Leistungsmaßstab des Handels, in: ZfB., 20. Jg. 1950, S. 300/304.

— Kostenanalyse des Einzelhandels, in: ZfB., 20. Jg. 1950, S. 630/636.

— Ausbaumöglichkeiten des Betriebsvergleiches im Hinblick auf die Rationalisierung der Handelsbetriebe, in: Rationelle Absatzwirtschaft — heute und morgen, Berlin 1955, S. 43/54.

— Internationaler Vergleich von Struktur und Leistungen des Handels, in: Mitteilungen des Instituts für Handelsforschung an der Universität zu Köln, Nr. 24/1955, S. 401/405.

— Starkes Leistungsgefälle im Vertrieb, in: Beilage zum Handelsblatt vom 22. Oktober 1956, S. 1.

Deist, H.: Dramatische Kämpfe um die Preisbindung, in: Handelsblatt vom 5./6. Januar 1962, S. 11.

Diederichs, E. H.: Dynamische Großhandelskonzeption, in: Handelsblatt vom 21. Januar 1957, Beilage: Der deutsche Handel.

Disch, W. K. A.: Die Macht der freiwilligen Ketten, in: Die Welt vom 18. März 1961, Beilage „Die geistige Welt", S. 8.

Dohrendorf, H.: Viele Wege führen zur Kostensenkung, in: Beilage zum Handelsblatt vom 19. August 1957, S. 1.

Dörinkel, W.: Die dramatisierte Preisbindung, in: Handelsblatt vom 9./10. März 1962, S. 13.

Effer, F.: Einzelhandel heute und morgen, in: Industriekurier vom 4. Juni 1957, S. 1 und 3.

Eick, J.: Kann man Absatzwege vorschreiben?, In: FAZ. vom 6. Dezember 1956, S. 9.

— Nochmals Beziehungskäufe, in: FAZ. vom 5. Februar 1957, S. 7.

— Shopping Centers auch bei uns? In: FAZ. vom 27. Juli 1957, S. 7.

— Markenartikel ohne Preisbindung? In: FAZ. vom 29. September 1962, S. 5.

Fratz, E.: Die Kosten im Vertrieb, in: Ifo-Studien, 2. Jg. 1956, S. 81/104.

Frerichs, G. D.: Hohe Absatzkosten verbilligen die Ware, in: Industriekurier vom 19. Mai 1956, S. 5.

Funke, H. und *Wosnitza:* Skonto und Diskont in der Kostenrechnung, in: Betriebswirtschaftliche Forschung und Praxis, 1951, S. 424 ff.

Gentzsch, R.: Der mittelständische Handel würde dezimiert, in: Sonderbeilage zum Industriekurier „Preisbindung", April 1962, S. 5.

Giesen, E.: Vorschlag einer Vertriebsabrechnung und Vertriebserfolgsrechnung in der Seidenstoffweberei, in: ZfhF., 34. Jg. 1940, S. 193/219.

Gleiss, A.: Beziehungskauf ein neuer Absatzweg? In: FAZ. vom 28. Dezember 1956, S. 7 f.

Gross, H.: Das Elektronengehirn im Versandgeschäft, in: Handelsblatt vom 30. März 1956.

— Ende der Preisbindung letzter Hand? In: Handelsblatt vom 24. August 1956, S. 2.

— Neue Märkte — neuer Vertrieb, in: Handelsblatt vom 21. September 1956, S. 5/6.

— Entmassung durch Technik, in: Handelsblatt vom 3. Oktober 1956, S. 2.

— Shopping Center als gemeinsamer Markt, in: Handelsblatt vom 8. März 1957, S. 23.

— Von der Bruttospanne zu rationeller Kostenberechnung, in: Der Betrieb, 10. Jg. 1957, S. 661/662.

— Die Dynamik neuer Erzeugnisse, in: Handelsblatt vom 31. Mai/1. Juni 1957, S. 13.

— Freiwillige Ketten im Einzelhandel, in: Handelsblatt vom 20./21. September 1957, S. 3.

— Das Geheimnis der Handelsspannen, in: Handelsblatt vom 11./12. Oktober 1957, S. 5.

— Verschmelzung der Absatzstufen, in: Handelsblatt vom 20./21. Dezember 1957, S. 13.

— Nebenquellen des Handelsgewinns, in: Handelsblatt vom 6. Juli 1960, S. 2.

— Von der Konzentration zur Kooperation, in: Handelsblatt vom 25./26. November 1960, S. 13.

— Neue Grundlagen des Disponierens, in: Handelsblatt vom 21./22. April 1961, S. 15.

— Der Kunde will Bequemlichkeit, in: Handelsblatt vom 9./10. Februar 1962, S. 13.

— Dienstleistungen im Handelssortiment, in: Handelsblatt vom 14. Juni 1962.

v. Grote, O., *v. Katzler*, C.: Antworten an Dr. Heinrich Deist, in: Handelsblatt vom 2./3. Februar 1962, S. 13.

Grote, O.: Spirituosenmarkt ist besser als sein Ruf, in: Sonderbeilage zum Industriekurier „Preisbindung", April 1962, S. 15.

Gutenberg, E.: Zum Methodenstreit, in: ZfhF., NF. 5. Jg. 1953, S. 327/355.

Guth, W.: Zeit- und Kostenstudien im Vertrieb, in: Technik und Wirtschaft, 24. Jg. 1931, S. 233/234.

Guth, E.: Das Problem der Vertriebskosten, in: Der Betrieb, 7. Jg. 1954, S. 237/239.

Hax, K.: Rationalisierung der Warenverteilung, in: ZfhF., NF. 4. Jg. 1952, S. 379 ff.

Henksmeier, K. H.: Ausschaltungstendenzen im Handel, in: ZfB., 20. Jg. 1950, S. 177 ff.

Henzel, F.: Das Kapazitätsproblem im Großhandel, in: ZfB., 22. Jg. 1952, S. 34/40 und 104/109.

— Das Kapazitätsproblem im Einzelhandel, in: ZfB., 22. Jg. 1952, S. 215/224.

Henzler, R.: Zur Kritik an der Handelsspanne, in: ZfB., 20. Jg. 1950, S. 133 bis 141.

— Diskussion über die Handelsspanne, in: ZfB., 20. Jg. 1950, S. 761/762.

Herches, H.: Vertriebsrechnung, in: ZfB., 8. Jg. 1931, S. 687/694.

Hessenmüller, B.: Diskussion über die Handelsspanne, in: ZfB., 20. Jg. 1950, S. 761/762.

Hessenmüller, B.: Kostenträger-Rechnung im industriellen Vertrieb. Zur Problematik der Vertriebskosten, in: VDI, Zeitschrift des Vereins Deutscher Ingenieure, Bd. 96, 1954, S. 352/354.

— Industrielle Vertriebskosten, Vortrag, gehalten auf der Tagung der Absatzwirtschaftlichen Gesellschaft e. V. in Nürnberg am 26. 6. 1954, veröffentlicht in: Die Absatzwirtschaft vom 6. 8. 1954.

— Absatzwirtschaftlicher Vergleich industrieller Vertriebskosten, in: Rationalisierung, 6. Jg. 1955, S. 80/83.

— Die Wirtschaftlichkeit des industriellen Vertriebs, in: Der Betrieb, 8. Jg. 1955, S. 125/127.

— Kalkulation industrieller Vertriebskosten, in: Rationalisierung, 7. Jg. 1956, S. 109/112.

— Zwei Grundfragen der Beobachtung industrieller Vertriebskosten, in: KRP. Nr. 3 vom September 1957, S. 107/112.

Hirsch, J.: Richtzahlen für den Wäscheeinzelhandel für das Jahr 1927, in: Zeitschrift für Handelswissenschaft und Handelspraxis, 22. Jg. 1929, S. 137 bis 152 und 165/174.

— Die Vertriebskosten der Industrie, in: FfH-Mitteilungen, 2. Jg. 1932, Nr. 11 und 12.

von Holt, W.: So kann die Preisbindung nicht abgetan werden, in: Handelsblatt vom 26./27. Oktober 1962, S. 24.

Hoppmann, E.: Preisbildung, Kosten und Handelsspanne im Einzelhandel, in: ZfhF., NF. 4. Jg. 1952, S. 340/372.

— Zum Problem der statistischen Bestimmung der optimalen Betriebsgröße im Einzelhandel, in: ZfhF., NF. 9. Jg. 1957, S. 169/197.

Hundhausen, C.: Die Vertriebskosten als Problem der Industrie, in: ZfhF., NF. 5. Jg. 1953, S. 509/533.

— Wie können Vertriebskosten und Endpreise gesenkt werden? Vortragsreihe des Deutschen Industrieinstituts, Nr. 37 vom 14. September 1953.

Hussel, R.: Markenschokoladen doch zu teuer! In: Industriekurier vom 2. Dezember 1961, S. 6.

v. Katzler, C.: Typisierung — kein Schlagwort, in: Handelsblatt vom 24. Oktober 1956, S. 2.

Klein, F.: Die Vertriebskosten der Hausratindustrie, in: Der Betrieb, 8. Jg. 1955, S. 633/634.

— Distributionskosten und Absatzwege zwischen verschiedenen Konsumwarengruppen, in: Der Betrieb, 9. Jg. 1956, S. 1091.

— Spannen und Gewinn in den Einzelhandelsbranchen, in: Industriekurier vom 1. Dezember 1960, S. 5.

— Distributionswege und Distributionskosten der Erzeugnisse der Ernährungsindustrie, in: Mitteilungen des Instituts für Handelsforschung an der Universität zu Köln, Heft Nr. 102/1962, S. 1141/1143.

Kleine, E.: Einzelhandel setzte über 56 Mrd. DM um, in: Beilage zum Handelsblatt vom 17. Dezember 1956.

Koberstein, G.: Die rechnerische Erfassung der Vertriebskosten, in: Der praktische Betriebswirt, 21. Jg. 1941, S. 24/28.

Kosiol, E.: Der Einfluß der Betriebsgröße auf die Kostengestaltung im deutschen Einzelhandel, in: ZfhF., 24. Jg. 1930, S. 124/146.

— Die Beziehungen zwischen Kostengestaltung und Betriebsgröße im Warenhandel, in: Die Betriebswirtschaft, 23. Jg. 1930, S. 331/336.

Krippendorff, H.: Zur Frage der Handelsspanne, in: Rationalisierung, 1. Jg. 1950, S. 216.

Krüger, O.: Hintergründe der Preisbindungsdebatte, in: Handelsblatt vom 16./17. Februar 1962, S. 13.

Küspert, E.: Materialien zur Frage des Mengenrabattes, in: Die deutsche Fertigware 1936, Heft 4/5, Teil B, S. 52 ff.

— Die kalkulatorische Behandlung der industriellen Vertriebskosten, in: RKW-Nachrichten, 12. Jg. 1938, S. 67/69.

— Über die Auftragsgrößen und ihre marktwirtschaftliche Bedeutung, in: Marktwirtschaft und Wirtschaftswissenschaft, Berlin 1939.

Lehmann, M. R.: Der Leistungsgedanke in der Marktordnung, in: ZfhF., 33. Jg. 1939, S. 61.

Leihner, E.: Dreiviertel Milliarden DM Produktivitätsreserven im Einzelhandel, in: Der Volkswirt, Beilage zu Nr. 42 vom 16. Oktober 1954, Deutsche Wirtschaft im Querschnitt, 28. Folge, Einzelhandel, S. 15/17.

— Gibt es Preisreserven im Handel? In: Industriekurier vom 31. Dezember 1955.

Lutz, H.: Sind überhöhte Handelsspannen unantastbar? In: FAZ. vom 9. Februar 1961, S. 11.

— Weshalb Preisbindung für Markenartikel? In: Sonderbeilage zum Industriekurier „Preisbindung“, April 1962, S. 1.

— Die Irrtümer des Herrn Dr. Caspari, in: Industriekurier vom 16. Dezember 1962, S. 2.

Mahler, E. H.: Sortimentsgestaltung im Detailhandel als Produktivitätsfaktor, in: Mitteilungen des Instituts für Handelsforschung an der Universität zu Köln, Nr. 18 vom 15. Juni 1954, S. 314 ff.

Marenk, O.: Umstrittene Schokoladenpreisbindung, in: Sonderbeilage zum Industriekurier „Preisbindung“, April 1962, S. 16.

Martin, O.: Auftrags- und Kundengröße, ein Wirtschaftlichkeitsproblem des Großhandels, in: Rationelle Absatzwirtschaft — heute und morgen, Berlin 1955, S. 55/58.

Mellerowicz, K.: Soll der graue Markt verschwinden? In: Sonderbeilage zum Industriekurier „Preisbindung“, April 1962, S. 12.

Mermey, M.: Vertikale Preisbindung und Markenartikel, in: Sonderbeilage zum Industriekurier „Preisbindung“, April 1962, S. 7.

Meyer, G.: Der funktionsgemäße Preis als Instrument einer Ökonomisierung der Distribution, in: ZfhF., NF. 9. Jg. 1957, S. 248/270.

Munz, H.: Senkung der Handelsspanne durch bessere Organisation der Warenverteilung, in: ZfhF., NF. 5. Jg. 1953, S. 553/563.

Oberparleiter, K.: Funktionale Kostenzurechnung im Handel, in: Der Österreichische Betriebswirt, 2. Jg. 1952, S. 68 ff.

Oppe, H. K.: Der Beziehungskauf im Einzelhandel, in: FAZ. vom 19. Januar 1957, S. 7.

Pentzlin, K.: Wer kann die Preise senken? In: FAZ. vom 2. Januar 1956, S. 7.

— Die Preisbildung der Industrie, in: FAZ. vom 19. Januar 1956, S. 7.

Poenseler, K.-E.: Produktivität im Einzelhandel, in: Sonderbeilage zum Industriekurier „Preisbindung“, April 1962, S. 26.

Priess, F.: Die Vertriebskosten als Problem des Handels, in: ZfhF., NF. 5. Jg. 1953, S. 534/552.

— Sortimentsgestaltung im Einzelhandel, in: Der Volkswirt, Beilage zu Nr. 42 vom 16. Oktober 1954, Deutsche Wirtschaft im Querschnitt, 28. Folge, Einzelhandel, S. 31/33.

Reinke, H.: Der graue Markt wird weißer! In: Bild am Sonntag vom 30. April 1961, S. 4.

Roidl, W.: Das Preisbewußtsein entscheidet, in: Handelsblatt vom 19. April 1961, S. 2.

Röper, B.: Vertikale Preisbindung und Konzentration, in: Sonderbeilage zum Industriekurier „Preisbindung", April 1962, S. 9.

Rosenthal, Ph. jun.: Typenbeschränkung heißt nicht Vermassung, in: Industriekurier vom 31. Dezember 1956, S. 10.

Ruberg, C.: Starre oder elastische Kalkulation im Handelsbetrieb, in: ZfhF., 31. Jg. 1937, S. 313/330.

— Kostenprinzip und Wertprinzip bei der Kalkulation im Einzelhandel, in: ZfhF., NF. 1. Jg. 1949, S. 193/206.

Schäfer, E.: Losgröße und Kostengestaltung, in: ZfB., 8. Jg. 1931, S. 823/832.

— Das Absatzwesen und die Problematik seiner Wirtschaftlichkeit, in: Die Wirtschaftsprüfung, 1. Jg. 1948, S. 68/76.

— Fragwürdiges Urteil über die Spanne, in: Wirtschafts-Zeitung vom 1. Juni 1949.

— Stufen der Rationalisierung im Bereich der Absatzwirtschaft, in: ZfhF., NF. 2. Jg. 1950, S. 1/11.

— Über die künftige Gestalt der Absatzlehre, in: Bergler und Schäfer: Um die Zukunft der deutschen Absatzwirtschaft, Berlin 1936, Bd. 1 der Schriftenreihe „Absatzwirtschaft" des Verbandes deutscher Diplom-Kaufleute.

— Wandlungen im Binnenabsatz und in der Exportorganisation, in: Gestaltwandel der Unternehmung. Nürnberger Abhandlungen zu den Wirtschafts- u. Sozialwissenschaften, Heft 4, Berlin 1954.

— Wandlungen in der absatzwirtschaftlichen Organisation des Fertigwarenexports, in: Bd. 10 der Schriften des Vereins für Sozialpolitik, Berlin 1954.

— Die Funktionalbetrachtung in der Betriebswirtschaftslehre, in: Gegenwartsprobleme der Betriebswirtschaft, hrsg. v. Henzel, F., Frankfurt 1955.

— Absatzwirtschaft, in: Handbuch der Wirtschaftswissenschaften, hrsg. v. Hax, K. und Wessels, Th., Bd. I, Betriebswirtschaft, Köln und Opladen 1958.

Schmaltz, K.: Der Einfluß der Betriebsgröße auf Kosten und Gewinn im Handel, I. Der Großhandel, in: Zeitschrift für Handelswissenschaft und Handelspraxis, 20. Jg. 1927, S. 233/236.

— Der Einfluß der Betriebsgröße auf Kosten und Gewinn im Handel, II. Der Einzelhandel, in: Zeitschrift für Handelswissenschaft und Handelspraxis, 20. Jg. 1927, S. 275/283.

— Ein Betriebsvergleich der Verkaufskosten in der Industrie, in: Zeitschrift für Handelswissenschaft und Handelspraxis, 22. Jg. 1929, S. 158/160.

Schmidt, G.: Und was sagt der Verbraucher? In: Beilage zum Handelsblatt vom 23. September 1957, S. 3.

Schmidt-Üllner, H.: Neue Tendenzen in der Verkaufstechnik, in: Handelsblatt vom 10./11. November 1961, S. 8.

Schmidt, S.: Für 32 Zähne 1200 Zahnbürsten — Typenwirrwarr verteuert Haushaltgegenstände — Keine Uniformierung des Geschmacks, in: Westdeutsche Allgemeine Zeitung vom 29. August 1956, S. 3.

Schnutenhaus, O. R.: Zur Theorie der industriellen Absatzkosten, in: Betriebswirtschaftliche Rundschau, 5. Jg. 1928, S. 81/87 und S. 109/114.

— Die Analyse der Vertriebskosten, in: Technik und Wirtschaft, 22. Jg. 1929, S. 326 ff.

Schreiterer, G.: Rationalisierende Analyse der Verlustquellen, in: Der Volkswirt, Beilage zu Nr. 42 vom 16. Oktober 1954 Deutsche Wirtschaft im Querschnitt, 28. Folge, Einzelhandel, S. 27 ff.

Schreiterer, G.: Die rationelle Kalkulation ist anders, in: Handelsblatt vom 24. Juni 1957, S. 3.

— Die alten Spannen sind nicht tabu, in: Handelsblatt, Beilage Nr. 8 vom 19. August 1957, S. 3.

Seidel, H.: Die Handelsspanne, in: Der Volkswirt, Beilage zu Nr. 42 vom 16. Oktober 1954, Deutsche Wirtschaft im Querschnitt, 28. Folge, Einzelhandel, S. 11/12.

Seyffert, R.: Mißverstandene Spanne, in: Deutsche Zeitung vom 28. Juni 1950.

Skischally, E.: Die Evolution des industriellen Vertriebs, in: Rationelle Absatzwirtschaft — heute und morgen, Berlin 1955, S. 23/32.

Sölter, A.: Preisbindung und Nachfragemacht, in: Handelsblatt vom 27./28. Januar 1961, S. 12.

— Brutto- oder Nettopreise? In: Sonderbeilage zum Industriekurier „Preisbindung", April 1962, S. 10.

Sommer, F.: Vertriebskosten, in: Technik und Wirtschaft, 22. Jg. 1929, S. 89 bis 93.

Steindorff, E.: Differenzierung der Einkaufsmöglichkeiten, in: FAZ. vom 7. Januar 1957, S. 9.

Sundhoff, E.: Über den Stand der Ökonomisierung, in: Mitteilungen des Instituts für Handelsforschung an der Universität zu Köln, Nr. 7, 1951.

Tauscheck, A.: Kosten des Absatzweges, in: Der praktische Betriebswirt, 20. Jg. 1940.

Tiburtius, J.: Die Handelsspanne und ihre Berechnung, in: RKW-Nachrichten, Heft 7, Oktober 1937.

— Grundfragen der Kalkulation im Warenhandel, in: Die Betriebswirtschaft, Zeitschrift für Handelswissenschaft und Handelspraxis, 31. Jg. 1938, S. 159/167 und S. 203/207.

Tigges, W.: Kostensenkung über Vertrieb und Handel, in: Handelsblatt 1952, Nr. 12, S. 2.

Törnqvist, G.: Kostenstruktur und Preissetzung im Warenhandel, in: ZfhF., NF. 7. Jg. 1955, S. 447/464.

Thomas, E.: Die Diskontwelle im Einzelhandel, in: Industriekurier vom 6. November 1962, S. 5.

Trescher, K.: Gesunde Reaktion auf Mißstände, in: Handelsblatt vom 29. Juli 1957, S. 2.

Vershofen, W.: Rationalisierung vom Verbraucher her, in: Der Volkswirt, Beilage zu Nr. 42 vom 16. Oktober 1954, Deutsche Wirtschaft im Querschnitt, 28. Folge, Einzelhandel, S. 12/15.

Walb, E.: Der gerechte Preis in der gewerblichen Wirtschaft, in: Der gerechte Preis, Schriften der Akademie für Deutsches Recht, Nr. 1, Berlin 1940, S. 139 ff.

Weigmann, W.: Gegenwartsprobleme des industriellen Vertriebs, in: Die Betriebswirtschaft, Zeitschrift für Handelswissenschaft und Handelspraxis, 31. Jg. 1938, S. 228/231.

Wieninger, K.: Gegen ein Verbot der Preisbindung, in: Industriekurier vom 18. Oktober 1962, S. 3.

Wimmers, W.: Datenverarbeitung im Einzelhandel, in: Handelsblatt vom 14. März 1962, S. 9.

Wipprecht, W. P.: Die Mode stört die Marke nicht, in: Sonderbeilage zum Industriekurier „Preisbindung", April 1962, S. 21.

Witte, I. M.: Rationalisierung des Absatzes — Senkung der Vertriebskosten, in: Rationalisierung, 1. Jg. 1950, S. 218.

Wolff, G.: Zur Rationalisierung des industriellen Vertriebs, in: Rationalisierung, 2. Jg. 1951, S. 103/105.

ohne Verfasser: Radikale Wandlung im Handel, in: Handelsblatt vom 30. Dezember 1955, S. 8/9.

— Automation im Vertrieb, in: Handelsblatt vom 22. Oktober 1956, S. 3.

— Wirksame Auftriebskräfte im Handel, in: Handelsblatt vom 31. Dezember 1956, S. 6.

— Großer Umsatz — Kleiner Nutzen, in: Handelsblatt vom 14./15. Juni 1957, S. 2.

— Der automatisierte Supermarkt, in: Handelsblatt vom 21./22. Juni 1957, S. 13.

— Im Durchschnitt, in: FAZ. vom 18. September 1957, S. 11.

— Das Experiment des Herrn Schui. — Die Käufer-IG. in Bonn macht von sich reden, in: Handelsblatt vom 11. Dezember 1957, S. 6.

— Cash and Carry, in: Industriekurier vom 6. September 1960, S. 9.

— Hersteller kämpfen um die Preisbindung, in: Industriekurier vom 24. Januar 1961, S. 1.

— Neue Betriebsformen — alte Erkenntnisse, in: Handelsblatt vom 31. Januar 1962, S. 10.

— Ein Verein gegen den Beziehungshandel? In: FAZ. vom 10. Februar 1961, S. 21.

— Wie man den Grauen Märkten beikommt, in: Handelsblatt, Beilage „Der deutsche Handel" Nr. 7 vom 15. Februar 1961.

— Auch die grauen Schokoladenpreise sinken, in: Handelsblatt vom 1. März 1962, S. 1.

— Überhöhte Handelsspannen, in: Industriekurier vom 23. März 1961, S. 2.

— Das Diskont-Haus als neue Vertriebsform, in: Industriekurier vom 11. April 1961, S. 5.

— Nach dem Alleingang, in: Handelsblatt vom 12. April 1961, Beilage „Der deutsche Handel".

— Großangriff auf den Grauen Markt, in: Industriekurier vom 6. Mai 1961, S. 1.

— Funktionswandel im Handel, in: Industriekurier, vom 7. Dezember 1961, S. 19.

— Spannen-Elegie, in: Der Volkswirt Nr. 22, 15, Jg. 1961, S. 965.

4. Sonstige Veröffentlichungen

Benning, B. und *Nieschlag*, R.: Umsatz, Lagerhaltung und Kosten im deutschen Einzelhandel 1924 bis 1932. Vierteljahreshefte zur Konjunkturforschung, hrsg. vom Institut für Konjunkturbeobachtung, Sonderheft 32, Berlin 1933.

Buddeberg, H. und *Nieschlag*, R.: Länderberichte über Struktur und Leistungen des europäischen Binnenhandels, Schriften zur Handelsforschung, Neue Folge der Schriftenreihe des Instituts für Handelsforschung an der Universität zu Köln, Nr. 6, hrsg. von R. Seyffert, Köln und Opladen 1955.

Bundesrepublik Deutschland, Der Bundeskanzler: Bericht der Bundesregierung über Änderungen des Gesetzes gegen Wettbewerbsbeschränkungen vom 22. August 1962, Bundestagsdrucksache IV/617, insbesondere Kapitel III: Preisbindung der zweiten Hand.

Grünbaum, H.: Die Umsatzschwankungen des Einzelhandels als Problem der Betriebspolitik, in: Vierteljahreshefte zur Konjunkturforschung, Sonderheft 10, Berlin 1928, hrsg. vom Institut für Konjunkturforschung.

Henksmeier, K. H., *Martin*, O. und *Prieß*, F.: Auftragsgröße und Auftragskosten, RGH-Schrift Nr. 4, Köln 1954.

Hirsch, J.: Kennzahlen zur Handelsforschung, hrsg. von der Internationalen Handelskammer, Berlin 1935.

Kirsch, W. M. und *Fleck*, W.: Vertriebskosten, Vertriebsformen und Vertriebslage in Handwerksbetrieben, RKW-Veröffentlichung Nr. 600, Stuttgart 1938.

Küspert, E.: Industrielle Vertriebskosten — Bedingungen, Abrechnung und Kalkulation, Schriftenreihe des Reichsausschusses für wirtschaftlichen Vertrieb beim Reichskuratorium für Wirtschaftlichkeit, Nr. 2, RKW-Veröffentlichung Nr. 601, Stuttgart 1938.

Lehmann, M. R.: Betriebswirtschaftliche Bearbeitung des Problems der industriellen Ballung und Dezentralisation, Gutachten, erstattet der Reichsarbeitsgemeinschaft für Raumforschung, Nürnberg, ohne Jahr.

Prieß, F., *Henksmeier*, K. H. und *Martin*, O.: Leistungen und Kosten in Selbstbedienungsläden, Rationalisierungsgemeinschaft des Handels beim RKW., Köln 1952 (als Manuskript vervielfältigt).

Ritter, H. und *Klein*, F.: Die Betriebsvergleichszahlen im Einzelhandel; insbesondere die der Personenabsatzleistung, Schriften zur Handelsforschung. Neue Folge der Schriftenreihe des Instituts für Handelsforschung an der Universität zu Köln, Nr. 3, hrsg. von R. Seyffert, Köln und Opladen 1954.

Seyffert, R.: Wege und Kosten der Distribution der Hausratwaren im Lande Nordrhein-Westfalen, Mitteilungen des Instituts für Handelsforschung an der Universität zu Köln, Sonderheft 6, Köln und Opladen 1955.

— Wege und Kosten der Distribution der Textil-, Schuh- und Lederwaren, Sonderheft 7 der Mitteilungen des Instituts für Handelsforschung an der Universität zu Köln, Köln und Opladen 1956.

— Wege und Kosten der Distribution der Konsumwaren, ausgenommen Lebensmittel, Hausrat-, Textil-, Schuh- und Lederwaren. Mitteilungen des Instituts für Handelsforschung an der Universität zu Köln, Sonderheft 11, Köln und Opladen 1959.

Bericht über die werbefachliche Arbeitstagung des Werbeverbandes Hamburg/Schleswig-Holstein e. V. vom 4.—6. Juni 1953 in Hamburg: Werbung im Lichte der Kritik, Berlin, o. J.

Einzelschriften zur Statistik des deutschen Reiches Nr. 41: Betriebsstruktur und Kostengestaltung in wichtigen Gewerbezweigen, Teil II Einzelhandel, Teil III Großhandel, Berlin 1940.

Denkschrift der Hauptgemeinschaft des Deutschen Einzelhandels: Handelsspanne und Preisentwicklung, Köln 1951.

Forschungsstelle für den Handel: Richtzahlen für Damen- und Mädchenkleidung, Berlin 1930.

Forschungsstelle für den Handel: Richtzahlen für den Schuheinzelhandel, Berlin 1932.

Forschungsstelle für den Handel: Kosten der Warenzustellung im Einzelhandel, in: FfH-Mitteilungen, 2. Jg. 1932, Nr. 10, S. 54.

Forschungsstelle für den Handel: Richtzahlen für den Einzelhandel mit Funkgeräten, Berlin 1953.

Hauptgemeinschaft des Deutschen Einzelhandels: 6. Arbeitsbericht 1953, Köln 1954.

Hauptgemeinschaft des Deutschen Einzelhandels: 9. Arbeitsbericht 1956.

Hauptgemeinschaft des Deutschen Einzelhandels: 10. Arbeitsbericht 1957.

Hauptgemeinschaft des Deutschen Einzelhandels: 11. Arbeitsbericht 1958.

Hauptgemeinschaft des Deutschen Einzelhandels: 12. Arbeitsbericht 1959.

Hauptgemeinschaft des Deutschen Einzelhandels: 13. Arbeitsbericht 1960.
Hauptgemeinschaft des Deutschen Einzelhandels: 14. Arbeitsbericht 1961.
Mitteilungen des Instituts für Handelsforschung an der Universität zu Köln, Nr. 7 1951, S. 114/116: Vergleich der Handelskosten des holländischen und deutschen Einzelhandels.
Mitteilungen des Instituts für Handelsforschung an der Universität zu Köln, Nr. 26/1956, S. 413: Die Kostensituation der Einzelhandelsfachgeschäfte.
Mitteilungen des Instituts für Handelsforschung an der Universität zu Köln, Nr. 31/1956, S. 452: Betriebshandelsspannenindex und Kostenindex für drei Branchengruppen des Einzelhandels in der Zeit von 1937 bis 1954.
Mitteilungen des Instituts für Handelsforschung an der Universität zu Köln, Nr. 31/1956, S. 449/451: Betriebshandelsspannenindex und Kostenindex des Einzelhandels in der Zeit von 1937 bis 1954.
Mitteilungen des Instituts für Handelsforschung an der Universität zu Köln, Nr. 34/1956, S. 473/476: Höhe und Struktur der Vertriebskosten in ausgewählten Zweigen der Konsumgüterindustrie.
Schriftenreihe der Forschungsstelle für den Handel, Nr. 4: Richtzahlen aus amerikanischen und deutschen Warenhäusern, Berlin 1930.
Schriftenreihe der Forschungsstelle für den Handel, Nr. 8: Das Zugabewesen, Leipzig 1930.
Schriften zur Handelsforschung, Neue Folge der Schriftenreihe des Instituts für Handelsforschung an der Universität zu Köln, Nr. 1, hrsg. von R. Seyffert: Beschaffung, Lagerung, Absatz und Kosten des Einzelhandels in der Bundesrepublik Deutschland in den Jahren 1949, 1950 und 1951, Köln und Opladen 1953.
Schriften zur Handelsforschung, Neue Folge der Schriftenreihe des Instituts für Handelsforschung an der Universität zu Köln, Nr. 7 hrsg. von R. Seyffert: Beschaffung, Lagerung, Absatz und Kosten des Einzelhandels in der Bundesrepublik Deutschland in den Jahren 1952, 1953 und 1954, Köln und Opladen 1956.
Schriften zur Handelsforschung Nr. 22, hrsg. von Seyffert, R. in Gemeinschaft mit Sundhoff, E., Buddeberg, H. und Nieschlag, R.: Umsatz, Kosten, Spannen und Gewinn des Einzelhandels in der Bundesrepublik Deutschland in dem Jahrzehnt 1949 bis 1958, Köln und Opladen 1962.
Schriften der Akademie für Deutsches Recht, Nr. 1: Der gerechte Preis, Berlin 1940.

Papier | Fördert gute Waldnutzung
FSC® C083411

Kolibri 360 GmbH
Ferdinand-Jühlke-Straße 7
99095 Erfurt, Deutschland
produktsicherheit@kolibri360.de

Druck:
CPI Druckdienstleistungen GmbH
im Auftrag der
Kolibri 360 GmbH
Ferdinand-Jühlke-Str. 7
99095 Erfurt